Walter Fellmann · Der Leipziger Brühl

Geschichte und Geschichten
des Rauchwarenhandels

Illustrationen von Lutz-Erich Müller, Leipzig

DR. HABIL. WALTER FELLMANN

DER LEIPZIGER BRÜHL

MIT 87 BILDERN

VEB FACHBUCHVERLAG LEIPZIG

Herausgegeben von Dipl.-Ök. Journ. Gisela Unrein, Leipzig

Fellmann, Walter:
Der Leipziger Brühl : Geschichte u. Geschichten d. Rauchwarenhandels / Walter Fellmann. [Ill. von Lutz-Erich Müller]. – 1. Aufl. – Leipzig : Fachbuchverl., 1989. – 240 S. : mit 87 Bild.

ISBN 3-343-00506-1

© VEB Fachbuchverlag Leipzig 1989
1. Auflage
Lizenznummer 114–210/50/89
LSV 3009
Verlagslektor: Helga Schmiedel
Gesamtgestaltung: Egon Hunger, Leipzig
Printed in GDR
Gesamtherstellung: Druckhaus Aufwärts, Leipzig III/18/20-0260
Redaktionsschluß: 15. 1. 1989
Bestellnummer: 547 531 7
02950

Inhaltsverzeichnis

Zur Einführung 7

Kürschner Anno dazumal

Ratsorder pariert – Innung gegründet 11
Im Lehrlingsbuch geblättert 13
Der Kürschnergeselle 15
Beschwerlicher Weg zu Meisterwürden 18
Rund um die Lade 21
Zwischen Trampeltonne und Beizfaß 27
Futter, Schauben, Muffe, Mützen 33
Pelzboden und Pelzhaus 39

Die alte Rauchwarenmesse

Der Brühl zur Messe 46
Die »Meßjuden« 54

Der Brühl in seiner Blütezeit

Messe das ganze Jahr 66
Londoner Beispiel: Auktionen 76
Leipzigs Debüt als Auktionsplatz 79
Auf Einkaufsreise in Rußland 82
Die Leipziger Zurichterei 89
Gruppenarbeit und Gleichpartsystem 98
Die Leipziger Färberei 100
Kürschner – Kürschnertag – Neuheiten 106
Devisen durch Exportüberschuß 114

In den zwanziger Jahren

Das Comeback 116

Der Brühl und die Pelztierzucht

Marquis d'Aigneaux & Co. 121
Magere Strecken der Jäger 122
Noble Zobel 125
Die Musterfarm in Hirschegg-Riezlern 127
Partner von Züchtern und Forschern 128

Auktionsplatz von Weltgeltung

Umfangreicher Auktionskalender 135
Die »Russenauktionen« 141
Deutsche Pelzmodenschau 150
Die Deutsche Kürschner-Schule 153
Das Pelzmuseum 157

Internationale Pelz-Fachausstellung (IPA) 1930

Die Herausforderung 159
Beschlossene Sache 160
Viel Lob für glanzvolle Leistungsschau 165
. . . über Geld wird nicht gesprochen 168

Des Brühls schwärzeste Zeit

Vier schwere Schläge 174
Das Ende der »Russenauktionen« 174
Die »Endlösung« 180
Trauriges Fazit 184
Der Bombenangriff am 4. Dezember 1943 191

Der Brühl ist wieder da 193

Erklärung von Fachbegriffen 201

Zu einigen Pelztieren 203

Kurzbiographien 208

Chronologische Übersicht 213

Quellen- und Literaturverzeichnis 215

Bildnachweis 221

Zur Einführung

BALD nachdem er sich mit seinem Händler überworfen hatte und dringend nach einem Abnehmer suchte, schrieb ein kanadischer Pelztierjäger am 3. Februar 1928 einen Brief an »Brühl«. Land- und Stadtangabe sparte sich der Weidmann, doch das unzulänglich adressierte Schreiben gelangte ohne Umschweife über Montreal und Bremen an den Ort seiner Bestimmung – nach Leipzig. Versehen mit dem Stempel »Leipzig C 1 – 04. März 1928« fand es *Richard Gloeck,* einer der populärsten Männer des Rauchwarenhandels am Brühl, im Briefkasten.

Nur wenige Straßen sind weltweit bekannt. der Leipziger Brühl zählt zu ihnen, wie der Brief aus dem fernen Kanada dies auf seine Art zu veranschaulichen weiß.

Eigentlich bedeutet Brühl »Sumpf«. Sollte unbebautes Land besiedelt werden, und man stieß auf morastiges Gelände, wurden vorwiegend Gassen auf solchen trockengelegten Böden »Brühl« genannt, um spätere Generationen an die Schwierigkeiten bei Erschließung des Territoriums zu erinnern. Auch ist bekannt, daß man sogar Ortschaften so nannte, wie im Rheinland. Die Verbreitung des Namens ist also siedlungsgeschichtlich bedingt. Wer heute den Leipziger Brühl passiert, vermag sich kaum vorzustellen, daß die Straße Anno dazumal ins Fischerdörfchen führte und unterhalb desselben die Gerber Häute weichten. Überwölbt fließt der Elstermühlgraben im wesentlichen in der Innenstadt dem menschlichen Auge verborgen.

Der Leipziger Brühl ist zu Weltruhm gelangt als Umschlagplatz für Rauchwaren. Vertreter anderer Branchen kamen hier kaum unter, Gastwirte ausgenommen und Spediteure. Dem Adreßbuch von 1929 zufolge gab es sogar bis zu 34 Händler mit härtester Konkurrenz unter einem Dach. Weil die 52 Häuser des Brühl nicht ausreichten, wurden die angrenzenden Gebäude der Nachbarstraßen ins »Brühl-Viertel« einbezogen. (Dazu gehörten besonders die Nikolaistraße und z. T. auch die Ritterstraße.) Die Konzentration einer Branche auf so engem Raum stellte in Leipzig eine Ausnahme dar.

An »ihrem« Viertel hielten die Rauchwarenhändler über die Jahrhundertwende hinweg strikt fest. Die Feuersbrunst von 1498 zerstörte den Brühl halb, jene von 1518 ganz; er wurde wieder aufgebaut – für den Rauchwarenhandel. In den Gründerjahren wollten die verwinkelten Höfe nicht mehr ins Stadtbild passen; zeitgemäße Zweckbauten entstanden – auch für den Rauchwarenhandel. Nach den Bombenangriffen während des zweiten Weltkrieges war fast nur noch die Straßenführung zu erkennen; zu den Neubauten gehört das Haus von »Brühlpelz«, heute Sitz des VEB Kombinat Kunstleder und Pelzverarbeitung und einer der größten Pelzverkaufsstellen der DDR. Verkehrsgunst erleichterte die Standorttreue mehr als Traditionsbewußtsein. Im Mittelalter grenzte der Brühl zwar an die Stadtmauer, aber Leipzig war seit jeher eine ausnehmend kleinflächige Stadt. Nur ein einziger Straßenzug trennt den Brühl vom Markt. In entgegengesetzter Richtung, am Nordrand des Promenadenringes, entstand später der Hauptbahnhof. Damit wurde der Brühl zur Zwangspassage für Reisende, die mit der Eisenbahn eintrafen und dem Markt zustrebten oder den Messehäusern. Was den Warenumschlag anging, so dauerte das Be- und Entladen der Fuhrwerke länger als der Transport von den Schuppen der Eisenbahn zu den Lagern der Händler.

Die enorme Wirtschaftskraft des Brühl gereichte der Stadt in mannigfacher Hinsicht zum Vorteil. Mehr als 11 000 Leipziger hatten in der Rauchwarenwirtschaft ihren Arbeitsplatz gefunden. An den Einnahmen gemessen, stellte sie den wichtigsten Wirtschaftszweig der Stadt dar. Nach Dr. *Erich Klien,* langjähriger Ministerialdirektor für Handel im Land Sachsen, hervorragender Kenner der Materie, lag der Anteil des Brühl am Steueraufkommen der Stadt 1913 bei 40 %. Der Rat hat dem nie widersprochen. Der Brühl schlug damals ein Drittel der Welternte an Rauchwaren um, die zwar in jedem Land anfielen, aber nie in der gewünschten Vielfalt. Selbst Großproduzenten wie Kanada, China oder die USA sind stets von einem Austausch abhängig gewesen.

Über London, Paris, Brüssel, später auch über New York, ergänzte der Brühl sein »russisches« Sortiment. Daß er praktisch mit jeder Fellart aufzuwarten vermochte, russischem Zobel wie australischem Kanin, mongolischem Wolf wie kanadischem Biber, Karakul (oder Persianer) aus Astrachan und Chinchilla aus Argentinien, war sein erster Trumpf auf dem Weltmarkt. Der zweite war die unangefochtene Stellung als Sortierplatz. Wer in Leipzig ein »Los« (Partie sortierter Felle) erstand, konnte sich auf gleichmäßige Qualität verlassen. Erlernbar ist eigentlich alles, doch das Sortieren galt immer als eine besondere Kunst. Wissen um die Anforderungen des Marktes gehört dazu, eine gehörige Portion Erfahrung, von Generation zu Generation überliefert und gefestigt durch den Umgang mit großen Mengen Rohware in allen Fellarten. Den dritten Trumpf gab die Veredlung, die Färberei und Zurichterei, dem Brühl in die Hand. »Leipziger Farben« und »Leipziger Zurichtung« hatten Weltruf. Aus alledem ergab sich ein weiterer Trumpf, ein vierter: Am Brühl gelernt oder gearbeitet zu haben, war eine Empfehlung auch jenseits der Landesgrenzen.

Am Brühl selbst existierten nie Veredlungsbetriebe. Sie befanden sich in den Vororten von Leipzig, in Lindenau, Plagwitz, Schleußig und Möckern oder im stadtnahen Raum, in Taucha, Naunhof, Rötha, Markranstädt und Schkeuditz. Dort gab es, was der Brühl entbehrte: Wasser bzw. Platz am Wasser. Dem Leipziger Rat kam das gelegen. Wo Aas anfällt und mit Chemikalien umgegangen wird, duftet es nun einmal nicht nach Eau de Cologne. Trotz räumlicher Trennung gehörte jedoch die Veredlung immer zum Brühl.

Kürschner gab es in jedem größeren Ort, und Zentrum der Pelzkonfektion wurde Berlin. Der Rauchwarenhandel der Stadt Leipzig dagegen vertrat das ganze Land. Gleiches galt für die Veredlung. Fachverbände und -presse orientierten sich auf Leipzig. Schulungs- und Öffentlichkeitsarbeit konzentrierten sich ebenfalls hier. So ist die Geschichte des Brühl eigentlich die Geschichte der deutschen Rauchwarenwirtschaft.

Die Zahl derer, die den Alten Brühl noch aus eigenem Erleben kennen, hält sich bereits in engen Grenzen. Mit einiger Mühe ließen sich heute noch 27 Personen, deren Wirkungsstätte der Brühl war, befragen. Soziologen mögen die Antworten bei derart schmaler Basis wenig erfolgreich erscheinen, doch aufschlußreich sind sie durchaus.

Der Brühl um 1920, rechts das Haus der Rauchwaren AG.

Auf 19 der Befragten übte der Brühl einen eigenartigen Reiz aus, weil er zu »riechen« war. Es war ein besonderer Nasenkitzel, der Duft nach Kampfer, dem einst bevorzugten Konservierungsmittel, gemischt mit animalisch-süßlichem Geruch der verschiedenartigsten Felle – heute kaum noch gekannt. Zwei Drittel der Befragten faszinierte am Brühl das Basarmilieu. Solange es an zweckmäßiger Beleuchtung im Lager mangelte, ließ sich eben die Qualität eines Felles zuverlässig nur im Tageslicht beurteilen. Gespräche und Verhandlungen wurden im Freien geführt. Leistungsstarke elektrische Lampen kamen später auf, die Farbgestaltung der Lager wurde genau auf Lichteffekte berechnet – aber der Gang ins Freie blieb trotzdem.

In der Erinnerung von 12 Befragten nahmen die denkwürdigen Geschäftspraktiken auf dem Brühl einen besonderen Platz ein, das Geschäft auf Treu und Glauben. Es hielt sich die mittelalterliche Gepflogenheit, mit Handschlag ein Geschäft zu besiegeln. Der Käufer verließ sich auf die offerierte Qualität der Ware, der Verkäufer auf Bezahlung zur nächsten Messe. Selbst in Zeiten ausgeklügelter Paragraphen erwies sich diese Art der Geschäftsabschlüsse als erstaunlich lebensfähig. Rechtshändel kamen selten vor. Nach Quellen zu urteilen, schimmerten die Geschäftsgebaren in der Erinnerung der Zeitgenossen jedoch bunter, als es in Wirklichkeit vonstatten ging. So stellte sich ein *Chaim Eitingon* nie auf die Straße, ein *Max Ariowitsch* ebenfalls nicht. Auch daß sich nur die kleinen Händler an der »Brühlecke« einfanden, stimmte ebensowenig. *Richard Gloeck* beispielsweise, der Inhaber der »Apotheke«, wie sein auf hochwertige Felle spezialisiertes und dementsprechend teures Handelshaus genannt wurde, stand auf die Mi-

9

nute genau um 15 Uhr am »Brühleck« und saß um 16 Uhr im »Reichskanzler«, nicht um Geschäfte abzuschließen (das besorgte er zwischen seinen vier Wänden), sondern um »gesehen zu werden«. Eines stimmte: wegen »ein paar tausend Mark« bemühte einer vom Brühl selten den Schreiber oder gar den Notar. Da genügte der Handschlag. Was wirklich ins Geld ging, lief wie in anderen Branchen übers Kontor, schriftlich fixiert und mit Bankgarantien. *Gloeck,* der sein Geschäft eines Tages überraschend aufgab, hinterließ dicke Leitzordner – mit Verträgen.

Mit den Schriftstellern oder Künstlern allgemein und besonders mit ihrem Verhältnis zum Brühl war es ein eigen Ding. Die Kunst, so meinen neun der Befragten, sei dem Brühl einiges schuldig geblieben. Das ist nicht ohne weiteres von der Hand zu weisen. Von den Leuten am Brühl selbst machte eigentlich nur als Schriftsteller der Kürschner *Francis Weiss* auf sich aufmerksam (später wurde er aus rassistischen Gründen vertrieben). Er schrieb seine Romane in englischer Sprache, wohl nicht nur aus ökonomischen Gründen. Im deutschsprachigen Raum blieben seine Werke über die Welt der Pelze jedenfalls weitgehend unbekannt. Daß der Brühl reichlich Stoff für Till Eulenspiegel lieferte, hat er übersehen. Daß aber der (fast) immer zitierbare *Johann Wolfgang von Goethe* hierbei versagt hat, empfanden alle Gesprächspartner als schmerzlich. Gleichgültig war dem Studiosus *Goethe* der Brühl keineswegs. Was ihn interessierte und literarisch verbürgt ist, war bezopft und hieß *Käthchen Schönkopf.* »Leipzig lob ich mir; es ist ein Klein-Paris« – war seine Einschätzung und zugleich seine Liebeserklärung zu dieser Stadt mit dem Brühl, wo er oft spazierengegangen ist, »die seltsame Kleidung« der »Polen und Russen« bewundernd (aus »Dichtung und Wahrheit«).

Auch andere Literaten haben die in sie gesetzten Erwartungen nicht erfüllt. *Leopold v. Sacher-Masoch,* von 1882 bis 1885 Redakteur in Leipzig, setzte in »Falscher Hermelin«, »Die Dame in Pelz« und der »Pelzdieb« seine Eindrücke vom Brühl nur in effektvolle Sensationsstories um. Die enttäuschten Leipziger Chronisten meinten nicht zu Unrecht, er habe mit den Brühl-Romanen seine philosophischen Arbeiten finanziert. Die »Kinder vom Brühl« um 1919 aus der Feder von *Richard Küas* nahm zum Werk geäußerte Kritik derart ungehalten auf, daß sich Autor und Verlag am Ende glücklich schätzten, weil sich die Zahl der unabsetzbaren Exemplare in Grenzen hielt. Ein ähnliches Schicksal wurde 1930 dem Roman von *Gustav Herrmann* »Einer vom Brühl« zuteil, vorsichtshalber vom Wilhelm-Goldmann-Verlag ohnehin nur in 5000 Exemplaren herausgebracht. Ohne Erfolg blieb auch 1925 der Redakteur von der Zeitschrift »Der Rauchwarenmarkt«, *Kurt Nestler,* mit »Soll und Haben«. Besser dran war der Kabarettist *Max Ehrlich,* der 1932 im Berliner »Haus Vaterland« in »Der Pelzmantel« auftrat, einem geistvollen Sketch. Die nachhaltigste Wirkung aber erzielte eine andere kurz gefaßte Arbeit »Brühl in Leipzig«, 1930 erschienen in »Die Weltbühne« und geschrieben von *Egon Erwin Kisch.*

Von den einst so zahlreichen Urkunden und Akten überdauerten wenige den zweiten Weltkrieg. Die Bestände der Reichszentrale für Rauchwaren- und Pelztierforschung, der Industrie- und Handelskammer sowie des Pelzmuseums gingen fast ausnahmslos durch Bombenschlag verloren. Jedoch die Ratsakten blieben der Nachwelt erhalten.

Walter Fellmann

Kürschner Anno dazumal

Ratsorder pariert – Innung gegründet

AN muß sagen: Ansehen genossen Leipzigs Kürschner schon vor dem 14. Jahrhundert. Andernfalls wäre kaum einer der Ihren, *Andreas* »pellifex«, bereits 1335 Ratsherr geworden; ein *Johannes* »pellifex« folgte ihm 1384 im Amt. Mit Gründung einer Innung aber ließ man sich damals viel Zeit. In Quedlinburg vereinigten sich die Kürschner schon 1134, in Lüneburg 1250, in Breslau 1273, in Berlin 1280. »Zur Wahrung der wirtschaftlichen und sonstigen Interessen der Kürsch-nerschaft« ordnete 1423 der Rat der Stadt schließlich die Vereinigung an. (Ur-Ur-Enkel dieser Meister verpaßten den Gedenktag auch noch und begingen die 500-Jahr-Feier mit zwei Jahren Verspätung erst 1925.) Nach den Schneidern (1386) bildeten die Kürschner, wenn auch erzwungen, die zweitälteste Innung der Stadt. Dann erst vereinigten sich die zahlenmäßig etwa gleichstarken Schuhmacher, Bäcker und Fleischer. Es gab für den Rat einen gewichtigen Grund, das säumige Handwerk zu organisieren: er rechnete mit einer großen Einwanderung der Hussiten und brauchte die Innungen als Basis für ein militärisches Aufgebot. Im »Fall der Fälle« hatten die Kürschner »zehn Kriegsknechte« zu stellen. Nach dem Heerfahrtenregister, das die Kürschner unter Nr. 8 führte, galt diese Anordnung noch 1545. Damals gab es »40 Meister samt Witwen« – bei 9000 Einwohnern.

Mit der Wahl des Obermeisters (die Bezeichnung Obermeister kommt in Leipzig eigentlich erst im 16. Jahrhundert auf; der Begriff wird hier der Einfachheit halber schon für 1423 benutzt) sollte sich die neue Innung nicht aufhalten; der Rat kürzte das Verfahren ab und ernannte von sich aus zwei Personen. Einen Präzedenzfall wollte er auch nicht schaffen; weil die militärische Lage Eile gebot, griff er zu diesem ungewöhnlichen Mittel.

Um ein eigenes Domizil brauchte sich die Innung auch nicht zu sorgen. Ein Pelzhaus als Gemeinschaftshaus gab es bereits 1419. Jeder schien es in Leipzig zu kennen, und so hielten es die Zeitgenossen für überflüssig, den Standort anzugeben – sehr zum Verdruß späterer Chronisten. *Ernst Hasse* machte es sich mit seiner Behauptung, am Brühl habe es gestanden, zu einfach. Mit Sicherheit dürfte hier ein Irrtum vorliegen, denn nicht alles, was mit Rauchwaren und Pelzen in Verbindung stand, gehörte zum Brühl. Durch Um- und Neubau – eindeutig verraten das die Ratsbücher nicht – entstand 1572 ein neues Pelzhaus am Naschmarkt/Ecke Salzgäßchen mit einer doppelseitigen Freitreppe, ähnlich wie an der hundert Jahre später von *Johann Georg Starcke* errichteten Alten Börse. Das Hauptgeschoß bezogen die Schuhmacher, das Obergeschoß die Kürschner. Manches deutet darauf hin, daß damit eine Tradition ihre Fortsetzung fand, also das zu-

Der Kürschner.

Wol her/ich fütter Röck vnd Schaubn/
Mach schürtzpeltz /brusttůch/Vehehaubn/
Von Zöbel/Marder/Vehe vnd Lüchßen/
Von Hermlein/Jlter/Wölff vnd Füchsn/
Von Welschen Kröpffen vnd Geißfeln/
Von Wammen/Rücken/Klaw vnd Keln/
Wer mir thut seines Geltes gönnen/
Der thut mich allzeit willig finden.

Blick in eine Kürschnerwerkstatt des 16. Jahrhunderts. Die Pelzfertigung ist reine Männersache.
(Erst mit Erfindung der Pelznähmaschine 1872 finden auch Frauen Zugang
zum Kürschnergewerbe.)

vor an dieser Stelle gestandene Schusterhaus gleichzeitig auch Heimstatt der Kürschner gewesen ist. Als die Stadt für einen Gefängnisbau Platz brauchte, mußte das Pelzhaus 1827 weichen. Niemand empfand das als Verlust, war doch im Verlaufe von 255 Jahren die bauliche Substanz ausgehöhlt, und die Innung hatte ihre Glanzzeit längst hinter sich.

Einen Obermeister besaßen Leipzigs Kürschner ab 1423, ein Gemeinschaftshaus schon seit 1419. Satzungen jedoch gab es lange Zeit nicht. Es mag an der überhasteten Innungsgründung gelegen haben, daß die üblichen Paragraphen, »Artikel« genannt, erst 1459 formuliert wurden. Überliefert sind sie nur in der 1499 beglaubigten Fassung. Warum die »Bestätigung« derart lange auf sich warten ließ, geht aus den Quellen nicht hervor. Vielleicht gab es Streit über die Formulierung? Den Artikeln von 1459 (1499) folgten die von 1540, von 1550 usw. Bis 1803 kamen einige Dutzend Neufassungen heraus. Die aufstrebende Zunft hatte es mit einem Reglement nicht sonderlich eilig, die verfallende dagegen sehr. Einem behutsamen Führer durch das Innungsleben glichen schon die ältesten Artikel nicht, eher einem Auszug aus der Strafprozeßordnung späterer Zeiten: von Geboten war die Rede und vielen Verboten. Die Bestimmungen über die Ausbildung von Lehrlingen sind ein Musterbeispiel dafür.

12

Im Lehrlingsbuch geblättert

Ob es viele junge Leute als Bewerber in die Pelzbranche gezogen hat, ist nicht überliefert; die Quellen nennen nur die Lehrlinge:

1750 drei;   1751 drei;
1752 fünf;   1753 einen.

Für eine Stadt, die im Rauchwarenhandel führte, nimmt sich das heute recht bescheiden aus. Auch in den vorhergehenden und nachfolgenden Jahren ließen sich Leipzigs Kürschnerlehrlinge an den Fingern einer Hand abzählen. Die langsam erstarrende, auf Erhaltung ihrer Privilegien bedachte Innung belegte den Weg zum Kürschner mit Hindernissen aller Art.

Nach den Artikeln von 1459 durfte ein Meister zwei Lehrlinge ausbilden; hundert Jahre später wurde ihm nur noch ein Lehrling zugebilligt. Spezielle Klauseln, das »Kleingedruckte« von Anno dazumal, engten den Grundsatz jedoch derart ein, daß er aufhörte, ein Grundsatz zu sein. So mußte der Meister stets mehr Gesellen beschäftigen als Lehrlinge. Als Ausbildungsberechtigter schied nicht nur der alleinarbeitende Meister aus, sondern auch der Meister mit nur einem Gesellen. Bei 44 Meistern (1707) und drei Lehrlingen hatten fast nur Söhne, Verwandte oder Bekannte eines Meisters Chancen, als Lehrlinge aufgenommen zu werden. (Kurfürstliche Mandate schrieben ein Mindestalter von 12 Jahren sowie eheliche und ehrliche Geburt vor.) In Leipzig wurden die Lehrlinge ab 14 Jahre und älter aufgenommen. Auf eheliche Geburt legte die Innung großen Wert. So lehnte sie 1767 den Sohn eines Zobelfärbers ab, da er »zu folge seines Geburtsbriefes 1 Monat nach der Eltern Trauung zu Welt gekommen, folglich nicht recht ehelicher Geburt war«. Dem Meister, der die Aufnahme des Jungen beantragt hatte, ging diese kleinliche Auslegung kurfürstlicher Weisung zu weit. Der Junge sei »ehelich geboren«; von »Zeugung in der Ehe« stehe in der landesherrlichen Order nichts, und mit der Rechtslage im Reich sei der Entscheid der Innung unvereinbar. Vom Rat belehrt, mußte der Obermeister in einer »Umfrage« einräumen: »Dem Reichsgutachten zufolge müßten wir ihn (den Bewerber) annehmen« ... »aber es wäre nicht gut, daß sich ein Meister dazu hergäbe«. Diesen Appell überhörte der betreffende Meister geflissentlich. Zwar warf ihm der Obermeister noch vor, er sei »der erste, der in unserer Innung von diesem Art des Reichsgutachtens Gebrauch gemacht«, aber des Zobelfärbers Sohn konnte die Lehre antreten. Noch engherziger bestand die Innung auf »ehrlicher Geburt«. Der Bewerber durfte nicht von Gauklern, Henkern und Totengräbern abstammen; als »unehrlich« galten auch Zahnreißer, Müller, Leineweber und Schäfer. Anders als im west- und oberdeutschen Raum wurden in Leipzig »freie und deutsche Geburt« nicht verlangt, aber – und da waren andere Städte weitaus toleranter – Juden durften bis 1830 nicht das Kürschnerhandwerk erlernen. Auch danach hielt sich die Innung immer noch an die alten Privilegien.

Als 1837 Meister *J. C. G. Lehmann* einen jungen Mann namens *Eduard Joseph* einstellen wollte, lehnte die Innung dies ab, weil der Bewerber Jude sei. Unter Berufung auf eine Verordnung der Kreisdeputierten legte *Lehmann* mit Erfolg Beschwerde ein, und der Bewerber wurde Leipzigs erster Kürschnerlehrling jüdischer Herkunft. Die Innung ließ ihn aber nur mit dem Bemerken zu, er habe mit Aufnahme der Lehre »kein Recht auf« eine spätere Zulassung »zur Meisterprüfung« erworben.

Hatte schließlich die Innung ihr Einverständnis gegeben, zahlte der Meister drei Taler in die Lade (1602), und in der nächsten Morgenandacht stellte er seinen neuen Lehrling vor. Dann blieben Lehrherr und Lehrling weitgehend sich selbst überlassen. Die Innung, die sonst alles zu reglementieren suchte, schrieb beispielsweise ein Lehrgeld vor, nicht aber dessen Höhe. So wurden im 19. Jahrhundert in Leipzig von den Eltern zwischen 15 und 35 M gezahlt, einbegriffen Kost und Logis. Das Lehrgeld wurde erst 1918 abgeschafft. Seit Einführung der Gewerbefreiheit und der raschen Zunahme der Betriebe verlangten es die Leipziger Kürschner nur selten, und es wurde üblich, dem Lehrling ein wöchentliches Taschengeld von 2 M im ersten, 3 M im zweiten und 5 M im dritten Lehrjahr zu geben. (Mitunter überschnitten sich Lehr- und Taschengeld.) Mochte die elterliche Wohnung auch im Nachbarhaus sein, der Lehrling aß und schlief im Hause des Meisters; eine Gewohnheit, die als Inbegriff »patriarchalischer Verhältnisse« galt. Der Meister besaß auch das »Züchtigungsrecht«. Die Anwendung der Prügelstrafe war üblich, nur solle »niemand mehr Schläge geben als zwölf ungefehrlich«. Behandelte der Meister seinen Lehrling »gar zu rüde«, konnte ihm für ein Jahr das Recht entzogen werden, einen Lehrling auszubilden. Die Lehrzeit währte »3 bis 4 Jahre«, in der Praxis drei Jahre. In Rußland mußte der angehende Kürschner ein, in England (seit Karl II.) sogar vier Lehrjahre mehr in Kauf nehmen. Nach den kurfürstlichen Mandaten verkürzte sich die Lehrzeit des Meistersohnes um ein Jahr, »da er in seines Vaters Hauße vieles zu erlernen Gelegenheit gehabt«. Von diesem Privileg machte aber das Leipziger Kürschnerhandwerk offenbar keinen Gebrauch.

In den Quellen fehlt der Hinweis auf ein Gesellenstück. (Die Tuchscherer verlangten ein solches.) Das Lossprechen erfolgte auf Antrag des Meisters feierlich auf einer Innungsversammlung »vor off'ner Lade und brennender Kerze«. Das Ritual vollzog sich nach althergebrachter Sitte. Der Lehrmeister sprach folgende Formel: »Es wird einem löblichen Handwerke wohl wissend sein, daß ich vor drei Jahren meinen Lehrjungen N. N. des Kürschnerhandwerks zu lernen, bei einem löblichen Handwerke auf- und angenommen habe. Und dieweil seine Lehrzeit nun vorbei und er sich in solcher auch treu und fleißig verhalten hat, so habe ich ein löblich Handwerk bitten wollen, daß sie ihn der Lehre lossprechen und vor einen Gesellen erkennen wollen.«

Daraufhin wurde der Lehrling gerufen, der vor die Lade trat und sagte: »Es wird einem löblichen Handwerk wohl wissend sein, daß ich seit ... bei meinem Lehrmeister N. N. meine Lehrzeit über mich aufgehalten, ich will hoffen, daß ich solche treu und ehrlich zugebracht habe, wollte deswegen ein löblich Handwerk bitten, mich nach Handwerksgebrauch von meiner Lehre loszusprechen.«

Nachdem der Obermeister die Innungsversammlung gehört, erklärte er dem wieder vor die Lade gerufenen Lehrling: »Ich habe Umfrage gehalten bei einem löblichen Kürschnerhandwerk. Jedoch niemand wisse Ungebührlichkeit und niemand zu klagen. So hat ein löblich Handwerk das Begehren stattfinden lassen. So trete heran, damit ich dich von der Lehre lossprechen kann.« Mit symbolischem Hammerschlag auf die rechte Schulter des Lehrlings, vom Obermeister mit der linken Hand ausgeführt, war der neue Geselle gekürt.

Der Kürschnergeselle

Das Gesellendasein des jungen Kürschners begann mit Geldausgeben: sein »erster Wochenlohn« (3 Groschen nach der Lohnordnung von 1594) wurde von der Bruderschaft »versoffen«. Dem vermochte sich bei Strafe der Isolierung niemand zu entziehen. Die Kürschner galten nach dem Zeitverständnis sogar als bescheiden. Der junge Leipziger Maurer hatte nicht nur den Gesellen, sondern auch den Meistern zwei Tage lang »eßen und Trincken« zu geben. Das kostete ihn wenigstens 10 Gulden.

Die Bruderschaften, gegründet um »eine geselschaft vnde eine sampnunge z (u) habin«, waren 1464 vom Rat genehmigt worden. Die Kürschnergesellen schlossen sich in Leipzig als erste zusammen. (Die Schuhmachergesellen folgten 1465, dann in rascher Aufeinanderfolge weitere Gewerke.) Die Innung bestand darauf, zu jeder Versammlung zwei Meister einzuladen. Man wollte eine Kontrolle ausüben oder wenigstens nach außen ein Kontrollrecht demonstrieren. Doch »vergaß« der Gesellenverein immer öfter das Einladen, was mit Regelmäßigkeit zu Protesten der Meister führte. Den Innungen waren die Bruderschaften ein Dorn im Auge. Sie ruhten nicht eher, bis der Kurfürst eingriff und die Gesellenverbände auflöste. Im landesherrlichen Mandat von 1780 hieß es: »Die Gesellen-Bruderschaften . . . werden hierdurch nochmals aufgehoben und ernstlich, bey ohnnachbleiblichen harten Strafen, verboten.« Die Verbände erwiesen sich als lebensfähig genug, um auch dieses Verbot zu überdauern.

Das Aufkommen der Bruderschaften war Ausdruck des sich langsam auflösenden patriarchalischen Verhältnisses im Handwerk: sie stellten nur andeutungsweise eine Kampforganisation der zum ewigen Gesellendasein verurteilten Beschäftigten dar. Die Vorstellungen der Gesellen bewegten sich noch stark in der traditionellen Denkweise des Handwerks. Die Bruderschaft war eher eine Kopie der Innung denn ein Gegenpol. Ihr eigentliches historisches Verdienst lag in der Erziehung zur Solidarität, wenn auch einer örtlich begrenzten und auf die Zunftgenossen orientierten. Die Bruderschaft der Kürschner stellte sich drei Aufgaben:

1. Förderung der Geselligkeit und des Gefühls der Zusammengehörigkeit. Der Verein besaß eine Herberge, die finanzieller Schwierigkeiten wegen des öfteren gewechselt werden mußte. Von 1795 bis 1797 befand sie sich im »Weißen und Roten Löwen«, Brühl 3, dem späteren Geburtshaus *Richard Wagners*.

2. Schlichtung von Streitigkeiten. Vor »die Lade« zitiert wurden Schuldenmacher, Spieler, Unruhestifter oder sonst »wegen ungebührlichen Benehmens« aufgefallene Gesellen. Daß die Bruderschaft ihre eigene Gerichtsbarkeit hatte, mißfiel den Meistern besonders, allen Widerständen zum Trotz aber bestanden die Gesellen darauf, Händel selbst zu klären. Verhangen wurden Geldstrafen zugunsten der Lade.

3. Materielle Hilfe für »alte, verarmte und kranke« Gesellen. Ursprünglich war es Sache der Innung, in Notfällen mit helfender Hand einzugreifen. Je mehr die Innung aber erstarkte, desto weniger hatte sie für soziale Zwecke übrig. Die Bruderschaft verdrängte als Sozialkasse nicht etwa die Innung, sondern folgte einem Zwang zur Selbsthilfe. Daß sie einer eigenen Kasse und entsprechender Einnahmen bedurfte, lag auf der Hand, aber an eben dieser Kasse nahm die Innung Anstoß: finanzieller Rückenhalt stärkte die unbequeme Bruderschaft! Bereits 1466 mußte der Rat eingreifen und eine besondere Verordnung erlassen.

Dem Gesellenverein wurden allerlei Pflichten auferlegt, aber die Kasse durfte er behalten. Aufnahmegebühren und Mitgliederbeiträge stellten die regelmäßigen Einnahmen dar, Strafgelder, Nachlässe und Zuwendungen die unregelmäßigen. Mit Billigung des Rates fiel die Habe verstorbener Unterstützungsempfänger an die Bruderschaft. Die Zuwendungen kamen in der Regel von den Meistern. Soweit waren die patriarchalischen Verhältnisse eben noch nicht gelockert. Mochte die Innung auch die Gesellenkasse ablehnen, so mancher Meister zweigte etwas für sie ab, in der Regel »zur freien Verfügung«, deklariert als Geschenk. Wollte er einen früher bei ihm beschäftigten Gesellen unterstützen, besorgte er das selbst, nur in seltenen Fällen überließ er es der Bruderschaft. Zweckgebundene Zuwendungen waren daher eine Ausnahme.

In Lohnfragen durfte die Bruderschaft nicht eingreifen. Dabei war es nicht viel, was der Kürschnergeselle verdiente: 3 Groschen je Woche nach der Ordnung von 1594, bei 16stündiger Arbeitszeit! Trotzdem suchte sich mancher Geselle einen Nebenverdienst, er »pfuschte«. Die wichtigsten Kunden waren Professoren der Universität, Studenten, Magister, Notare – Leute, die selbst nicht allzuviel verdienten, aber aus Repräsentationsgründen Wert auf Pelzbekleidung legten. Nach der Intensität zu urteilen, mit der die Innung gegen die »Pfuscherei« zu Felde zog, war diese an der Tagesordnung; aber Verbote fruchteten angesichts der niedrigen Löhne wenig. Wer streikte, landete in Leipzig im Gefängnis, und nach Verbüßung der Haftstrafe hatte er die Stadt (und Sachsen) zu verlassen.

Zur Werkstattordnung gehörte, daß »eines niemanden Blicke getrübt wurden durch einen Heurigen«. Das war auf den Gesellen gemünzt, nicht auf den Meister. Wer alkoholisiert zur Arbeit erschien, mußte mit einer Geldstrafe oder einem Arbeitsverweis rechnen, wer montags nicht zur Arbeit kam, ohne eine plausible Erklärung zu finden, also »blau« machte, wurde für die ganze Woche von der Arbeit ausgeschlossen.

Die vorübergehende Arbeit in anderen Städten oder Ländern gehörte nach dem Zeitverständnis wie in fast allen Gewerken zur Ausbildung. Dem Leipziger Kürschner wurden 1588 fünf, 1686 sechs Wanderjahre vorgeschrieben. Bevorzugte Reiseziele waren Görlitz, Glogau, Breslau, Stettin, Berlin und Frankfurt/M. Im Laufe der Zeit veränderte sich manches, vor allem der Aktionsradius. Auslandsreisen kamen auf. Nach Petersburg ging 1770 *G. Füsel,* »für sieben Jahre nach Rußland« 1801 *J. Biermann,* nach London 1811 *M. Francke,* nach Paris 1820 *J. Schieritz* ... Ab der zweiten Hälfte des 19. Jahrhunderts galten die Hochburgen des Kürschnereigewerbes, Petersburg, Brüssel und Paris, sogar als bevorzugtes Reiseziel wandernder Gesellen. In Paris waren um 1900 etwa 75 % der Kürschner deutscher Herkunft, für den in Frankreich lebenden *Paul La-*

risch Grund genug, zusammen mit *Josef Schmid* ab 1902 eine deutschsprachige Monatszeitschrift herauszugeben: »Das Kürschner-Handwerk«.

> *Kürschner sind gar fröhliche Leut'*
> *sind weit gereist durch die Lande.*
> *Sie sehen, was Schönes die Erde beut'*
> *das Herz erhebt und das Auge erfreut,*
> *was nützet und kommet unserem Stande.*
> *(Paul Larisch)*

Während der Leipziger Kürschner wie selbstverständlich für längere Zeit Arbeitsplatz und -ort wechselte, bereiteten Stadt und Innung ausländischen Gesellen mancherlei Schwierigkeiten, wenn sie Arbeit in Leipzig suchten. Sie durften nicht älter als 40 Jahre sein, mußten wenigstens 3 Taler in der Tasche haben, ein ärztliches Zeugnis vorweisen, daß sie frei von ansteckenden Hautkrankheiten seien, und auch noch eine Legitimation ihrer Heimatbehörde vorlegen, eine mit einem Wanderauftrag verbundene Identitätskarte. Bei solcher Art Erschwernissen konnte es kaum verwundern, wenn in Leipzigs Kürschnereien selten einmal ein französischer oder russischer Kürschner anzutreffen war – eher schon ein ungarischer oder polnischer. So wurde der mit der Wanderschaft erstrebte Erfahrungsaustausch eine einseitige Angelegenheit.

Die zunehmende Bürokratisierung traf auch den deutschen Kürschner. Gewisse Regeln einzuhalten, war er ohnehin seit alters her verpflichtet. Wollte er sich auf Wanderschaft begeben, mußte er seinem Meister 14 Tage zuvor Mitteilung machen; umgekehrt hatte eben diese Frist auch der Meister einzuhalten, wollte er das Arbeitsverhältnis lösen. Die Wanderjahre stellten für den jungen Kürschner ein gewaltiges Risiko dar. Fahrgeld konnte er sich nicht leisten (50 Pfennige kostete 1690 die Postmeile), also ging er zu Fuß, in einem Tag Weißenfels erreichend. Ob er Arbeit fand, war fraglich. Wurde er abgewiesen, ließ er sich vom Obermeister ein Revers unterschreiben: »Was maßen zwar Umfrage gehalten worden, jedoch kein Meister gewesen, der einen Gesellen gebraucht hätte, und selbiger also weiter wandern müssen.«

Solcherlei »Kundschaften« seien viel zu leicht zu haben, hieß es 1780 in einem Dresdner Mandat.

Zur »Abstellung verschiedener Innungsgebrechen« führte Sachsen 1810 das Wanderbuch ein: 4 Bogen Papier in Oktavformat, in Pappe gebunden, mit seidener Schnur und obrigkeitlichem Siegel versehen. Das Wanderbuch kostete 4 Groschen, mit Futteral sogar 6, eine Eintragung – ausschließliches Recht der Behörden – 2 Groschen. Fehlten im Wanderbuch für länger als vier Wochen Nachweise, lief ein deutscher Geselle Gefahr, als »Vagabund« eingelocht, ein ausländischer, über die Grenze abgeschoben zu werden. Wurde der Ausweisinhaber Meister, zog die Behörde sein Wanderbuch ein.

Beschwerlicher Weg zu Meisterwürden

»Wer allhir muthen und Meister werden will, der soll seine ehrliche Geburt... beylegen, auch nach allhir ausgestanden Lehr-Jahren fünf Jahre auf das Handwerk außer dieser Stadt gewandt und zwey Jahre hir bei einem oder zu hoechsten zweyen Meistern unverrückt gearbeitet haben«, so Abschnitt 2 der Innungsartikel von Leipzigs Kürschnern.

Mit zwei Groschen in der Tasche für die Gebühren meldete sich der Aspirant stets persönlich beim Obermeister an. Wer auswärts lebte, mußte sich auf gut Glück nach Leipzig begeben. So fuhr 1733 ein Geselle umsonst: Es gab schon zwei Mutgesellen, und einen dritten lehnte der Obermeister ab. Von den jungen Kürschnern konnte nur etwa jeder dritte muten. Damit lastete auf dem Interessenten von vornherein ein starker Druck – falls er nicht zu den privilegierten Meistersöhnen gehörte.

Der Mutzwang war nach dem Wanderzwang der zweite rigorose Eingriff. Vom Obermeister bekam der Mutgeselle seinen Meister zugewiesen, dem er auf Gnade und Ungnade ausgeliefert war. Mochte das Essen schlecht, der Arbeitstag länger als anderswo sein, der Mutgeselle mußte ausharren – oder seine Hoffnung auf Meisterwürden begraben. »Aufrührerisches Benehmen« oder gar Beteiligung an einer Arbeitsniederlegung zogen sofortigen Ausschluß aus dem Kreis der Mutgesellen nach sich.

Im Mutgesellen hatte die Innung einen billigen Kurier und Zuarbeiter; »Dem Obermeister willig zur Hand gehen« gehörte zu den selbstverständlichen Pflichten. Gar so harmlos, wie es scheinen mag, war diese Bestimmung keinesfalls, wenigstens nicht für einen mittellosen Anwärter. An »Schwarzarbeit« konnte er nicht denken, auf »Pfuscherei« stand ebenfalls Ausschluß. Also war er auf den Lohn angewiesen, doch dem »Obermeister zur Hand gehen«, hieß Einladungen austragen, säumige Mitglieder an ihre Pflichten erinnern, Botschaften an Obermeister anderer Städte übermitteln und vor allem organisatorische Vorbereitung der »Morgenandachten«, was viermal etwa zwei Wochen jährlich in Anspruch nahm. So mancher Mutgeselle ohne finanziellen Rückhalt scheiterte infolge Verdienstausfalles an den »Ehrenämtern«.

Dem Kürschnerhauptbuch zufolge aber klagten die Mutgesellen am meisten über den Heiratszwang: die Innung litt keine Junggesellen in ihren Reihen. »Es soll keiner zum Meister recht zugelassen werden, er hat denn zuvor das Ehebett beschritten«, bestimmten die Artikel. »Lange ledig, lange liederlich«, pflegten Leipzigs Kürschner zu sagen. Sie verbanden mit diesem Ausspruch einen praktischen Zweck: ihnen lag an der »Versorgung« der Meistertöchter, um bei Fehlen eines Sohnes die Werkstatt im Familienbesitz halten zu können, und an der »Unterbringung« von Meisterwitwen, um der Unterhaltsverpflichtung ledig zu werden. Heiratszwang und das Recht der Innung auf Heiratserlaubnis waren somit eng verknüpft und damit ihr eigentlicher Zweck realisierbar.

Dem Mutgesellen, der sich den Wünschen der Innung fügte, kamen Vorteile zugute. »Welcher gedeuchet eines Meisters Tochter zu nehmen, der soll nur ein Jahr muthen«, hieß es vielversprechend. Es erfolgte so die Gleichstellung mit dem Meistersohn, der auch nur ein Jahr zu muten brauchte.

Fügte sich der Mutgeselle nicht, mußte er mit allerlei Schikanen rechnen. Daß »sein

Mein Schatz der Beltz besitzt die Krafft
Zü wärmen ihre Jungfraüschafft
Doch kommen bald die Schaben drein
Wen sie will länger Ledig sein

Ein Pelz wußte stets Frauenherzen zu erfreuen. Alte Darstellung einer Brautwerbung.

Vater dessen Mutter in jungfräulichem Schmucke mit Schapel und Band zur Kirche und Trauung öffentlich geführt, und daß er von solchen Eltern in stehender Ehe und ehelich erzeugt« sei, vermochte er nachzuweisen – er wäre sonst in Leipzig nie Lehrling geworden, aber gleiches wurde von der Braut verlangt, und das konnte mit Schwierigkeiten verbunden sein. So vermochte *Dietrich Winter* 1675 den Geburtsbrief seiner Braut nicht vorzulegen. Da sie während des 30jährigen Krieges geboren wurde, »sei es ihm ohnmöglich, solchen zu beschaffen«. Der Innung kam dies gelegen: Sie verweigerte prompt die Heiratserlaubnis. Schließlich griff der Rat ein: in den Kriegswirren sei »solches gar vielen widerfahren« und die Haltung der Innung unbillig. Erbost gab die Innung nach, nicht ohne anzumerken, solches »sei ihr noch nie vorgekommen«, und zur eigenen Beruhigung oder vielmehr der Vermeidung eines Präzedenzfalles setzte sie hinzu, »daß sie gewiß glaube und davor halte, dass sie (die Braut) aus einem reinen Ehebett erzeuget sey«. Der Mutgeselle *Gottlieb Cramer,* der 1747 die Ehe eingehen wollte und keine »reinen« Papiere der Braut beizubringen vermochte, konnte sich auf keine Kriegswirren berufen. Er verweigerte auch die schriftliche Versicherung, »keine Person von unehelicher Geburt zu heyrathen« (seine Braut war es). Ohne Heiratserlaubnis der Innung die Ehe eingehend, wurde er als Mutgeselle gestrichen und damit von der Meisterprüfung ausgeschlossen.

Ein jeder Knecht will Meister werden,
drum sind jetzt Handwerk viel auf Erden –
Mancher zum Meister sich erklärt,
dem nie ein Handwerk ward gelehrt.
(Sebastian Brant, Das Narrenschiff)

Von 1493 an wurde in Leipzig dem Kürschner ein Meisterstück abverlangt. Das war seinerzeit nicht allgemein üblich, *Sebastian Brants* Spott im »Narrenschiff« keineswegs unbegründet. »Churfürst *Johann George II.* (gab) Ao. 1679 den 20. May einen Befehl aus ..., daß all und ieder, so Meister werden wollten, sollen Meisterstücke machen.« Das konnte Leipzigs Kürschner in ihrer Auffassung nur bestärken. Im Meister-»Sieb« blieben vielleicht Mutgesellen mit schwachen Leistungen – aber Mutgesellen ohne Geld gewiß – »hängen«. Mit Billigung des Rates fertigte »ein Meisters Sohn, sowohl auch der, so eines Meisters Tochter oder Witwe geheyratet hat, 2 Meisterstücken, welche ihm vom Handwerk vorgeleget und aufgegeben wurden, ein fremder ... Vier«. War der Bedarf an Meistern gering, wurde die Verarbeitung sehr kostbarer Felle zu den Meisterstücken verlangt. Den Meistersohn berührte das wenig, zumal er nur zwei Stücke vorzuweisen brauchte, den »Fremden« mit vier jedoch empfindlich. Nach der »Ordnung« von 1499 waren »eine Konneline Kurschenn ..., eine Schaube von Zschmassen mit großen ermeln, ein frauen peltz von sechs felen vnnd ein Leibpeltz von dreien fellen ... in vier Wochen nacheinander zumachen« mit rohen Fellen als Ausgangsbasis. Zwei Meister kontrollierten den Fortgang der Arbeiten. Die Kosten für die Felle drückten den Mutgesellen am meisten. Zwar blieben die Meisterstücke sein Eigentum, aber der Verkauf widersprach der Tradition. Das Meisterstück hatte einen Ehrenplatz im Hausstand zu beanspruchen, was in der Praxis hieß, es wurde der Frau geschenkt oder selbst getragen. Daß ein Interessent das Geld vorstreckte und dann die Pelze übernahm, war kaum mehr als eine theoretische Möglichkeit.

Ob ursprünglich keine Meisterstückenbücher geführt wurden oder Lücken im Archivbestand registriert werden müssen, bleibt unklar: die Bücher datieren erst seit 1711. Sie geben Aufschluß über den Aufwand, der den Kandidaten abverlangt wurde, das verarbeitete Material und die Technik. Für eine Frauenjacke mußten beispielsweise 30 Zobel verarbeitet werden. Der Mutgeselle hatte aber nicht nur Geld für die Felle aufzubringen. Er zahlte (1598) der Innung viermal 2 Groschen und 4 Pfennige Mutgeld sowie 3 Gulden Gold Prüfungsgebühr, 2 Groschen für »den bothen« und 37 Groschen für ein Viertel Bier. Ob es bei letzterem blieb, erscheint fraglich. Es mußte schließlich eine »Meistermahlzeit« ausgerichtet werden, und war die Mahlzeit erst einmal im Gang, drohten sich die Kosten zu multiplizieren.

Rund um die Lade

Die Lade war immer dabei: Bei den »Umfragen«, den Morgensprachen (Trinitatis, Trium regum, Oster- und Michaelisquartal), der Aufnahme neuer Meister, der Freisprechung der Lehrlinge. Exakt zur festgesetzten Stunde wurde sie geöffnet, eine Kerze angezündet, eine sehr dünne, nur »fingerlange«, und wer sich erst nach Verlöschen dieser Kerze einstellte, zahlte je nach Länge seines Sündenregisters eine Strafe – bis zu zwei Pfund Wachs.

Die Lade entstand im 17. Jahrhundert und diente zur Aufbewahrung des Innungsschatzes, dessen kostbarste Stücke auch aus dieser Zeit stammten. Der vergoldete Pokal wurde 1676 von Obermeister *Wenzel Buhl* und seinem Bruder *Jakob* gestiftet und von dem Leipziger Goldschmied *Hans Scholler* d. J. (geb. 1611) gefertigt. Ein Löwe (Leipzigs Wappentier) mit einem Schild trug das Oberteil. Den Deckel krönte eine Figur des Jakobus (Schutzpatron der Kürschner) mit einem aufgeklappten Medaillon in der Hand. Zum Pokal gehörten ursprünglich Anhängemünzen aus Silber. Die beiden Sargtuchschilde von 1693 schuf *Johannes Reinhardt* (1666 bis 1731), der berühmteste Goldschmied am Ort. Sie waren teilvergoldet und verziert mit Blumen- und Akanthus-Ornamenten sowie dem Wappen der Kürschnerinnung. Darunter befand sich eine plastische Darstellung »Adam erhält seinen Fellrock«. Ewig mit den Schneidern im Streite liegend, wer die ältere Zunft vertrete, wurde nicht auf die Herausstellung des biblischen Alters der Kürschnerei verzichtet. Die Sargtuchschilde, auf einem kostbaren Bahrtuch angebracht, begleiteten jeden Kürschner auf seinem letzten Weg. Bereichert wurde der Innungsschatz 1791 durch ein Kruzifix, von Obermeister *Christian David Jungmann* eigenmächtig in Auftrag gegeben. Es kostete 118 Reichstaler, mehr als die Kasse hergab, und die Innung beschuldigte *Jungmann* erbost der Selbstherrlichkeit und Ruhmsucht. In den folgenden Krisenjahren jedoch erwies sich das Geld als gut angelegt. Der Innungsschatz hatte immer eine Doppelfunktion: Er diente dem Repräsentationsbedürfnis und als Geldanlage für schwere Zeiten. Schatzmeister war der Obermeister.

Die Innung wählte den Obermeister. Die 1423 erfolgte Zwangseinsetzung durch den Rat stellte tatsächlich eine Ausnahme dar. Wer einmal Obermeister war, blieb es meist bis an sein Lebensende. Oft trat der Sohn die Nachfolge an. So stellten die *Jungmanns* im 18. und zu Beginn des 19. Jahrhunderts rund fünf Dezennien hintereinander den Obermeister. Da die Innung weder Sold zahlte, noch eine Aufwandsentschädigung gewährte, konnten nur sozial gutgestellte Meister das aufwendige Amt übernehmen. Zeitweilig besaß die Innung zwei Obermeister, um die Belastung erträglich zu machen. Sie kooperierten, lösten sich ab, teilten sich die Aufgaben. Die städtische Obrigkeit behielt sich das Recht vor, den von der Innung gewählten Obermeister in seinem Amt zu bestätigen, drängte sich aber ansonsten nicht ins Innungsleben. In anderen Städten überwachten Ratsherren die »Umfragen«, in Leipzig nicht. Den Ton gaben im Rat die mächtigen Kaufleute an. Vorbei war die Zeit, in der wie im 14. Jahrhundert ein biederer Kürschner Mitglied des Rates werden konnte. Scherte sich der Rat auch wenig um Details, so verlangte er doch strikte Befolgung seiner Order. So ging es nicht ohne Konflikte aus.

Pokal der Leipziger Kürschner; gestiftet 1676
von Obermeister Wenzel Buhl und seinem
Bruder Jakob, gefertigt vom ortsansässigen
Goldschmied Hans Scholler d. J.
Die Figur auf dem Deckel stellt Jakobus dar,
den Schutzpatron der Kürschner.

Sargtuchschild der Leipziger Kürschner, 1693
von Joh. Reinhardt aus Leipzig im Auftrage
der Innung geliefert. Solche Kostbarkeiten aus
Silber oder Gold verfolgten einen praktischen
Zweck – hier der Verzierung des Bahrtuches
eines verstorbenen Meisters –,
außerdem auch eine »Rücklage« für Notzeiten.

Zum schwersten Zusammenstoß zwischen Innung und Rat kam es 1593 während des
sogenannten Leipziger Tumults. Er wurde ausgelöst am 19. Mai 1593 während der Frühjahrsmesse durch eine erst mit Argumenten, dann mit Fäusten ausgetragene »Bibelaus-
legung« zwischen dem Wittenberger *Professor Huber* und ortsfremden Calvinisten. Aufgeschreckt durch den Krach, eilten Passanten und Nachbarn herbei. Aus dem nahegelegenen Pelzhaus kamen auch einige Kürschner, angeführt von *Ambrosius Bartsch* (»der
Fürst« genannt). Im Handumdrehen weitete sich der Konflikt, dessen auslösende reli-

giöse Motive völlig in den Hintergrund traten, zu einer allgemeinen Auseinandersetzung aus. Unzufriedenheit mit den sozialen Verhältnissen und der verkrusteten Politik des Rates fanden ein Ventil. Bürgermeister *Sieber,* eine Ausweitung der Unruhen wie zu Zeiten des Bauernkrieges fürchtend, ließ die Sturmglocken läuten und die Massen gewaltsam auseinandertreiben. Für mehr als 30 verhaftete Personen gab es ein Nachspiel: einige wurden mit Geldstrafen bedacht, andere öffentlich ausgepeitscht und vier, unter ihnen *Bartsch,* am 1. Juni auf dem Markt hingerichtet. Nach dem Willen des Rates sollten die Leichen der Exekutierten von den Stadtknechten irgendwo verscharrt werden. So sei mit Rebellen stets verfahren worden.

Die Bürgerschaft war noch immer erregt, aber eingeschüchtert. Überraschend verlangte die Kürschnerinnung für *Bartsch* einen Platz auf einem städtischen Friedhof und eine »ordentliche« Bestattung. Im Handumdrehen weiteten sich die Forderungen aus: Die Bürger wollten alle Exekutierten feierlich beigesetzt wissen. Aus Furcht vor einer Neuauflage der Unruhen gab der Rat den Friedhof vor dem Grimmaischen Tor frei, bestand aber auf einer »stillen Beisetzung«. Die Kürschner hielten sich jedoch an den Brauch: zwölf Meister trugen die Leiche des Zunftgenossen *Bartsch* zu Grabe, und »dem enthaupteten Kirschner ist das Kirschner-Handwerck gefolget«. An der Spitze des Trauerzuges schritt der Obermeister. Der Rat sah nicht zu Unrecht in der feierlichen Beisetzung von *Bartsch* eine politische Demonstration.

Wiederum einer Trauerfeier wegen kam es 1714 zu einer Kontroverse, wenn auch einer politisch weniger brisanten und nicht öffentlich ausgetragenen. Die Tochter des Meisters *Christian Wage* war verstorben. *Wage* wollte sie nachts im Scheine von Fackeln bestatten, doch das lehnte der Rat ab. Nachtbegräbnisse ständen »den Gewerken nicht zu«. Der Obermeister, Widrigkeiten mit der städtischen Obrigkeit fürchtend, lehnte daraufhin die Stellung von Sargträgern ab. *Wage* nahm bezahlte Träger und bestattete seine Tochter trotzdem in den späten Abendstunden. Zur nächsten »Umfrage« wurde er zur Rede gestellt. Überraschend schlug sich aber die Mehrheit der Meister auf *Wages* Seite. Es sei nicht einzusehen, warum Nachtbegräbnisse ein Privileg der Reichen sein sollten. Künftig werde man den Sarg auch nachts tragen, wenn die Hinterbliebenen des Verstorbenen es wünschten! Der Obermeister mußte nachgeben. Nur eines vermochte er durchzusetzen: eine Verdoppelung der Gebühren bei Nachtbegräbnissen von 1 auf 2 Gulden – »für den Ärger mit dem Rat«. War einer der Ihren verstorben, ruhte am Tage der Beisetzung in den Werkstätten für einige Stunden die Arbeit. Jeder, ob Meister oder Geselle, schloß sich dem Trauergefolge an. Noch um 1800 wurde so verfahren: Erst dann lockerten sich die Gepflogenheiten: Zwar stellte die Innung weiter die Sargträger, aber nur Meister und Gesellen des Verstorbenen nahmen noch an der Beisetzung teil. Die Zierde des Sarges waren die Sargtuchschilde der Innung.

Auch das zweite Prunkstück der Lade, der »Willkomm«, kam oft zu Ehren. Es gab wiederholt Gelegenheit zum Feiern: die Wahl eines neuen Obermeisters, die Hochzeit eines Meisters, ein 50jähriges Meisterjubiläum, die Fastnacht und nicht zu vergessen das Jacobitrinken jeweils am 25. Juli. Bei den privaten Feierlichkeiten beschränkte sich die Beteiligung in der Regel auf die Meister, vielleicht noch deren Frauen, je nach den Vorstellungen und Finanzen des Jubilars. Für das Jacobitrinken, den Höhepunkt der Feste, wurde der Saal des Rathauses gemietet. Zu Jacobi 1618 vertranken die Kürschner Bier im Wert von 3456 Groschen, der Verdienst eines Gesellen in 1152 Wochen. Beim Bier aber blieb es nicht. Was an Speisen verzehrt wurde, ist nicht überliefert. Verbürgt ist auch nicht Eulenspiegels Streich, den er den Leipziger Kürschnern zur Fastnacht gespielt haben soll:

Eulenspiegel narrt die Kürschner
Eulenspiegel konnte keine Gelegenheit zu einem Bubenstreich vorübergehen lassen. Das bewies er zu Leipzig den Kürschnern gegenüber, als sie zur Fastnacht zusammen ein Gelage abhielten. Sie hätten gerne Wildbret gehabt. Davon hörte Eulenspiegel ... Also ging er in seine Herberge. Der Wirt hatte eine schöne Katze. Die nahm Eulenspiegel unter seinen Rock und bat den Koch um ein Hasenfell, er wolle damit einen hübschen Schelmenstreich verüben. Der Koch gab ihm ein Fell, da nähte er die Katze hinein und legte bäuerliche Kleidung an. Er nahm vor dem Rathaus Aufstellung und hielt das Wildbret unter seinem Kittel verborgen. Da kam ein Kürschner daher, den fragte Eulenspiegel, ob er nicht einen guten Hasen kaufen wolle, und ließ ihn unter seinen Kittel sehen. Der Kürschner gab ihm vier Silbergroschen und sechs Pfennig für den Sack, in dem der Hase war, und trug ihn in ihr Zunfthaus, wo sie alle beisammen waren. Dort verkündete er mit großem Geschrei, daß er einen schönen lebendigen Hasen gekauft habe, den wollten sie zum Festabend haben. Sie ließen ihn in einem Grasgarten laufen, holten Hunde herbei und wollten Kurzweil treiben. Die Hunde liefen dem Hasen nach. Als der Hase nun nicht entkommen konnte, sprang er auf einen Baum und schrie »Miau!« Eulenspiegel legte seine Verkleidung ab und machte sich davon.

Feierlichkeiten kamen für die Lade stets einem Aderlaß gleich. Das erwähnte Jacobitrinken 1618 kostete beispielsweise die Innung einen Zuschuß von 120 Talern. Es fielen jedoch noch eine Menge anderer Ausgaben an, von denen im folgenden die Rede sein wird. So war es des Obermeisters ständige Sorge, die Finanzen »im Lote« zu halten. Freiwillige Leistungen erfolgten selten, und wenn, dann zweckgebunden. So vermachte Meister *Elias Junge* vor seinem Tode (1638) sein Vermögen der Innung. Von seinem Geld sollten jährlich zwölf sozial schwachgestellte Thomaner mit schwarzen Strümpfen versorgt werden. Infolge der Wirren des 30jährigen Krieges und seiner Nachwirkungen nahmen die Thomaner erst ab 1671 regelmäßig Gebrauch von dieser Stiftung. Fein säuberlich quittierten sie fortan Jahr um Jahr den Erhalt der Gabe: »Wir endes unterschriebene Alumni der Schule zu St. Thomas bekennen hiermit, daß wir von Hg. Johann Heinrich Jungmann des ehrbaren Kürschner Handwerkes itzigen Jahres Obermeister wegen Hg. Elias Jungens ... gestiftete 12 Paar schwarze Strümpfe zum 108ten mal richtig empfangen haben. So geschehen Leipzig, den 24. Juli 1778«.

Was in die Zunftkasse floß und frei zur Verfügung stand, stammte zum guten Teil aus

Strafgeldern. Für den Meister gab es mancherlei Möglichkeiten, »vor die Lade gerufen« zu werden; nach den verhangenen Strafen zu urteilen, war die Innung der reinste Moralapostel. Wer es mit der Wahrheit nicht gar so genau nahm, fluchte oder ein »unruhiges Verhalten vor offener Lade« zeigte (opponierte), zahlte seine sechs Groschen Bußgeld, wer eine Frau öffentlich schalt, sogar einen Taler. Der Meister haftete vor der Innung auch für seine Familie. Wurde seine Frau in einem Schanklokal gesehen, zahlte er eine Innungsstrafe, unterhielt sie sich mit »Unfreien« wie Fronbauern oder »gewissen Personen«, Dirnen, Wahrsagerinnen, Trinkern, Henkern oder Schäfern, ebenfalls. Auch beim »Sündenfall« einer Tochter wollte es die Innung in der Lade klingen hören. Die Tochter selbst mußte barfuß gehen. (Im Winter genügte es, einen Fuß unbekleidet zu lassen.) Außer gesundheitlichen Schäden konnte ein solches Vorgehen leicht schlimme soziale Folgen für die Betroffene heraufbeschwören. Der Meister, dessen Tochter ein uneheliches Kind gebar, hatte nicht nur in die Börse zu greifen, sondern auch Ehrenämter zur Verfügung zu stellen. Der Herttel'schen Chronik zufolge war dies alles rein theoretischer Natur. Kein Kürschner ist je belangt worden, weil seine Tochter unverheiratet Mutter wurde. Leipzigs Kürschnertöchter lebten so sittsam, wie das Zeitverständnis dies verlangte – oder suchten rechtzeitig bei auswärtigen Verwandten Unterschlupf. Verließ der Meister selbst den Pfad der Tugend, konnte ihm das teuer zu stehen kommen. Der Kürschner *Johann Wilhelm Zahn,* seit 169_ Meister, geriet wegen eines unehelichen Kindes in arge Bedrängnis. Er zahlte schließlich 30 Gulden in die Lade, einen ungeheuren Betrag, doch wurde trotz dieser Buße sein Kind »nicht als Meisterkind anerkannt«.

»Vor die Lade« zitiert wurde auch, wer das »Nest beschmutzte«. So hatte 1670 Meister *Gottlieb Krauße* verlauten lassen, Obermeister *Hans Wiehle* sei »nicht ehrlich«. *Krauße* verweigerte die Zahlung der ihm auferlegten Strafe und legte Berufung beim Rat ein, der jedoch gegen ihn Partei ergriff, so daß er letztlich zwei Gulden zugunsten der Lade entrichten mußte.

Schlimmer ging 1719 die Schädigung des Ansehens der Innung für Meister *Gottfried Seifert* aus, der von einem Fleischer in der Grimmaischen Straße beschuldigt wurde, ein Kalbfell entwendet oder zumindest nicht bezahlt zu haben, und den man deshalb aus der Innung ausschloß.

Einmal mit einer Strafe bedacht, blieb dem Meister nur die Zahlung. Es drohte ihm nicht in jedem Falle Streichung aus der Mitgliederliste, aber doch eine schwerwiegende soziale Konsequenz, etwa der Ausschluß bei der Verlosung der Verkaufsstände. Der kommerzielle Verlust wog dann am Ende schwerer als die Innungsstrafe.

Die Kasse war ihrem Charakter nach eine Einkaufs-, Kredit- und Fürsorgekasse.

Rohware kaufte der Kürschner in der Regel selbst ein. Blieben Lieferungen aus irgendeinem Grunde aus, konnte er auf den Vorrat der Innung zurückgreifen. Das innungseigene Lager wies keine reichen Vorräte auf, war es doch als »Notnagel« gedacht. Es verfügte aber stets über Schaffelle. Der Obermeister stand mit den großen Schäfereien in Connewitz und Lindenau sowie verschiedenen Fleischern aus der Umgebung in Verbindung und kaufte mit dem Geld aus der Lade die Felle auf. Diese Geschäftsbeziehungen überdauerten die Jahrhunderte. Sie waren für lange Zeit die wichtigsten unmittelbaren Kontakte der Innung zu den Pelzlieferanten. Das Aufkommen der Jäger aus der näheren Umgebung interessierte zwar den einzelnen Kürschner, die Innung jedoch wegen der Geringfügigkeit kaum.

Als Kreditkasse stand die Lade in den Augen des Kürschners offenbar weit höher im Kurs. Es kam nicht selten vor, daß er sich bei Bevorratung mit Fellen übernahm. Die Innung gewährte ihm dann einen Kredit bis zu 450 Gulden auf ein Jahr. Bei Fehlkalkulationen war die Innung oft die Rettung vor dem Bankrott.

Kredite für Jahrgesellen nahmen eine Sonderstellung ein. Konnte der Meisteraspirant die für die Anfertigung der Meisterstücke erforderlichen Felle nicht bezahlen, half die Innung aus, wenn er Bürgen beizubringen vermochte. Meistersöhnen bereitete es die geringsten Schwierigkeiten, mit den erforderlichen Garantien aufzuwarten – nur waren gerade sie am wenigsten auf die Lade angewiesen. So kam der »Verlorene Kredit« auf, das heißt, die Innung schloß zwar einen Kreditvertrag mit dem Jahrgesellen ab, rechnete aber mit keiner Rückzahlung. Der Vertrag war ein Druckmittel. Schließlich wurden auf Antrag des Gesellen und mit Zustimmung der Innung die Felle vom Obermeister aus der Lade bezahlt. Ansprüche konnte niemand geltend machen.

Die einzige Gemeinschaftseinrichtung war die Schöppe. Sie wurde 1714 am Ranstädter Tor errichtet »bei der Mühle wo die Becken (Bäcker) das Getreide waschen«, und sie diente zum Waschen der Felle. Als die Schöppe 1742 dem Hochwasser zum Opfer fiel, zahlte die Innung aus der Lade zehn Taler für die Schwellen und 98 Taler für sonstiges Bauholz. Die anfallenden Arbeiten verrichteten die Kürschner selbst.

Erwähnt wurde bereits, daß die Innung zehn Mann für die Stadtverteidigung zu stellen hatte. Für die Ausrüstung und die bei Schießübungen benötigte Munition kam die Innung auf, was die Lade jährlich mit etwa 200 Gulden belastete.

Der genossenschaftliche Charakter zeigte sich besonders in der Bevorratung mit Lebensmitteln. 1580 kaufte die Innung 230 Scheffel Getreide für 260 Gulden, 1606 sogar 350 Scheffel für 380 Gulden. Durch den möglichen Rückgriff auf das Magazin trafen Teuerungen, hervorgerufen durch die gesunkene Kaufkraft, den Kürschner weniger hart als andere Bürger. Das wirkte sich besonders vorteilhaft in der Zeit der Kipper und Wipper (Münzverschlechterer durch Beschneiden, »Kippen«, der Münzränder und falsches Wägen, »Wippen«) aus, als die Kaufkraft beträchtlich sank. Für einen Gulden waren im 16. Jahrhundert 34 Pfund Butter zu haben, 1620 noch ein Pfund.

Als Unterstützungsfonds mußte die Innungskasse besonders 1680 dienen, als von den 15000 Einwohnern Leipzigs 4000 an Cholera oder Typhus starben, darunter acht der (1631 nachgewiesenen) 68 Kürschnermeister. Die Betreuung der Hinterbliebenen oblag der Innung in jedem Falle. Daraus resultierte auch ihr Bemühen, Meisterwitwen wieder »unter die Haube« zu bringen, denn so wurde die Kasse entlastet.

Zu den wichtigsten Obliegenheiten der Innung gehörte die Kontrolle der Produktion und des Absatzes (von letzterem wird noch die Rede sein). Die Fäden liefen bei den beiden Schaumeistern zusammen, die auf einer Innungsversammlung gewählt und wie der Obermeister vom Rat bestätigt wurden. Ihnen oblag die Gewerbeaufsicht. »Niemand soll in der Stadt Leipzig und dem Weichbild das Kürschnerhandwerk zu betreiben« befugt sein, »welcher nicht allhir das Meister-Recht gebührend erlanget«, bestimmten die Innungsartikel. Nichtzünftige Kürschner, Bönhasen oder auch einfach Pfuscher genannt, pflegte die Innung auszuheben. Nachts drangen in deren Häuser Jungmeister ein, zerschlugen die Gerberbänke und machten die vorhandenen oder halbfertigen Pelze einfach unbrauchbar. Das führte 1754 zu einer Konfliktsituation, aus der sich die Innung nur mit Mühe herauszuwinden vermochte.

Die Bönhasen hatten sich auf nächtliche Besuche eingestellt, ein Signalsystem vereinbart und die einfallenden Jungmeister »gar jämmerlich« verprügelt. Daß die Innung sich Polizeigewalt anmaßte, mißfiel ohnehin, und es gab in der Stadt nicht wenige, die ihr den Reinfall vergönnten. Bei der Schadenfreude blieb es nicht. Debatten um die sozialen Wurzeln der Pfuscherei und das von der Innung beanspruchte Produktionsmonopol kamen auf. Die Kritiker hielten der Innung vor allem ein Fehlverhalten im Falle des Bönhasen *Gottlieb Cramer* vor. Um diese Schwachstelle wußte die Innung nur allzugut. Sie hatte den Jungmeistern ausdrücklich Weisung erteilt, bei *Cramer* nicht einzufallen. Weil er eine unehelich geborene Frau geheiratet hatte, war ihm, wie schon erwähnt, die Zulassung zur Meisterprüfung verwehrt worden. Daraufhin »pfuschte« er ganz offen, demonstrativ geradezu, jahraus, jahrein. Einem Reichsgutachten zufolge war die Weigerung zur Aufnahme in die Innung rechtswidrig. *Cramer* ließ es also darauf ankommen. Nach dem großen Krach von 1754 resümierte der amtierende Obermeister: »Von Seiten der Innung aber wollte man dem alten Herkommen nicht zuwider handeln, daher wagte man nicht, ihn als Pfuscher auszuheben, indem er alsdann auf jeden Fall unsere Weigerung, ihn als Meister aufzunehmen, zu seiner Vertheidigung aufstellen und uns dadurch strafbar machen würde.« Weil aber »die gefürchteten Folgen eintraten«, wenn auch ohne *Cramers* Zutun, ging die Innung »nach Canossa«: Sie bot 1755 *Cramer* von sich aus die Aufnahme in die Innung an, wenn er seinerseits ein Bußgeld für Pfuscharbeit in die Lade zahle. Man einigte sich auf 80 Groschen; je Jahr 10 Groschen für die Pfuscharbeit. So gereichte die Knüppelschlacht wenigstens einem zum Vorteil.

Zwischen Trampeltonne und Beizfaß

Das Fell, das der Kürschner dem Fernhändler abkaufte, mochte mit etwas Salz in Berührung gekommen sein, um es vor dem »Verstinken« zu bewahren; den Fuchsbalg, den der Jäger aus der näheren Umgebung in die Werkstatt brachte, hatte vielleicht tags zuvor noch ein quicklebendiger Reineke getragen; ihm war nur das »Fell über die Ohren gezogen« worden. Mochte der »Kürshener« es nun weiterverarbeiten! Er war alles in einer Person: Zurichter, Anbracher, Kürschner, Reiniger und Händler.

Dem Kürschner von 1423 wäre eine Kürschnerei von 1823 recht vertraut erschienen. Vielleicht hätten ihn einige Chemikalien in Erstaunen versetzt, aber mit den Arbeitsgeräten, wie Kürschner-(Gerber-)bank oder Läutertonnen, wäre er gut zurechtgekommen. Selbst die Arbeitszeit war konstant geblieben: Sie betrug noch immer je Werktag 16 Stunden!

Gegen 5 Uhr in der Frühe war es mit der Nachtruhe des Kürschners vorbei; es galt,

Feuer zu entfachen, nicht etwa für das Frühstück – damit hatte es noch gute Weile –, sondern für das Kochen der Beize. Gegen 21 Uhr zog Stille in der Werkstatt ein, falls die Innung nicht gerade zu einer »Umfrage« eingeladen hatte. Feierabend hieß im allgemeinen Beginn der Nachtruhe. Nur am Samstag wurde die Kürschnerschürze bereits um 16 Uhr an den Nagel gehangen. Einige Handgriffe blieben selbst sonntags zu erledigen, eine Verstärkung der Beize vielleicht oder die Kontrolle der zum Trocknen aufgehängten Felle.

Vom Frühjahr bis in den Herbst hinein wurde überwiegend zugerichtet, während die Nadel besonders im Winterhalbjahr zu ihrem Recht kam. Der Verlauf des Arbeitstages hing ab von der Zahl der Beschäftigten und den anfallenden Pelzarten. »Getrampelt« wurde meist am Vormittag, genäht nachmittags und entfleischt abends. Auf das Zurichten entfiel ein Drittel der aufgewandten Arbeit. Das Resultat war gut, wenn das Haar bzw. die Wolle locker fiel und glänzte und das Leder geschmeidig und vor Fäulnis geschützt war.

Anders als der Gerber auf Erhaltung der Haare und Wolle bedacht, hatte der Kürschner für die scharfe Gerberbeize keine Verwendung. Er mußte sich selbst eine Beize mischen, eine möglichst milde. Felle pflanzenfressender Tiere verlangen allerdings eine etwas kräftigere als Felle von Fleischfressern, und selbst innerhalb einer Art beeinflussen Geschlecht und Ernährung die Bearbeitung. So mußte der Kürschner verschiedene Mixturen parat haben. Das Zubereiten und Anwenden der Beize verlangten große Erfahrung. Ein Fell wurde im allgemeinen zweimal gebeizt, auf jeden Fall mit Salzwasser, und da dies selten genügte, auch mit Kleie, in der Regel Weizenkleie, und Bierhefe.

Die gleiche Sorgfalt verlangte das Einfetten der Felle. Nur einfach getrocknet, werden sie hart. In grauer Vorzeit dienten sie trotzdem als Kleidung, aber das Tragen solcher Felle dürfte keine eitle Freude gewesen sein, eher eine Beleidigung der Haut, nicht zu vergessen die Geruchsorgane. Mit dem Zurichten wurden nicht nur überflüssige, sondern auch für die Elastizität des Leders unentbehrliche Fette entzogen. So blieb als Ausweg nur der Fettzusatz – ein angemessener und bezahlbarer. Auch eingefettet wurde ein Fell in der Regel zweimal, von Natur aus fette Felle seltener oder sparsamer als fettarme. Verwendung fand das billige Kadaverfett. Butter, wie in der Rezeptur vermerkt, war viel zu teuer.

Einmal Meister, setzte sich der Kürschner kaum mehr auf die Gerberbank, aber die Beizen kochte er selbst. Die Felle »versaue« er sich lieber allein, meinte einer zufolge einer Quelle von 1594. Einige Meister beschäftigten sogenannte Stücklöhner, die eher Tagelöhner gewesen sind, jedenfalls keine Stücklöhner im modernen Sinne. Sie zogen während der Konjunktur von Kürschnerei zu Kürschnerei und boten sich als Zurichter an. Wovon und wo sie außerhalb der Saison lebten, läßt das Quellenmaterial offen. Es können ihrer so wenige nicht gewesen sein, denn die Innung hielt es für ratsam, einen einheitlichen Lohn – 1 1/2 Groschen am Tag – festzulegen. Dieser Regelung halber gab es viel Streit. Einige Meister hielten die Beschäftigung von Stücklöhnern für praktikabel, andere für riskant, das heißt für unvereinbar mit der Tradition der Gilde. Doch ging es dabei wohl eher ums Geld als um die Tradition; es waren die leistungsstarken Meister, die auf Stücklöhner zurückgriffen (und nach einem Tagessatz bezahlten). Nach dem

30jährigen Kriege begannen kleine Meister, die außerstande waren, Felle zu kaufen, mit dem Zurichten für bessergestellte Zunftgenossen. Da führte der Differenzierungsprozeß schon in eine andere Richtung, zur Verselbständigung der Zurichterei, doch war bis dahin der Weg noch lang: Bis weit ins vorige Jahrhundert gehörte das Zurichten zur Kürschnerei.

Zur Bearbeitung bestimmte Felle kamen zuerst ins Wasser zum Weichen. In jeder Werkstatt gab es entsprechende Bottiche, in denen die Felle etwa zwei Tage lagen. Das Leder sollte in dieser Zeit geweicht, das verschmutzte Haar gesäubert werden. Für Schaffelle erwiesen sich solche Wasserbäder als unzulänglich. Nahe dem Ranstädter Tor befand sich eine Waschbank. An einfachen Stricken wurden die Schaffelle an der Bank befestigt und in den Fluß geworfen, da sich fließendes Wasser zur Reinigung dieser oft arg verschmutzten Felle besser eignete als das Tunkverfahren im Bottich. Fielen Schaffelle in großen Mengen an, räumte die Innung dem Meister oft nur einen Tag an der Waschbank ein. In den wasserreichen Gegenden Bulgariens hingen die Schaffelle wochenlang im fließenden Wasser, während an der Leipziger Waschbank ständig Platznot herrschte. Der Rat, der sich immer wieder über die Verschmutzung der Gewässer durch die Kürschner (und benachbarten Gerber – Gerberstraße) beklagte, wollte keine zweite Waschbank dulden. Ein Ausweichen an die Luppe im benachbarten Lindenau wurde von der Innung oft erwogen, aber den Kürschnern war der Weg dahin zu weit; lieber wuschen sie die Felle – nach dem Ziehen aus dem Fluß – noch fleißig. Besonders hartnäckige Schmutzteile wie Blut mußten ohnehin auf einer groben Bürste, der Kardätsche, mit dem Kamm entfernt werden.

Ob der Kürschner die Felle nach dem Weichen gleich vom Aas, wie restlichen Fleisch- und Fettbestandteilen, zu befreien vermochte, hing von der Fellart ab. Bei den in Leipzig häufig verarbeiteten Feh-Fellen, die ungewöhnlich spröde sind, ging das nicht. Nach dem Weichen wurden sie erst einmal umgekrempelt, also ohne Aufschneiden der Wamme (Bauchseite) mit der Lederseite nach außen gekehrt und eingefettet. Dann kamen die Felle in die Trampeltonne, einem in jener Zeit unentbehrlichen Utensil der Kürschnerwerkstatt, ein Vorläufer der Walke. »Die Trampeltonne ist eine gemeine, aber starke und offene Tonne«, berichtet *Johann Krunitz*. »Die Fehen- oder Grauwerksfelle werden, nachdem sie mit Butter beschmiert worden sind, in diese Tonne geworfen und in derselben wie in einer Walke, nachdrücklich mit den Füßen getreten oder getrampelt, hierdurch hebt sich das Aas auf dem Leder und wird weich und locker, daß es hernach mit den Händen bearbeitet werden kann.« Dieses »nachdrückliche« Trampeln mit bloßen Füßen währte an die drei Stunden. Kürschnerarbeit begann mit anstrengender Beinarbeit, zu verrichten vom jüngsten Gesellen oder vom Lehrling. Die Trampeltonne war der Schrecken der Kürschnerwerkstatt.

Nach dem Trampeln wurden die Felle gebeizt und über Nacht auf dem Fußboden der Werkstatt ausgebreitet.

Tags darauf kamen die Felle auf die Kürschner-(Gerber-)bank, ein unentbehrliches, über Jahrhunderte nur wenig verändertes Arbeitsgerät des Kürschners. Es handelte sich um eine gewöhnliche Bank mit hölzerner Säule, an der horizontal zwei eiserne Arme mit einem halbmondförmigen auswechselbaren Messer angebracht waren. Der Kürsch-

Läutertonne aus der Zeit um 1900. Wie die in der Form ähnliche Beiztonne gehörte sie
zu den uralten Utensilien einer Kürschnerwerkstatt. Sie wurde jahrhundertelang durch »Treten«
in Gang gesetzt; Kettenantrieb oder Zahnrädervorgelege kamen erst
mit der industriellen Revolution auf.

ner nahm im Reitsitz auf der Bank Platz und entfernte das Aas. Ausnehmend weiche
Felle blieben noch unverwertbar.

Im Verlaufe eines Arbeitsprozesses ging jedes Fell etwa dreimal über die Gerberbank,
unterbrochen durch Beizen, Fetten, Strecken usw., bis das Leder allmählich weiß
wurde.

Nach – allerdings spärlichen – Inventarverzeichnissen war der Rumpelbaum in Leipzig wenig verbreitet. Er wurde vorwiegend zum Abstoßen besonders fetter Pelze (Bären) genommen und entsprach dem Abstoßbaum der Gerber. Offenbar haben die Bären
ihren Pelz nur selten auf den Leipziger Markt getragen.

Dafür fehlten Tretstock und Läutertonne in keiner Werkstatt. Kleine Posten wanderten zum Reinigen in die Läutertonne, große in den Tretstock. Beide Geräte existierten
allerdings nicht immer nebeneinander. Die später aufgekommene Läutertonne behauptete sich am Ende. Der Tretstock war eigentlich nichts anderes als eine große
Tonne, die auf einem dreibeinigen kupfernen Kessel stand. Zum Läutern kamen drei bis
vier Metzen Sägespäne in den Tretstock, am besten Buchenspäne, Eichen sind zu lohe-
haltig, Kiefern nicht harzfrei. Oft wurde auch angewärmter Sand genommen. Sowohl in
Zschocher als auch in Thekla und Taucha wurde Sand abgebaut. Den Transport besorgten Meisterin und Meisterskinder bzw. die Lehrlinge mit dem Handwagen. Späne zu be-

schaffen war bequemer. Sie fielen reichlich in den Sägemühlen an Pleiße, Elster und Parthe an.

War der Tretstock präpariert, wurden die Felle eingelegt. Das Fassungsvermögen lag bei etwa 300 Stück, wenn es sich um kleine Bälge handelte, bei großen entsprechend weniger. Unter den Dreifuß wurde nun eine Pfanne mit glühenden Kohlen geschoben. Und wieder einmal war des Kürschners Beinarbeit gefordert: »Der Arbeiter steigt mit bloßen Füßen in den Tret-Stock auf die Felle und arbeitet die Pelze mit solchem Nachdruck vermittels der Füße durch, daß er dieselben beständig aufrührt, und die untersten nach oben bringt. Diese beschwerliche Arbeit muß zwei Stunden hintereinander ununterbrochen fortgesetzt werden; denn wenn dieses Treten der Pelze nur eine kurze Zeit unterbrochen würde, so würden die Haare der untersten Pelze von dem heißen Kessel versenget werden. Die Wärme und zugleich die Säge-Späne verschlucken bey dieser Behandlung alle Fettigkeit der Haare. Man setzt diese Arbeit so lange fort, bis die Kleye oder Beize nebst Säge-Spänen von den Pelzen abgefallen ist und bis vornehmlich das Haar seine Fettigkeit verloren hat.« So schildert *Krunitz* die Anwendung des alten Tretstocks.

Die anfangs nur für große Felle eingesetzte Läutertonne arbeitete nach dem gleichen Prinzip, erforderte aber statt Bein- die Handarbeit. »Diese Tonne hängt horizontal, vermittels ihrer beyden eisernen Well-Zapfen in den Pfannen zwey hölzerner Böcke. Die Tonne selbst hat eine Thür, wodurch Sand und Felle in die Tonne geworfen werden. Man verschließt hierauf die Thür wieder und dreht die Tonne mit der Kurbel um. In dem Inneren der Tonne sind hin und wieder vorspringende hölzerne Nägel, damit der hineingeschüttete Sand nicht sogleich und mehr zerstreut auf das Pelzwerk fallen möge. Dieses Läutern benimmt den Haaren ihre Fettigkeit.« Um den Sand warm zu halten, wurde die mit einem großen Bierfaß vergleichbare Läutertonne später mit Blech beschlagen und durch ein Holzkohlenfeuer beheizt. Eine wesentliche Arbeitserleichterung bedeutete der im 19. Jahrhundert aufkommende mechanische Antrieb durch Zahnrädervorgelege.

Zu den letzten Zurichterarbeiten gehörten das Herausklopfen des Sandes oder der Späne aus den Haaren mit Hilfe eines dünnen Stockes, das Auskämmen mit dem Fellkamm und das Säubern der Lederseiten mit dem Abzieheisen.

Bei Aufzählung der vielen Tätigkeiten des Kürschners wurde die des Färbers nicht etwa vergessen; vieles durfte der Kürschner sein, nur kein Färber. Färben galt als unseriös, als plumper Versuch, beim Zurichten unterlaufene Fehler zu verdecken.

> *Man kann jetzt alles Pelzwerk färben*
> *und tut es auf das Schlecht'ste gerben*
> *(Sebastian Brant, Narrenschiff)*

Gibt es keine Färber, meinten 1572 Leipzigs Ratsherren, nehmen sich die Zurichter mehr in acht – und lehnten den Antrag eines Kürschners auf Eröffnung einer Färberei ab. Der Kurfürst berief sich auf das in den »Artikeln« der Innung ausgesprochene Färbeverbot und wies den Einspruch zurück. Ans Durchfärben dachte noch keiner, aber ans Blenden, ans Nachdunkeln heller Flecken durch Bestreichen des Oberhaares.

Leipzigs Kürschner wußten sich zu helfen: sie ließen die Felle auswärts färben, vor allem bei Meistern in Weißenfels. Was die Leipziger »Artikel« verboten, scherte jenseits der Stadtgrenze niemanden. Da der Transport beschwerlich und mit Risiken verbunden war, kamen auswärtige Kürschner auch zum Färben in die Stadt, oder durchziehende Wandergesellen erhielten einen Auftrag unter der Hand. Die Färber aber nutzten die Zwangslage der Leipziger Kürschner und verlangten Überpreise. Das trug maßgeblich zum Abbau aller Hemmungen der Meister bei; am Ende färbten sie selbst. Rezepturen mußten freilich heimlich für viel Geld beschafft werden.

Die ganze Geheimniskrämerei nährte nur die Vorbehalte der Öffentlichkeit gegen das Färben. Von »Schönfärberei« war die Rede, abwertend gemeint, doch im Grunde genommen den Kern treffend. Den von Natur aus ungleichen, deshalb jedoch keineswegs fehlerhaften Fellen wurde ein schöneres Aussehen verliehen. Dabei griff man auf seit der Antike bekannte Farbstoffe und Färbetechniken zurück. Daß die verbotenen Hexenküchen des Kürschners »die Wiege der modernen Pelzfärberei« gewesen sein sollen, ist übertrieben. Uralte Praktiken aber wurden vor dem Vergessen bewahrt und so zur historischen Wurzel der im letzten Viertel des 19. Jahrhunderts sich entwickelnden modernen Verfahren.

Es gab viele Mixturen. Fast zu jeder Farbe existierte eine eigene Beize. Die Innungsordnung von 1640 enthielt noch den Passus: »Ein Meister soll Felle, wenn er solche grün ... bekommt, als grün einbeitzen, intomahl die Leute dann betrogen weren«. Die Idealfarbe der Zeit aber war schwarzbraun. Sollen die Pelze »braun gefärbt werden, so bestreicht man die Spitzen der Haare mit geschwächtem, d.i., mit gemeinem Wasser vermischtem Scheidewasser; zu schwarzer Farbe beizt man mit einer Lauge von Holzasche, ungelöschtem Kalk, Vitriol und der aus den braunen Pelzen geklopften Farbe«. Die Wirkung der Holzfarbstoffe – da auch Wurzeln, Blätter, Knollen usw. Verwendung fanden, hätte es eigentlich pflanzliche Farbstoffe heißen müssen – war längst bekannt, auch die Farbwirkung verschiedener Metallsalze. Unter Verwendung von Galläpfeln färbte man gern auf Eisenbeize, mit Blauholz, das allerdings schwer zu haben und teuer war, auf schwarz. Etwas anderes als dunkelbraun und schwarz wollte der Leipziger Kürschner gar nicht.

Um bleibende Wirkung zu erzielen, bedurfte es großer Erfahrung. Nicht allen Meistern glückte die Pelzfärberei, und manches Stück wurde daher lieber einem verläßlichen Zunftgenossen anvertraut. Nach und nach spezialisierten sich einige Kürschner aufs Färben. Die erste Pelzfärberei soll Anfang des 18. Jahrhunderts in der Ritterstraße bestanden haben.

Nach den Streitigkeiten der Innung zu urteilen, setzte der Spezialisierungsprozeß aber weitaus früher ein. So beklagte sich der Obermeister 1682, daß »die Meister damit anfingen ... mit solcher gefärbter Rauch Waare zuhandeln«, worauf diese entgegneten, »sie könnten beweißen, daß vor 30, 40 und mehr Jahren die Zobel-Färber mit Rauch Wahren gehandelt hätten, indem sie auch das Kürschner Handwerk ehrlich gelernt hätten, und käme ihnen solcher Handel vor eben denen Meistern zu.« Wie selbstverständlich wird bereits vom Zobelfärber gesprochen, eine etwas irreführende Berufsbezeichnung. Als »schön« galt nach dem Zeitverständnis vor allem der schwarzbraune Zobel. Der Färber mußte aber alles färben können – zobelfarben. Die Innung brachte ihre Klagen 1684 vor den Rat, der am 2. Februar 1685 von zwei der drei ansässigen Zobelfärber die Zusicherung erlangte, sie wollten »nicht mehr mit Rauchwaren handeln ... dieweil sie von dem Handwerk ihr brodt hätten.« Das läßt darauf schließen, daß sie von der Färberei lebten.

Da es ohnehin relativ wenige Kürschner gab, die zudem hauptsächlich »futterten«, also einen geringen Bedarf an gefärbter Ware hatten, dürften drei Färber am Ort ausreichend gewesen sein. »Es waren 1770 vier, zwischen 1789 und 1850 stets einer, 1860 wiederum drei. Nur 1773 ff. ließen sich gleich 14 Zobelfärber registrieren.« So heißt es in einer Pelzzeitschrift aus dem Jahre 1925. Möglicherweise hatten sich einige Meister nach Überraschungserfolgen etwas übereilt dazu entschlossen, sich auf das Färben zu verlegen, und gaben wieder auf.

War nun glücklich alles besorgt, das Fell zugerichtet und geblendet, kam die Nadel zu ihrem Recht, eine dreischneidige Nadel verschiedener Größe, mit dem Fingerring durch das Leder zu stechen. Schwerarbeit, wie alles in der Kürschnerei.

Futter, Schauben, Muffe, Mützen

Kulturhistoriker wie Modeschöpfer scheinen darin übereinzustimmen, daß die Haute Fourrure, die Pelzmode, erst seit hundert Jahren existiert. Zuvor habe der Kürschner nur »gefuttert« und »besetzt«.

> *Wol her' ich Futter, Röck und Schaubn,*
> *mach Schürtzbeltz, Brust stück, Vehehaubn*
> *von Zobel, Marder, Vehe und Lüchsen,*
> *von Hermlein, Iltis, Wolff und Füchsen.*
> *(Hans Sachs, 1658)*

Der »Pelzhandel« bezeichnete die Verleugnung einer jahrhundertealten Pelzmode einfach als Unsinn, und *Valerian Tornius* baute 1930 für die IPA (Internationale Pelzfach-Ausstellung) eine Sonderschau auf, der er kommentarlos den Titel gab: »Die Pelzmode im Wandel der Jahrhunderte«.

Daß ausgerechnet das älteste Bekleidungsstück der Menschheit, der Pelz, das Kunststück fertiggebracht haben soll, der Mode bis Ausgang des vorigen Jahrhunderts auszuweichen, vermag nicht zu überzeugen. Das Lexikon definiert »Mode« als »Brauch, Sitte, Gepflogenheit; Tages-, Zeitgeschmack; das in Kleidung ... gerade übliche oder zum Vorbild erhobene«. Eines ist vor allem zu unterstreichen: »das gerade übliche!« Als 1885 der mit der Haarseite nach außen getragene Pelz aufkam, war das nicht die Geburtsstunde der Pelzmode, wie so oft in Erinnerung an dieses Ereignis veröffentlichte Gedenkartikel behaupten – »Fünfzig Jahr Pelzmode« (1935), »Ein Jahrhundert Pelzmode« (1985) –, sondern der entscheidende Schritt zu der heute üblichen Pelzmode, für die Generationen Baustein um Baustein zusammengetragen haben.

Die Kürschnerei ist immer kreativ gewesen. Lange Zeit waren die Möglichkeiten allerdings begrenzt, objektiv wie subjektiv. So ließ die Technologie nur die Verarbeitung einiger weniger Fellarten zu. Um 1800 versuchte *K. Ph. Funke* die verwendbaren Fellarten zu erfassen: er kam auf keine 20!

Zugerichteten Fellen fehlte die Geschmeidigkeit; unbekannt war das Durchfärben, wie bereits erwähnt. Im Blenden lag der Trumpf der Färberei. Zu den Schranken, die der technische Entwicklungsstand errichtete, gesellten sich willkürlich geschaffene. Pelze galten als Etikette der Macht; edles Pelzwerk behielt sich der Adel vor. Unzählige Kleiderordnungen halfen, seine Privilegien zu sichern. So erließen der Reichstag Kleiderordnungen, der Kurfürst, der Rat der Stadt; etwa aller fünf Jahre erschien eine neue. Oft wurde schon Verbotenes erneut verboten. Nach dem 30jährigen Krieg trug angeblich jeder, was er wollte, behaupteten die Poeten:

> *Der Pelz muß nach der Läng' seyn zierlich zugeschnitten,*
> *Unzählig Falten drauff, auch vornen in der Mitten*
> *Da muß er seyn bespitzt, geschlitzt und geritzt.*
> *Die Falten müssen seyn verfasset und verfitzt,*
> *Nicht anders als man sieht die gleichen Orgel-Pfeiffen*
> *In ihrer Reihe stehen, da sieht man große Schweiffen.*
> *Verbordet muß er seyn, der Pelz muß seyn geschmückt,*
> *So zierlich und subtiel, wie man das wax sonst drückt.*
>
> (Carl Seyffardt)

Die größeren Freiheiten nach dem langen Kriege versuchte die privilegierte Klasse bald wieder einzuschränken. Zu den radikalsten Kleiderordnungen zählen jene des Leipziger Rates von 1680 und des Weißenfelser Herzogs *Johann Wilhelm* von 1716. In Eibenstock wurde 1786 einem jungen Mädchen noch eine einfache Pelzmütze wegen Verstoßes gegen die Kleiderordnung weggenommen.

Leipzig war nie Residenzstadt. Der Kürschner arbeitete für die Bauern der Umgebung, für Landadlige, vorwiegend aber für Ratsherren, Professoren, Notare, Kaufleute, Krämer, Handwerker, Fuhrmänner und Häuer aus dem Erzgebirgischen oder Mansfeldischen. Ausgefallene, wertvolle Pelzsachen wurden ihm kaum abverlangt, denn nur die Bürgermeister und Rektoren durften sich kostspielige Kleidung leisten. Die strengen Kleidervorschriften der damaligen Zeit engten selbst die Arbeit eines Kürschners der Handelsmetropole beträchtlich ein.

Zu den Meisterstücken um 1493 zählte ein Bauernpelz. Nach der Kleiderordnung des Augsburger Reichstages von 1530 durfte für Bauersleute »kein anderes denn schlechtes Pelzwerk, als von Lämmern, Ziegen und dergleichen schlechte Fell, alles unverbrämt« verwendet und verarbeitet werden. Vom künftigen Meister verlangte die Leipziger Innung ausdrücklich 1493 auch ein schwarzes Futter aus 16 Schmaschen (Felle ganz junger Lämmer). Der Reichstag ließ 1530 für »Gemeine Bürger ... nur eine gebürlich tracht ... von rauen foutern mit geringen möschen, füchsen, ultis, lämmern und dergleichen« zu.

Von Kaiser *Karl dem Großen* ist überliefert, er habe sich gern und auch bei festlichen Anlässen in Schaffelle gehüllt. Nach dem Walliser Gesetzbuch richteten sich die Fellpreise sogar nach dem Schaffell. Es war eben gängiger; das Aufkommen war höher. Wolf und Otter waren achtmal so teuer, Wiesel elfmal, Marder 24mal und Biber 120mal. *Gottfried,* Prior von Vigeois, klagte allerdings bereits Ende des 12. Jahrhunderts, die privilegierten Stände hätten eine Abneigung gegen Fuchs und Lamm.

Der Hochadel ließ sich die Bekleidung mit Marderkehlen füttern, doch waren, zumindest in Kursachsen, selbst weibliche Mitglieder des Hochadels von diesem Privileg ausgeschlossen. Das aufstrebende Bürgertum, das nicht auf Marderkehlen zurückgreifen durfte, das bäuerliche Schaffutter aber ablehnte, wich auf Feh und Marder aus. Darauf stellten sich Leipzigs Kürschner ein. Ein Fehfutter aus 180 Fehrücken in acht Zeilen gehörte zu den Meisterstücken ebenso wie ein Marderfutter, das ein Kauf- oder Ratsherr in Leipzig gleichfalls tragen durfte. Im benachbarten Weißenfels konnte sich der Bürger zwar auch in Marder hüllen, aber der Marder durfte »nicht über drey quer Fingerbreit« und »nicht über vier Thaler werth« sein.

Über die Pelzbekleidung des Leipziger Bürgertums liefert das Testament des Kaufmanns *Heinrich Scherl* von 1549 das älteste Zeugnis. Zum Nachlaß des Verstorbenen gehörten u. a. mehrere Schauben (Überrock), besetzt mit Marder und gefüttert mit Feh oder ebenfalls Marder. Jede Schaube repräsentierte einen Wert von 16 bis 20 Gulden. Das war seinerzeit eine Menge Geld; der Erste Bürgermeister bezog ein Jahresgehalt von 200 Gulden. Ein Zobelpelz fehlte im Nachlaß. Man darf annehmen, *Scherl* hätte einen besessen, wenn Zobel Mode gewesen wäre. Leipzigs Zobelhandel kam offenbar erst 1573 durch *Heinrich Cramer v. Claußbruch* in Gang. Ob *Scherls* Schauben Produkte der Leipziger Kürschnerkunst gewesen sind, läßt das Testament offen. *Scherl* gehörte nicht zu den weitgereisten Kaufherren. Möglicherweise hat er die eine oder andere Schaube auswärts erworben, aber die meisten wurden sicher in Leipzig gefertigt.

Bei der Schaube handelte es sich um einen knielangen, vorn offenen Überrock. Der ursprünglich viereckige, dann schlitzförmige Armausschnitt wurde sparsam besetzt, um so reicher aber der (meist) hochstehende Pelzkragen. Die Schaube, von Männern wie Frauen getragen, erfreute sich beim Bürgertum jahrhundertelang größter Beliebtheit. Die Kürschnerinnung verlangte daher von Meisteraspiranten auf jeden Fall ihre Anfertigung. Zumindest im 16. Jahrhundert verdiente der Kürschner – außer mit Füttern – sein Geld vor allem an Überröcken. Marder stellte dabei vom Material her gesehen die obere Grenze dar.

Der Muff kam um 1400 in Venedig auf. Die älteste Darstellung lieferte *Benozzo Gozzoli* (1420 bis 1498), der einen Knaben mit Muff malte. Der Muff wurde von Männern

Christian Wenzinger (1710 bis 1797): Selbstbildnis mit Muff.
Ursprünglich gehörte der Muff mehr zur Herren- als zur Damenbekleidung.
Zu Wenzingers Zeiten trugen ihn nicht nur Fuhrleute, sondern auch Offiziere.

wie Frauen getragen, im Winter wie auch im Sommer. Er diente weniger als Kälteschutz als zur Komplettierung der Bekleidung. In Frankreich trugen ihn besonders Offiziere, doch als diese Mode auf Preußen übergriff, soll *Friedrich II.* den Muff eines seiner Leutnants in den Kamin geworfen haben. In Leipzig zählten die Kürschner zu dieser Zeit den Muff bereits zu ihren Hauptprodukten, nur durfte er nicht aus Zobel gefertigt sein. Bereits 1652 verbot der Rat den Zobelmuff und ab 1680 erneut bei Androhung einer Strafe von 30 Talern. Inzwischen hatte 1661 der Kurfürst ausdrücklich den Zobelmuff »allein unseren Räthen, vornehmen Hoff-Offizieren und Adligen Personen, deren Weibern und Töchtern« erlaubt. Durch diese Verordnung wurde bekannt, daß der Muff in Sachsen schon eine gewisse Rolle spielte, bevor er während des Rokoko ein verbreitetes Gebrauchsgut wurde, eigentlich das Hauptprodukt aus Pelz in einer Periode, die für Kürschnerarbeiten wenig übrig hatte. Der Kürschner benötigte für den Mardermuff vier bis sechs Felle. Für den Fehenmuff gibt die Meisterstückordnung den Fellbedarf mit acht bis zwölf Stück an. Nach den Napoleonischen Kriegen, etwa ab 1814, wurden die Ärmel der Kleider so lang, daß sie die Hände verdeckten. Für den Muff blieb kein Raum. Im letzten Drittel des 19. Jahrhunderts erlebte er eine Renaissance, erst als unförmiger Tonnenmuff, dann als kleiner Rollenmuff. Am gefragtesten war der Muff um 1913.

Nach Futter, Schaube und Muff war das wichtigste Erzeugnis des Kürschners die Mütze. Sie wurde Gebrauchsgut, hergestellt aus einfachem Material, nicht »was köstlicher als Marder«. Erst von 1711 an durfte der Leipziger Kürschner auch Zobelmützen liefern, die mit Feh gefüttert waren.

Schließlich wurden – allerdings recht spät – Handschuhe von der Innung erwähnt. Erst vom 19. Jahrhundert an wurden sie als Meisterstück verlangt. Fausthandschuhe für Fuhrleute gehörten offenbar seit langem zum Angebot, doch der neue Trend waren Fingerhandschuhe aus Fuchsklauen.

> ### Friedrich Schiller als Kunde
>
> *Mein Arzt will durchaus, daß ich diesen Winter nie ohne Pelz ausgehe, und noch besitze ich keinen. In Leipzig, vermute ich, kann ich am besten dazu gelangen, und Sie sind wohl so gut, dieß zu besorgen. Am liebsten ist mir Fuchs, weil ich ihn weder zu gut noch zu schlecht haben möchte. Doch gebe ich Ihnen Freyheit, wenn sie einen schönen finden, sich nach Ihrem Geschmack zu richten, wenn mir der Pelz nur nicht viel über 5 Louisd'ors zu stehen kommt.*
>
> *(Aus einem Brief von 1791 an den Verleger Joachim Göschen)*

Die Erzeugnispalette schimmerte bunter, als aus der Meisterstücken-Ordnung der Leipziger Kürschner zu schließen ist. Die Pelze sind längst den Weg alles Vergänglichen gegangen. Aus den städtischen oder kurfürstlichen Reglements ist immerhin so manches zu entnehmen, was Aufschluß über die Kürschnerarbeiten vergangener Zeiten gibt. So wurden im 18. Jahrhundert 60 Zobel für einen Pelz angesetzt; in einer Zeit, als der Zobel relativ leicht zu haben und preislich zu erschwingen war und auf Grund der langsam ausgehöhlten Kleiderordnungen für den Bürger tragbar wurde. Mitte des 19. Jahrhunderts, in der Biedermeierzeit, kam eine Pelerine in Mode, »Blüchermantel« genannt, mit vier oder auch fünf etagenförmig angeordneten Kragen, der oberste ein Pelzkragen, meist aus wenig wertvollen Fellen; mitunter aber auch aus dem Luxuspelz Chinchilla.

Über die Jahrhunderte hinweg beliebt war bei den Frauen eine möglichst lange Stola. Sie ersetzte den Fliegenwedel, den Fächer und selbst das Taschentuch. Die Stola war sogar aus Marder, Hermelin oder Zobel gefertigt. Dieses an so auffallender Stelle getragene Pelzwerk sollte möglichst kostbar sein. Es wurde daher von den Reichen oft noch mit Juwelen besetzt und damit zum Statussymbol. Aus der Pelzstola entwickelte sich eine der viel diskutierten Kuriositäten: Der sogenannte Flohpelz, von Zeitgenossen auch als Krawatte oder Halstuch bezeichnet. Der Flohpelz war ein Privileg nur der Damen – ein Modeartikel! Hatten sich genug Flöhe darin angesammelt, wurde er ausgeschüttelt. Das Tragen eines solchen Pelzes wurde zur Manie, zumindest um 1600.

Das Cape war nichts anderes als die alte Flohkrawatte, nach dem Geburtsort der *Liselotte von der Pfalz*, Schwägerin *Ludwigs XIV.*, erst »Palatine«, dann Schulterkragen genannt. *Liselotte* schrieb dazu 1676 in einem Privatbrief: »Wie ich mich jetzt bei dieser Kälte bedacht, meinen alten Zobel umzutun, um wärmer auf dem Hals zu sein, so läßt sich jetzt jedermann auch einen nach diesem Schnitt machen und es ist die große Mode, wie mich wohl lachen macht, denn dieselbe, wo jetzt diese Mode administrieren und sel-

Zumindest ein Gewerk hat sich nie über einen kalten Winter beklagt – das der Kürschner.
Pelze waren stets sehr gefragt, so seit Zeiten für eine »Schlittenfahrt«.

ber tragen, haben mich vor fünf Jahren, als ich in Frankreich ankam, dermaßen ausgelacht und so sehr mit meinem Zobel beschrien, daß ich ihn seitdem nicht mehr habe antuen dürfen. So gehts hier bei diesem Hofe zu, wenn die Kurtisanen sich einbilden, daß einer in Gunst ist, so mag einer auch tun, was er will.«

Anders als in Paris wurden in den auf die Handelswelt orientierten Leipziger Kürschnereien extravagante Pelze selten und nur im Auftrag gefertigt. Auf Bestellung arbeitete jeder Meister gern, weil er so das Risiko vermindern konnte. Außer den heimischen Kunden erteilte auch mancher Messfremde den einen oder anderen Auftrag, aber vieles wurde auch auf gut Glück hergestellt in der Hoffnung, auf dem Pelzboden einen Abnehmer zu finden. Dabei trat die Innung in einer weiteren Funktion auf: der des Organisators für den Absatz.

Pelzboden und Pelzhaus

Rauch- und Pelzwerk zählten nicht zu den Kramerwaren. Davon war die Kramerinnung schwer zu überzeugen. Als sie 1863 die Spielregeln wieder einmal verletzte, mußte sie sich vom Obermeister der Kürschner sagen lassen, daß

»1. den Mitgliedern der Kürschnerinnung zu Leipzig die Befugnis zusteht in und außer der Meßzeit mit Rauchwaren zu handeln, ferner daß dieselben

2. allein und ausschließlich berechtigt sind, in den Zeiten zwischen den Messen den Rauchwarenhandel en Detail zu betreiben, weil die anderen Rauchwarenhändler sich bei 10 Groschen Strafe außer der Meßzeit des Einzelhandelsverkaufs enthalten, keinen offenen Laden haben und keine Gitter aufstellen sollen und daß

3. unsere Innung über die Qualität der verkäuflichen Rauchwaren eine Aufsicht führen soll.«

Dann folgte der wichtigste Schlag: »Die fremden und hiesigen Rauchwarenhändler, wenn letztere auch Mitglieder der hiesigen Kramerinnung wären, haben zu keiner Zeit mit gemachten oder gefertigten Kürschnerwaren einen rechtmäßigen Handel getrieben.« Der Obermeister des Kürschnerhandwerks kämpfte zwar 1836 wie einst Don Quichotte gegen Windmühlenflügel, aber was er anzuführen wußte, war verbrieft und besiegelt: Aus dem Einzelhandel mit Rauch- und Pelzwerk hatten sich die Kramer herauszuhalten.

Nach einer Notiz im Ratsbuch von 1578 erfreuten sich die Kürschner dieses Vorzugsrechtes seit 1560. Es wurde bestätigt in den Ratspatenten vom 5. Oktober 1594 und vom 1. Januar 1600.

In den Artikeln der Kürschnerinnung spielte ein so gewichtiges Privileg eine bedeutende Rolle, in denen von 1640 war es noch sehr zurückhaltend formuliert, würdevoll, in jenen vom 13. April 1692 eher herausfordernd, in den Artikeln von 1718 und später gepaart mit Klagen über Mißachtung althergebrachter Rechte durch die Kramer.

Das Monopol der Kürschner schloß nicht nur den Kleinverkauf von Fertigwaren ein, sondern auch das ausschließliche Kleinverkaufsrecht für Rohware. Der Preis für das Monopol im Kleinhandel hieß Verzicht auf den Großhandel. Der Kürschner konnte sich mit Fellen bevorraten bis zur finanziellen Erschöpfung, aber kein Fell zum Weiterverkauf veräußern. Bei Pelzwerk verhielt es sich ähnlich. Der Kürschner durfte nur das verkaufen, was in seiner Werkstatt hergestellt worden war.

Am Verkaufsstand sollte niemand anderes als die Meisterin oder eine Meisterstochter die Ware anbieten; verboten war es, eine fremde Arbeitskraft dafür einzustellen. Es gab Möglichkeiten, in der Werkstatt Handel zu treiben, doch waren diese begrenzt auf einige wenige Artikel. Der Kürschner mußte den Verkauf im Pelzhaus abschließen. Die älteste Pelzhaus-Ordnung scheint verloren zu sein, wir müssen uns an die Ratsorder vom 3. Januar 1542 halten, die jedoch eine Erinnerungsorder ist. Wörtlich heißt es darin: »Ein Erbar Ratt tutt die Ordnung mit dem feil haben uff dem kurschner hausse virnewen (erneuern), und entpfielt denen kurschnern und denen Jenigen, die machte Rauchwerg feil haben. Sie sint allhier in der Stadt wohnhaftig oder anders woher die diese Jahrmerckte besuchen, das sie auf den nechist kunftigen und alle volgende Merckte Ire gemachte ware. Es sein Peltze, Mitzen, Kurschen oder was es wolle ufne kurschner hause feil haben sollen, vo man Inen auch die stende geburlich und unurweislich verordnen wird et.«

Da das Pelzhaus bald nicht mehr genügend Platz bot, entschloß man sich, während der Messen einen besonderen Pelzboden zu beziehen. Der erste befand sich im Obergeschoß des 1556 unter *Hieronymus Lotter* gebauten Rathauses am Markt. Einen besseren Standort hätten sich die Kürschner kaum wünschen können. Im Rathaus oder in der nahegelegenen Waage hatten fast alle Messegäste Besorgungen zu machen, und der Brühl lag kaum dreihundert Schritt entfernt. Auf einer Warenmesse mit ihren zahlreichen Gewölben, Tonnen und Buden war der Pelzboden eine ungewöhnliche Einrichtung, ein Vorgänger des Messepalastes, zwar ohne Rundgang, aber eine Branche unter einem Dach vereinend. (Von den Gewandschneidern abgesehen, bot kein anderes Gewerbe den Meßfremden so konzentriert einen kompletten Überblick über sein Leistungsvermögen wie das Kürschnergewerbe.)

Der Rat, der die Räume bereitstellte, verfügte über den Platz nach seinem Ermessen. So besagte im Ratsbuch der Stadt Leipzig die Pelzboden-Ordnung vom 5. Dezember 1560: »Den Kürschnern sollen ihre schragen ... durch die verordneten Herren des Raths eingeteilt werden ... vnd wie es die Verordneten des Raths auftheilen, dabey sol es bleiben.« Doch es blieb nicht dabei.

Der Obermeister, vom Pelzhaus her gewohnt, selbst zu entscheiden, opponierte. Begründet oder nicht, er befürchtete, die Ratsbeauftragten könnten die Größe der Stände, von der die Zahl der unterzubringenden Meister abhängig war, willkürlich festlegen. Mag es dem Rat auch aus Prestigegründen schwergefallen sein, er gab nach. Fünf Tage später, am 10. Dezember 1560, erging eine neue Pelzboden-Order, weil »von den Obermeistern des Kürschner Handwergs der stende halben vfm hause mit zurückung derselben einem Erbaren Rath Clage vorkommen«.

Daß der Rat diese Kompromisse einräumte, sich offenbar gar nicht sorgte, das Beispiel könne Schule machen, sprach für ihn. »Nach antzahl der meister, deren itzo zusammen fünf und vierzig seindt«, sollten nunmehr durch Beauftragte des Rates »einem jeden zu seinem standt vier Ellen weniger eines halben Vierthels (Elle) ungefehrlich zugemessen werden« und die »Stendt in ihrer Antzahl und größe also bleiben«, eine Regelung, die den alten Meistern weit eher zusagen mußte als den neuen. »So künftig einer oder mehr junge Meister werden möchten, sol der oder dieselben keinen ausgeschlossen, mit dem ort vnd der stelle der von den Obermeistern angeweiset wirdt, zufrieden sein, biß solang durch Absterben eines Meisters obberührte Standt (für) immer erledigt (ist) vnd solen alsdan die anderen Meister mit den Stendten nachrücken, also, daß dem jüngsten Meister der hinterst und letzte Standt zukommen, und sol solchs nachmals mit andern nachkommende Meistern, Irrung vnd zanck verhüten, auch also gehalten werden.«

Einige Jahre später, 1572, errichtete der Rat das Burgkellergebäude und mit ihm ein neues Pelzhaus. Die untere Etage bezogen die Schuhmacher, die obere die Kürschner. Es wurde bald Pelzhaus genannt. Grund dafür war auch, daß die Schuhmacher zur Messe ihre Stände in der Schuhmachergasse bzw. der Nikolaistraße hatten. Damit stand den Kürschnern befristet das gesamte Pelzhaus zur Verfügung. Inzwischen galt der Pelz-

Das ehemalige Polizeiamt oder der Burgkeller in der Reichsstraße; erbaut 1572, abgebrochen 1908 (Zeichnung von Max Loose). Das Pelzhaus, von dem kein Bild überliefert ist, wurde 1572 erneuert, um nicht »abzustechen vom Burgkeller«. Also müßte es unmittelbar dahinter gestanden haben, bevor es 1826 einem Gefängnisbau weichen mußte.

boden als so attraktiv, daß auch die auswärtigen Kürschner einen Stand verlangten, und der Rat – an einem guten Angebot gelegen – verpflichtete die Innung zur Aufnahme der fremden Kürschner. Da Stände in der unteren Etage als besonders anziehend galten, belegten die heimischen Kürschner für die Dauer der Messe das von den Schuhmachern geräumte Parterre, die auswärtigen Kürschner die obere Etage.

Anders als im Rathaus bestimmte im Pelzhaus am Burgkeller die Innung. Sie war es, die 1692 in einer besonderen Ordnung das Geschehen auf dem Pelzboden regelte. So wurde den Kürschnern untersagt, »vor dem Loß stützen oder stangen aufs Pelzhauß (zu) bringen bei Straffe (von) 3 Groschen«. Also verloste nunmehr die Innung die Stände, die bislang den Meistern nach ihrem Dienstalter zugeordnet wurden. Die eigentlichen Gewinner waren die Jungmeister, die jetzt einen vorteilhaft gelegenen Stand in Besitz nehmen konnten. So problematisch die Verlosung auch sein mochte, sie stellte einen Fortschritt im Innungsleben dar.

Wer gerade auf Kriegsfuß mit der Innung lebte, war gut beraten, noch vor der Messe

41

die Rechnung zu begleichen, was Meister *Johann Peter Werle* 1717 versäumte. Wegen Verstoßes gegen die Disziplin war er vor die Lade gerufen und verurteilt worden, den Kassenbestand um einen Taler aufzustocken. Da er die Strafe als unbillig betrachtete und die Zahlung verweigerte, schloß man ihn von der Verlosung der Stände aus. Unstimmigkeiten zwischen den Meistern waren nach der Ordnung von 1692 meldepflichtig, um dem Obermeister rechtzeitig vor dem nächsten Markt eine Schlichtung zu ermöglichen. Kam diese nicht zustande, wurde »nicht zum Loß gelassen«, wer auf dem Streit beharrte – für wenigstens »8 tage«.

Wer nun glücklich zu einem Stand gekommen war, hatte allerlei zu beachten. Vor allem durfte er keinem Zunftgenossen die Kunden abspenstig machen. Das laute Anpreisen der Ware galt als verpönt, als unlauterer Wettbewerb. Die Auffassungen über den Begriff »laut« wichen in der Praxis erheblich voneinander ab. Jedenfalls gerieten sich 1735 bei der Interpretation die ehrbaren Meisterinnen in des Wortes ureigenster Bedeutung in die Haare. Meister *Knabe* sollte sechs Groschen zahlen, weil seine Frau sich mit der Standnachbarin gezankt und einen Krawall ausgelöst hatte. Vor »Tisch« meinte er schmunzelnd, er zahle gern, denn kein Spaß sei schließlich umsonst, und allein die Erinnerung an die Hilflosigkeit des ach so strengen Obermeisters angesichts der aufgebrachten Frauen auf dem Pelzboden bereite ihm gar viel Vergnügen. (*Knabe* blieb der Lade die sechs Groschen schuldig, vom Obermeister stillschweigend übersehen.) Als besonders schwerwiegender Verstoß gegen ein lauteres Geschäftsgebaren galt der Einsatz von »Schleppern«, die Meßfremde auf der Straße ansprachen und an den Stand eines bestimmten Meisters führten.

Mitunter beklagten sich Meßfremde über die unzulängliche Qualität eines Erzeugnisses, meist zur nächsten Messe, weil sich die Mängel erst später herausgestellt hatten. Da die Fehlerquote nirgendwo ausgewiesen wird, lassen Reklamationen keine Verallgemeinerung zu. Trotz »schwarzer Schafe« galten Leipzigs Kürschner als seriöse Handwerker. Ansonsten hätten nicht zu ihren Stammkunden Meßfremde gezählt, die auf ihren ausgedehnten Reisen leicht auch in Petersburg, Budapest oder Wien einkaufen konnten. Bei den Beanstandungen dominierten schlechte Verarbeitung und »Altes als neu verkauft«. Um die Innung nicht in Verruf zu bringen, nahmen die Schaumeister vor Eröffnung der Messe die Stände ab. Es war den Meistern untersagt, im Nachhinein den Stand noch mit Exponaten aus der Werkstatt zu versorgen, es sei denn, sie bemühten die Schaumeister noch einmal.

Als das Pelzhaus 255 Jahre nach seiner Errichtung der Zeit Tribut zollen und abgebrochen werden mußte, ging für Leipzigs Kürschner eine Ära zu Ende. Die Innung wollte das nicht wahrhaben, und sie ersuchte am 10. April 1827 den Rat, »ihr und den fremden Kürschnern während der drei Hauptmessen gegen ein den zeitherigen und sonstigen Verhältnissen angemessenes billiges Quantum den Fecht- und Tuchboden im Gewandhaus an(zu)weisen«.

Der Rat, der mit Abbruch des Pelzhauses Baufreiheit für ein Gefängnis bekommen hatte, ging darauf ein und verlangte je Stand und Messe nicht mehr als 16 Groschen Miete. Doch stellten auf diesem dritten Leipziger Pelzboden 1829 nur sieben heimische Kürschner, dreizehn aus Taucha, einer aus Borna und einer aus Markranstädt aus.

»Kürschner betrygen: 1) Wenn sie von der. Fellen, welche man ihnen zum Füttern ins Haus bringet, etwas zurück behalten. 2) Wenn sie die einheimischen Felle mit beitzen und färben also zurichten, daß solche für Dänische oder andere ausländische Waare passieren, auch von ihnen davor verkauffet werden. 3) Wenn sie gewissen Fellen eine solche Farbe geben, als ob sie natürliche wäre und solche nachgehends für Marter, Zobeln, schwartzen Fuchs, und dergleichen verkauffen. 4) Wenn sie die Felle, so ihnen zum Verkauf gebracht werden, dermaßen niederschlagen, als ob sie gantz verdorben und unbrauchbar wären, da es doch nicht ist. 5) Wenn sie zu den Mutzen altes gewandtes und nur frisch gepreßtes Tuch, oder alten und noch einmal gefärbten Taffent oder Sammet nehmen, und solche hernach gleichwohl für neues und frisches Gut verkauffen. 6) Wenn sie zahme Katzen Fell vor wilde, weisse Hasen-Fell oder weisse Füchse u.s.f. den Unwissenden Aufschwatzen. 7) Wenn sie ihre Felle nicht recht ausarbeiten, daß solche hernach die Haare fahren lassen, und die Motten sich darinnen zeugen. 8) Wenn sie den Leuten die Zobel und andere solche kostbare Peltz-Werck, welch in sehr unterschiedenen Preisen stehen, übertheuer anhengen, weil sie vermercken, daß man solche Waaren nicht verstehe. 9) Wenn sie, die Meister, unter sich abreden, diese oder jene Sorte bey Strafe unter einem gewissen Preiß nicht zu geben, oder auch den Land-Leuten ihre Felle nicht höher bezahlen. 10) Wenn sie allerhand Beltz-Stuckgen so stabil zusammen stecken und unterfuttern, daß man es vor gantz Beltz-Werck ansiehet, sie es auch davor ausgeben und verkauffen. 11) Wann sie durch Zubereitung derer Felle auf Art der Weißgerber heimlich dieses Handwerck stumpeln. 12) Wenn sie denen, welche ihnen Marter, Fuchs und andere dergleichen Felle zuzurichten geben, solche gegen Zurückgebung geringerer ohnvermercket austauschen. 13) Wenn ein Meister denen anderen, um dessen Kunden an sich zu ziehen, seine Waare tadelt und verachtet, ob gleich sich daran nichts tadelhaftes findet. 14) Wenn sie denen, welche ihnen Beltz-Werck unterzufuttern geben, solche austauschen und davor etwas geringeres verarbeiten.«

(D. George Paul Hoenn)

Man hatte oft behauptet, das Pelzhaus am Burgkeller sei viel zu klein für eine Innung der Kürschner. Das Gewandhaus entbehrte dieser räumlichen Enge – nur ignorierten die Meister den neuen Pelzboden!

In der Tat war das alte Pelzhaus nicht geräumig. Es gab 1800 immerhin 65 Kürschner, 20 mehr als bei Eröffnung des ersten Pelzbodens. Nur wollten die Meister bereits hundert Jahre zuvor (1707), als es nur 44 Meister (einen weniger als 1556 bei Belegung des provisorischen Pelzbodens im Rathaus) gab, aus dem Pelzhaus heraus, selbst außerhalb der Messe.

Meßbuden auf dem Markt um 1850. Die Kürschner besaßen um diese Zeit
kein eigenes Pelzhaus mehr und mieteten zur Messe eine Bude. Der Rauchwarenhändler dagegen
bevorzugte Gewölbe auf dem Brühl.

Die Produktionspalette hatte sich gewandelt, die traditionell genutzten Räumlichkeiten im Pelzhaus nicht. Bereits 1697 beantragten drei Meister die Aufstellung von Buden auf dem Markt für Kleinwaren, denn es »muß ein armer Meister, der kleine Waare verfertigen kan, fast gäntzlich darbey verderben, wenn er solch verfertigte Klein Waare auf dem Peltz Hauße feilhalten solte, weil er selbige daselbst theils nicht aufhängen, sondern meistes solch Waare zum höchsten Verderben in Kästen haben müßte, auch theils die Käufer daselbst nicht suchen«.

Der Innung widerstrebte ein solches Ansinnen zutiefst. Sie vermutete, daß dieser Ausnahme bald weitere folgen würden. Die Meister aber ließen nicht locker, sie wandten sich an *August den Starken*, der zwar keine Entscheidung treffen mochte, jedoch zu einem Vergleich riet. So verfügte die Innung am 16. Juli 1706, daß »Keiner von uns Meistern befugt seyn soll, zugleich auf dem Peltz Hauße und auch aufn Markte feil zuhaben, des gleiche, daß keiner mehr als eine Bude . . . und darinnen anderes nichts als Mützen und auch dergleichen Klein Waare feil zu haben berechtigt seyn solle«. Damit war es um die Monopolstellung des Pelzhauses geschehen.

Zumindest ab 1724 war der Drang zur Errichtung eigener Buden auf dem Markte groß. Vierzehn Jahre später kam es zum Konflikt. »Da seid einiger Zeit her einige Mei-

44

ster das Peltz Hauß zu feilem Verkauf nicht mehr bedienten, sondern außer der Meße Gewölbe halten und Meßen Zeite Buden auf dem Markte aufstellen ließen und welche feine Gewölbe halten … daß also dieselben Meister, welche noch auf dem Peltze Hauße waren sehr schlechten Verkauf außer der Meße hatten. Dahero kahmen einige Meister wiederum auf den Gedanken, bey Ew. Rath anzuhalten, ob man nicht außer denen Meßen …, in denen Wochen Märkte Buden auf dem Markt aufzubauen, die Waaren darinnen feil zuhaben uns erlauben möchte.«

Die Buden auf dem Markt hielten die Kunden davon ab, das Pelzhaus überhaupt aufzusuchen, fanden sie doch die gewünschte Ware bereits im Straßenhandel, und der Rat mußte akzeptieren, daß jene in Nachteil gerieten, die sich an die vorgeschriebenen Regeln hielten. Ohne Zustimmung der Innung aber mochte er keine Entscheidung treffen. So mußte der Obermeister am 10. Dezember 1738 eine Befragung aller Meister durchführen, ob man wenigstens zu den Markttagen Buden zulassen wolle oder nicht. Alle Meister waren dafür. Die Mehrheit (12 : 8) wollte jedoch nur den Verkauf von Kleinwaren. Tags darauf, am 11. Dezember 1738, räumte der Rat ein, »denjenigen hiesigen Kürschner Meistern …, welche ihre verfertigten Mützen, Muffe, Paladine oder Handschlupfer … auf öffentlichem Markt allhir feil haben wollen, ein solches nicht nur gütigst zuverstanden, sondern auch zu den benötigten Buden einen selbst beliebigen Platz anweisen zu lassen.«

Einige Jahre später, 1747, war schon von Buden »in dem Brüle« die Rede. Ob Futter als Kleinware gelten konnte, erscheint recht fraglich, doch hieß es an gleicher Stelle, es »soll denjenigen Meistern, so in dauern Maße in Buthen auf dem Markte, und nach denen Meßen in Gewölben feilhaben, erlaubt seyn, auch Futter sowohl in Buden als Gewölben zum feilen Kauffe zu haben, aber Peltze … soll ihn nicht in Gewölben und Buden erlaubt seyn zu feilen Kauffe zu haben.«

Anfang des 19. Jahrhunderts bemühten sich die Kürschner bereits um ein Ladengeschäft auf dem Brühl oder in dessen Umgebung. Das war der eigentliche Grund, warum der dritte Pelzboden so gar keine Resonanz mehr fand und nur wenige dem Abbruch des einst von Ausstellern und Gästen vielgerühmten Pelzhauses nachtrauerten.

Die alte Rauchwarenmesse

Der Brühl zur Messe

FRÜHER waren für die Messe typisch die Verkaufsbuden, aufgestellt in doppelter Reihe. Sie wurden vom Rat errichtet und erst wenige Tage vor der Messe freigegeben. Der Rauchwarenhändler aber war auf ein »Gewölbe« aus, ein Verkaufslokal mit Front zur Straße, das er nach Bedarf von einem privaten Hausbesitzer mieten konnte und wofür er eine Landaccise zahlen mußte, »16 Pfennige vom Hundert ... von dem Werth seiner zur Messe bringenden Waren«, mochten sie sich als verkäuflich erweisen oder nicht.

Der Rat hielt es erstmals in einer Verordnung vom 3. 1. 1542 für geboten, das »Feilbieten von Pelzen auf der Messe« durch »eynheymische oder Auslendische« Verkäufer zu regeln. Auf der Hansetagung 1554 in Lübeck klagte der Vertreter Rigas, die Hanse habe den Nowgoroder Pelzhandel an Leipzig verloren. Einige Jahre später, 1573, schickte *Cramer v. Claußbruch* als erster Leipziger Kaufmann Beauftragte nach Moskau zum direkten Einkauf von Rauchwaren. Mitte des 16. Jahrhunderts muß der Rauchwarenhandel schon gut floriert haben.

Das russische Rauchwerk kam über Danzig und Frankfurt/Oder, später auch über Breslau – Görlitz oder Krakau – Brünn – Marienberg durch Mittelsleute nach Leipzig. Der erste russische Rauchwarenhändler fand sich 1770 auf der Messe ein.

Über die »Erfurter Straße« gelangten seltener russische, von 1600 an aber amerikanische Rauchwaren auf die Messe, bezogen über London, Amsterdam, Paris oder La Rochelle.

Mit Verbindungen nach Ost und West war der Grundstein zu Leipzigs Weltgeltung gelegt.

Die Ratsorder von 1542 lokalisierte die Messestände der Rauchwarenhändler nicht weiter. Das Rauchwerk »mögen sie in ieren heussern herwergen und Gewelben offentlich woll feil halben«, hieß es lediglich. Doch wurde schon 1530 der Brühl mit dem Rauchwarenhandel in Verbindung gebracht.

Als die Messe sich zum Umschlagplatz für Rauchwaren entfaltete, war man eben beim Wiederaufbau des 1518 bei einem Brand zerstörten Brühl. Vermutlich handelt es sich beim Brühl um Leipzigs älteste Straße, die eigentliche Altstadt. Hier standen zwei Kirchen und die Baderei, die man stets in zentraler Lage errichtete.

Leipzig war bekannt für solide, zu einem gewissen Prunk neigende Bauweise, suchte sich doch damit die aufstrebende Kaufmannschaft Geltung zu verschaffen. *Erasmus Sarcerius* äußerte 1547: »An Häuserpracht überragt Leipzig alle Städte Deutschlands, die Häuser sind ganz aus Stein, innen mit Holz getäfelt, außen schön und kunstvoll bemalt«.

Vielleicht meinte er damit auch den Brühl, der eben erneuert wurde. Auch *Iscander*, ein zuverlässiger Chronist, äußerte in seiner 1728 erschienenen »Beschreibung von Leipzig«, es gäbe keine Straße, »allwo nicht sechs, acht und zehn Häuser anzutreffen, welche bei Passagiers wegen ihrer Struktur ein Verwunderung Causieren«, und viele »italiänische, französische und andre Baumeister« kämen, »um nach solchen Kunstgebäuden sich umzuschauen und deren Risse sich bekannt zu machen«.

Albrecht Kurzwelly beschreibt den Brühl der ersten Hälfte des 18. Jahrhunderts so: »Für die Gestaltung des Hofes boten die alten Häuser mit ihren stattlichen Verkaufsgewölben und Niederlagen gute Vorbilder ... Der Hof entwickelt sich meist gangartig schmal, seltener als platzartiges Rechteck oder ungleichmäßig. Nach alter lokaler Sitte wird er vielfach von einer Straße zur anderen durchgeführt ... So verschieden sie in der Form sein mögen, so stimmen sie doch alle darin überein, daß die sie umgebenden Gebäude in den Erdgeschossen mit Verkaufs- und Niederlagsgewölben ausgestattet sind. In den Frontgebäuden gruppieren sich alle Verkaufsläden meist zu beiden Seiten eines stattlichen hallenartigen Torweges, der den Lastwagen bequeme Einfahrt gestattet ... Von den Treppen aus betritt man (im Obergeschoß, W. F.) zunächst einen halb vorsaal-, halb zimmerartigen Empfangsraum, der im Vordergebäude gelegen, sich in drei und mehr Fenstern nach dem Hofe wendet ... In den meist flachen Hofflügeln« befinden sich die »Wirtschaftsräume, zumeist an einem schmalen Gang oder gar an einer Holzgalerie gelegen«.

Eins fehlt in dieser Beschreibung: es gab auf dem Brühl eine Vielzahl von Herbergen, teils einbezogen in die »Höfe«, teils separat errichtet. Der Messegast konnte in unmittelbarer Nähe seines Gewölbes Quartier beziehen und notfalls in diesem auch kleinere Posten lagern.

Nach dem Ratspatent vom 5. Oktober 1594, das jahrhundertelang galt, wurde erwartet, »daß diejenigen, welche Rauchwerck und Wildwahren zu führen, zu verkäuffen und zu verhandeln pflegen ..., daß sie engeregt Rauchwerck und Wildwahren, es sey an was Art und Gattung es wolle, ein jedes besonders gebunden, gesondert auff gutem trawen und glauben, wie von Alters, liefern und gewehren, die geringen Wahren und Sorten ... unter die besten und mittel nicht verstecken .. auch die halbe Stückwerck oder was schadhafftig, verbrannd, faul, durchs Wasser oder sonsten verderbet, aus den Banden absondern und in jrem wert verkäuffen sollen ...«

Schaumeister vergewisserten sich vor dem Einläuten der Messe, ob alles rechtens sei.

Der Handel unterlag aber strengen Begrenzungen. »Außer den Messen darf kein fremder Rauchwarenhändler ... mit rohen oder zugerichteten Fellen im Einzelnen oder im Ganzen allhir Handel treiben«, hieß es in der vom Rat bestätigten Kürschnerordnung, und mit Argusaugen wachten Leipzigs Kürschner über strikte Einhaltung dieser Regelung.

Auch zeitlich war die Messe genau festgelegt: »Acht Tage« – von Sonntag zu Sonntag – hieß es im kaiserlichen Privileg von 1497. Es sei »bekannte Sache, daß die Meßzeit nur 8 Tage währet«, belehrte 1701 der Rat den Landesherren. Am ersten Messesonntag um 12 Uhr läuteten die Kirchenglocken die Messe ein, am Sonntag darauf 12 Uhr wieder aus. Wer vor dem Ein- und nach dem Ausläuten Ware verkaufte oder kaufte, verstieß gegen eine der elementarsten Bestimmungen der Marktordnung und zahlte 50 Taler Strafe.

Von der »Messewoche« sprach man in Leipzig, bis mit Rescript vom 16. September 1823 schließlich »die dreiwöchentliche Dauer jeder Messe ... öffentlich bekannt gemacht« wurde. Neues brachte diese Ankündigung keinesweges, waren doch im Laufe der Zeit die einst unverrückbaren Grundsätze bereits systematisch ausgehöhlt worden, begleitet von nicht endenwollenden Zwistigkeiten zwischen lokalem Handel und fremden Kaufleuten.

Am Streit um das Verhalten in der sogenannten Zahlwoche, der Woche nach dem Ausläuten der Messe, waren die Rauchwarenhändler kaum mehr als andere beteiligt. Die Zahlwoche sollte der Begleichung von Rechnungen dienen, aber nebenbei wurde zum Verdruß der Innungen noch so manches Geschäft getätigt, wie auch in der Böttcherwoche, der Woche vor dem Einläuten der Messe. Dabei geriet der Rauchwarenhandel besonders in die Kritik.

In der Böttcherwoche durfte ab Montag die Ware ausgepackt werden. Der Rat tolerierte mit Patent vom 13. März 1752, daß »mit dem Handel en gros drei oder höchstens vier Tage vor Einläutung der drei öffentlichen Messen der Anfang gemacht werde.« Die Kürschner-Innung verklagte 1781 die Rauchwarenhändler beim Rat wegen Öffnung der Gewölbe »fast ganze drei Wochen vor Einläutung der Messen«, obwohl das Ratspatent von 1752 am Brühl/Ecke Katharinenstraße und Brühl/Ecke Hallische Gasse angeschlagen sei. Der Rat wiederholte seine Weisung am 15. September 1788, »weil wahrzunehmen gewesen, daß diesen Anordnungen (von 1752) vielfältig zuwider gehandelt worden«, und stellte für die Zukunft eine strikte Bestrafung (50 Taler) in Aussicht.

Den Rauchwarenhändlern erschien das als Benachteiligung gegenüber anderen Kaufleuten. Die Einhaltung dieser Order wäre mit Schaden verbunden, »da unsere Waaren feste zusammengeschnürt, weit geführt, auch von der Sonne warm geworden und wenn sie nicht sogleich ausgepackt, ausgeklopft und sortirt werden können, dem Wurmfraß und anderer Ungelegenheit ausgesetzt sein würden; wir auch in vergangener Ostermesse in unseren Niederlagen viele Waren zurückgelassen, welche gleichfalls ausgeklopft und von Würmern und Moder gereinigt werden müssen und wenn solches erst den Montag vor jedesmaliger Einläutung der Messe vorgenommen werden sollte, wir damit die ganze Woche, darinnen wir doch schon verkaufen sollten, damit zu thun haben würden.« Unterschrieben hatten die Petition Rauchwarenhändler aus der Gegend um Brody (Polen), London, Göppingen, Hamburg, Königsberg und Breslau.

Über die Antwort des Rates geht aus den Akten nichts hervor. Vielleicht war die Beschwerde der Rauchwarenhändler Anlaß, ihnen 1802 zu gestatten, »die Meßbuden vor der Böttcherwoche aufzuschlagen«. Verbunden wurde diese Erlaubnis mit der Warnung, »den Messhandel nicht eher als den Montag in der Böttcherwoche zu beginnen«. Drei Jahre später beklagte sich der Rat, die Gewölbe würden »wenigstens 8 bis 10 Tage vor der Böttcherwoche« geöffnet ..., nicht etwa halb, sondern ganz ... und die »Einkäufer auf diese Art nicht mehr wissen, wann sie zum wirklichen Anfange des Messhandels sich allhier einfinden sollten«.

Der Rauchwarenhandel gab anders als in der Blütezeit des Brühl bis ins 19. Jahrhun-

Börsenzettel von 1799. »Wechsel und Wind wenden geschwind«, heißt es am Fuß des Blattes.
Wie wahr! Der Taler hatte gerade verloren, der Dukaten gewonnen.
Oben: Die Alte Börse, erbaut von Johann Georg Starcke, eingeweiht 1687.

dert hinein dem direkten Geschäft den Vorzug. Kam ein Handel zustande, wurde er in der Regel durch Handschlag besiegelt. Makler kamen im Rauchwarenhandel später zum Zuge als in anderen Branchen.

Über die Leipziger Makler wurde schon viel geschrieben. Erstmals findet man sie erwähnt als »Meckele« 1452. *Paul Jacob Marperger*, der sich vor rund 200 Jahren verschiedentlich über Leipzigs Handelsleben äußerte, meinte keinesfalls zu unrecht, es sei »ihr Amt nicht von geringer Wichtigkeit als mancher sich wohl einbilden möchte«. Zur Begründung führte er an: »erstlich dienen sie dem Commercio darinnen, daß sie diejenigen, welche gerne verkauffen wolten, mit denen zusammenfführen welche zu kauffen begehren. Mancher Fremde müste in einer Stadt sich etliche Tage und Wochen länger aufhalten, welcher darin zu Kauffen oder Verkauffen hat, ehe er seinen Mann, mit welchem es ihm zu handeln vorträglich, finden möchte ... Die Kauffleute erlangen durch sie vielmahl geschickte Buchhalters und Dieners ... Mancher Hauß-Vater vermietet durch sie seine Häuser oder Logementer ... Der zweyte Nutz, welchen ... von den Mäcklern zu erwarten, ist das Zeugniß, welches sie in streitigen Sachen, in welchen sie Unterhändler gewesen, abstatten müssen.«

Makler waren Unterhändler und Gewerbepolizisten in einer Person. Die Kramerinnung empfahl sie, der Rat stellte sie ein. Rechte und Pflichten umriß der Eid, den der Makler laut »Eydbuch des Raths zu Leipzig 1689« abzulegen hatte: »Als schwer und gelobe ich zu Gott, daß ich solchen Ambt und Dienst treulich und fleißig vorstehen und in- und außerhalb der Märckte mit den Käuffern und Verkäuffern sie sind gleich einheimisch oder fremd recht und ohne Betrug umgehen, keinen seiner Waaren, welche mich wandelbar zu sey bedüncken werden für gut schäzen noch diejenigen, so ich vor aufrecht Kauffmann-Guth erkennen und halten werde verwerffen, sondern mit schazen und zehlen gleich und recht umgehen, auch so vor mich an dem jenigen, waß ich anderer Leute wegen Kauffen oder Verkauffen möchte, kein Theil noch gewin haben, sondern mich an meiner Mäcklerey-Gebühr begnügen laßen will. Da ich aber einiger Waare bedürfftig und solche an mich entweder selbst oder durch die meinigen, erkauffen oder verkauffen würde, will ich mich im Kauffen und verkauffen also verhalten, Damit derjenige, mit dem ich dißfals zu thun, Wißenschafft haben soll, daß solches mich in proprio angehen, auch niemandem einigen Kauffmann vorziehen noch bey einiger Begebenheit jemand loben oder verkleinern, daß derselbe wohl oder übel stehe, Do mir einanders bewust ist, auch keinen Kauffmann oder den Seinigen die Waaren theurer oder höher anrechnen noch zuschlagen, als dieselben gekauft worden. Darneben verpflichte ich mich, iedweder Parthey aufrichtig zu den Kauffe zuverhelfen und zu rathen, solches nicht zuverzögern, auch Stich in Waaren und Wechsel in Geld ungesäumt zubefordern, sowohl alles, was mir dergleichen Wechsels-Sachen, Vertrauet wird ... ingeheim und verschwiegen zuhalten.«

Der Makler hatte Buch zu führen. Nach getätigtem Handel erhielten Käufer wie Verkäufer den sogenannten Schlußzettel, dessen Wortlaut mit der Eintragung im Makler-Buch übereinstimmen mußte. Kam es zu Rechtsstreitigkeiten, diente das Maklerbuch dem Gericht als Zeugnis:

Schlußzettel eines Meßmaklers

Verkauf von Herrn Nidefur aus Petersburg an Herrn Gev. Schacht hier 153 Zimmer rohes Hermeling per Zimmer 9 Thlr., dagegen in Zahlung für den ganzen Betrag in Englisch zubereitetes Kanin per 100 Stück 76 Thlr. und 83 Stück rohes Kanin für 40 Thlr., alle Ware beiderseits besichtigt.

Leipzig, Jubilatemesse 1844
Marcus Harmelin

Carl Günther Ludovice, Professor an der Leipziger Universität, wußte von Maklern zu berichten, »die sich ... bloß mit einer Gattung von Waare« befassen und anderen, »die sich mit allen Waaren einlassen.«

Es gab lange Zeit Makler für die verschiedensten Branchen, ausgenommen Rauchwaren. Weil ihnen das unbillig erschien, baten acht Leipziger Rauchwarenhändler am 13. September 1783 den Rat, er möge »zwey Leipziger Bürger, welche verständige Männer und gute Kenner der Rauchwaren sind, ... Mstr. Wilhelm Zahn und Mstr. Ochsen, beide Bürger und Kürschner alhier, ... in Pflicht nehmen zu lasen hochgeneigt geruhen, daß sie als Unterhändler bei dem Rauchwarenhandel gewissenhaft zu Werk gehen«. Die Kramerinnung, vom Rat um ein Gutachten ersucht, lehnte strikt ab, denn es »wollen aber andere Geschäftszweige gleiches Recht für sich verlangen, wodurch die Zahl der Makler beträchtlich erhöht wird«.

In der ersten Maklerordnung von 1818 wurden die unterschiedlichsten Zweige angeführt, für die Unterhändler tätig sein sollten, doch die Rauchwarenbranche fehlte. Unter den Meßmaklern, die weder Bürger Leipzigs noch Meister zu sein brauchten, befanden sich jedoch auffallend viele Rauchwarenhändler. Erlaubt war der Rauchwarenhandel ohnehin nur zur Messezeit.

Den Rat stimmte allerdings eines nachdenklich: die Maklerbücher des Rauchwarenhandels füllten sich nur langsam, viel langsamer als in anderen Branchen. Von einem der Makler, *Marcus Harmelin,* ist bekannt, daß er mitunter jahrelang nicht ein Geschäft vermittelte. Er war zwar Hilfsbeamter des Rates, hatte aber kein Wohnrecht. Was dem Makler.zugute kam, die genaue Kenntnis der Lage vor Ort, dieses »Jeden kennen und jedem bekannt sein«, entbehrte er. 1868 wurde die Maklerordnung aufgehoben und mit ihr das Amt des Maklers.

Viele Rauchwarenhändler glaubten ohnehin, auf einen Makler verzichten zu können. Da sie Leipzig nach der Messe verlassen mußten, bereitete ihnen das Schicksal unverkaufter Waren verständlicherweise viel Kopfzerbrechen. Unnütze Transportkosten stimmten verdrießlich. War der Einkauf gut ausgefallen, fehlte es für nicht kalkulierte Rückfracht an Raum. Mitunter konnten wegen der Kürze der Zeit die Geschäfte nicht zum Abschluß gebracht werden. Was lag dann näher, als dieses oder jenes »Zimmer« bei einem Bekannten zu hinterlassen mit der Maßgabe, es dem Käufer bei Vorlage des Geldes auszuhändigen. Der Depositär beglich mit diesem Gelde entweder offenstehende

Rechnungen, oder er verwahrte es bis zur nächsten Messe. In der Regel wurden die guten Dienste der Gastwirte in Anspruch genommen.

Ein Leipziger Rauchwarenhändler, *Ploß,* verklagte 1766 beim Rat mehrere Leipziger Gastwirte wegen Rauchwarenverkaufs an auswärtige Kaufleute. Die Gastwirte bestritten die Anschuldigung: mit dem Handel hätten sie nichts zu schaffen; aus reiner Gefälligkeit nähmen sie nur gelegentlich etwas in Verwahrung. Der Rat entschied, »daß die Gastwirte für's Künfftige der Annahme dergleichen Rauchwaren ... bey 50 Thaler Strafe sich gänzlich enthalten sollen.« Der Urteilsspruch scheint seine Wirkung nicht verfehlt zu haben. Die Gastwirte lehnten jegliche Deponierung von Kaufmannsgut ab; das Risiko sei ihnen zu groß. Wollten die Händler unverkaufte Ware nicht wieder mit heimführen, mußten sie andere Wege beschreiten.

Eigentlich lag es nahe, sich eines der Kommissionäre zu bedienen. Manchmal geschah dies auch, denn die Handelsdeputierten verfaßten auf Ersuchen des Rates vom 9. Dezember 1808 folgendes Gutachten: »Der Unterschied der Sensal- (Makler-) und Kommissionsgeschäfte besteht darin, daß die Sensale bloß für andere Kaufleute ... den Handel ... richtig machen. ... übrigens aber die Bezahlung und Abholung der Waren beiden Teilen ohne ihr weiteres Zutun überlassen. Kommissionsgeschäfte hingegen sind, wenn jemand, zwar in Kommission für einen anderen, jedoch auf seinen Namen und für seine eigene Rechnung Waren einkauft, solche bezahlet und sodann an seinen Freund, von dem er Kommission hat, übersendet. Daß aber dergleichen Kommissionsgeschäfte bloß und allein Kaufmannsgeschäfte sind, gibt teils die Natur der Sache, weil es ein wirklicher Handel ist, teils ist auch im 9. § der privilegierten Kramerordnung ausdrücklich vorgeschrieben, daß alle Einheimischen, welche Handwerker sind oder ihre besonderen Bewerbsmittel haben, zur Vermeidung schädlicher Konfusion bei der Merkatur sich dergleichen Handlungsnegatien mit Kommission und Faktoreien bei 50 Taler Strafe enthalten sollen.«

Oft ließen die Händler unabgesetzte Rauchwaren bei ihren Markthelfern zurück. Das führte schon 1767 zu einem Verfahren vor dem Rat gegen sechs Markthelfer. In der Klage hieß es: »Verschiedene auswärtige Rauchwarenhändler, welche die hiesigen Messen zu frequentieren pflegten, stellten bey ihrer Abreise von der Messe die Schlüssel zu ihren hier zurückgelassenen Rauchwaren ihren allhier habenden Markthelfern zu, und diese pflegten vermittels solcher Schlüssel die ihren auswärtigen Herren zustehenden Waren zwischen den Messen teils heimlich, teils öffentlich, zu verkaufen ... Diese Markthelfer pflegten insgeheim alle Markttage herein in die Stadt zu kommen und von früh 10 Uhr an bis nachmittags in ihrer Meß-Herren Waarenlagern vermittelst dem dazuhabenden Schlüssel sich aufzuhalten und zu solcher Zeit jedem, wer sich bey ihnen meldete, Rauchwerk zu verkaufen.« Die Verklagten versicherten einhellig, »die Waren seyen in Fässern eingeschlagen und würden außer den Messen nicht aufgemacht«. Nach Meinung der Kläger wachten die Markthelfer keineswegs nur über die ihnen anvertraute Ware. Der Rat entschied sich für ein warnendes Wort: die Markthelfer hätten »sich des Verkaufs derer Rauch-Waaren allhier außer den Messen bei 50 Thaler Strafe zu enthalten.« Ob berechtigt oder nicht, sie standen jedenfalls weiter im Verdacht, alle möglichen Geschäfte zu tätigen.

Schon weil der heimische Rauchwarenhandel noch in den Anfängen steckte, sollte im Brühl zu dieser Zeit nicht gleich eine »Pelzstraße« gesehen werden, allenfalls der Anfang dazu. Zwei heimische Rauchwarenhandlungen erwähnt das Leipziger Handelslexikon von 1742. *Johann Benedikt Zehmisch* würde »alle Sorten Rauchwaren . . . sowohl im ganzen als einzelnen« verkaufen. 1783 existierten acht Rauchwarenhandlungen, 1815 zwei. Hinzu kam später *Hötte,* ein Münsteraner, der in seiner Heimat unter *Napoleon* zu Bedeutung gelangte und sich in Leipzig seine Zukunft zu sichern gedachte. *Hötte* kaufte in Rußland direkt ein, auch in Amerika, vor allem bei *Astor.* Die ersten Rauchwarenhandlungen suchten allesamt die Nähe des Brühl. *Zehmisch* hatte beispielsweise seinen Sitz in Wincklers Haus, Katharinenstraße.

Nach *F. G. Leonhardi,* »Geschichte und Beschreibung der Kreis- und Handelsstadt Leipzig«, erschienen 1799, war »Der ganze Brühl . . . zumal in der Messe, überaus lebhaft und volkreich. Die große Menge Gasthöfe, die hier sind, verursachen einen starken Zusammenfluß von Fuhrwerken und veranlassen dadurch, daß die Passage enge, beschwerlich und schmutzig wird. In dem mittleren Theile des Brühl findet man vorzüglich die russischen Karawanen, in dem östlichen desselben, in der Nähe der Reichsstraße, Nicolaistraße und Ritterstraße, ist der Sammelplatz der Juden.«

Von russischen »Karawanen« zu sprechen, hatte seine Berechtigung, kam doch zur Ostermesse 1786 ein russischer Händler allein mit 40 Wagen voller Felle. Vom »Sammelplatz der Juden« wäre ähnliches zu sagen. »Eine ›Pelzstraße‹ aber war der Brühl für den ansonsten aufmerksamen Beobachter *Leonhardi* noch nicht, auch nicht ein halbes Jahrhundert später für *Friedrich Alexander Gontard,* Konsul aus Frankfurt/M. Dieser berichtete am 11. Dezember 1848 an den badischen Staatsmann *Karl Mathy:* »Sie finden da große Lager amerikanischer Pelzwaren, welche gegen Schweineborsten und Hasenhaare, die aus der Moldau kommen, vertauscht werden, und wieder andere verhandeln die schönsten Zobelfelle.«

Die Zurückhaltung der Zeitgenossen ist durchaus gerechtfertigt. Der Brühl war seinerzeit nur ein Umschlagplatz auf Zeit, für ein paar Messewochen, die Welternte an Rauchwaren noch bescheiden. Auch ist an den beschwerlichen Transport zu denken. Erst vom 7. April 1839 an bestand die Überlandverbindung der Eisenbahn nach Dresden, und die Händler mußten noch lange warten, bevor sie mit der Bahn direkt nach Leipzig gelangen konnten, denn es dauerte seine Zeit, bevor von einem europäischen Eisenbahnnetz gesprochen werden konnte.

Zu den für den Rauchwarenhandel besonders wichtigen Ostermessen (es gab außerdem die Neujahrs- und die Michaelis- oder Herbstmesse), gingen 1790 nur 790 Zentner Rauchwaren ein, zwei Jahre später 1292 Zentner und 1824 immerhin 4722 Zentner. Nun hat der Handel allerdings mehr mit Mark und Pfennig denn mit Zentnern gerechnet. Der Wert der 1824, also in einem ausnehmend guten Jahr, nach Leipzig eingeführten Rauchwaren belief sich auf 2 388 975 Taler.

Wenn dem Leipziger Markt auch amerikanische Rauchwaren längst nicht mehr fremd gewesen sind, so dominierten doch die Felle aus Osteuropa, aus Polen oder Rußland. Die Händler des Ostens waren meist Juden. So war das Schicksal des Brühl eng mit den »Meßjuden« verknüpft. Von ihrem Erscheinen hing die Höhe des Umsatzes ab.

Die »Meßjuden«

Wegen ihrer fremdartigen Kleidung waren sie nicht zu übersehen, die sogenannten Meßjuden. Man traf sie nach dem Einläuten der Messe in den Kaufhöfen wie in den Straßen. Sie verkauften, sie kauften. Erstmals erwähnt wurden sie 1490. Um 1800 sorgten sie in Leipzig für einen jährlichen Umsatz von einer Million Taler, das entsprach fast einem Drittel des Gesamtumsatzes. Sie kamen überwiegend aus Polen, aber auch aus Rußland, Griechenland, Böhmen, Ungarn, Österreich, Preußen.

Wurde die Messe ausgeläutet, mußten sie die Stadt verlassen. Sie waren Meßjuden und nur zu den Messen geduldet.

Die in Leipzig lebenden Juden hatten mit dem Fellhandel lange Zeit nichts zu schaffen. Die Judengasse, 1359 erstmals erwähnt, erstreckte sich ab Barfußmühle entlang der Pleiße etwa in Höhe des heutigen Friedrich-Engels-Platzes, nahe dem Brühl. Sie hatte ihren Namen nach der dort befindlichen Synagoge, doch wohnten nicht alle Leipziger Juden und nicht ausschließlich Juden in dieser Gasse. Erwähnt wurde sie 1359, weil sie wegen der 1350 ausgebrochenen Pest halb entvölkert war. Die Seuche sollte durch eine Brunnenvergiftung verursacht worden sein, und als Täter verdächtigte man Juden, die nunmehr die Stadt verlassen mußten. Die meisten warteten jedoch im nahegelegenen Merseburg ab, bis sich die Wogen geglättet hatten.

Die Landesherren verhielten sich Juden gegenüber verschieden. Markgraf *Dietrich v. Landsberg* (1265 bis 1285) war beispielsweise tolerant. Er verlegte sogar der Juden wegen den Markttag vom Samstag auf den Freitag; anders Kurfürst *Moritz* (1521 bis 1553). Er wollte Juden keinerlei Rechte einräumen, »am wenigsten« durften sie sich »seßhaft machen«. Wer es schon war, mußte 1543 gehen, und es verstrichen an die dreihundert Jahre, bevor sich in Leipzig wieder Juden niederlassen konnten.

Von den europäischen Messestädten galt Leipzig als eine, die den Juden wenig zugetan war. Wegen der Konkurrenz wollte man die Juden nicht, doch man brauchte sie. Die ersten Meßjuden, die Felle brachten, wurden 1530 registriert. Es waren Kaufleute aus Poznań. In Polen lebten viele Juden – 900 000 zur Zeit der sächsisch-polnischen Union. Da ihnen der Erwerb von Grund und Boden ebenso versagt blieb wie die Zugehörigkeit zu einer Zunft, wurden sie »abgedrängt« in die Welt des Handels, besonders von Rauchwaren. Getreide und Salz (für Leipzig von geringem Interesse) verkauften »König und Schlachtschitzen« (Angehörige der Schlachta, des polnischen Adels). Wollte Leipzig der Rauchwarenmesse nicht »das Wasser abgraben«, mußte der jüdische Händler des Ostens akzeptiert werden. *Moritz,* der gleiche Kurfürst, der Juden das Wohnrecht in Sachsen verweigerte, stellte 1552 Messebesuchern, Freund und Feind, einen Geleitbrief aus, »die sein gleich deutsch oder ander Nation«. Schutz wurde damit auch den Juden garantiert, Gleichstellung nicht.

Mit Schutz konnten sie rechnen, wenn sie zahlten. Sie – keiner sonst – hatten einen Leibzoll zu entrichten. Um 1700 betrug dieser schon zwischen Görlitz und Leipzig zwei Taler und elf Groschen. Der Stadt Leipzig brachten die Sonderzölle zwischen 1668 und 1764 stattliche 719 661 Taler ein.

Rauchwarenhandel um 1800 auf offener Straße. Eine Kiste oder über zwei Fässer gelegte Bretter
dienten oft als »Stand«. Den auswärtigen Kaufleuten in ihrer fremdartigen Kleidung
hat Johann Wolfgang v. Goethe, der die Messe als Student erlebte, in »Dichtung und Wahrheit«
ein literarisches Denkmal gesetzt.

Quartier hatten die Meßjuden in der Judengasse zu nehmen. Es war ihnen verwehrt,
wie andere Händler bei befreundeten Kaufleuten oder in einer Herberge eigener Wahl
abzusteigen. Die Judengasse aber lag jenseits des Stadttores, d. h. die Meßjuden durften die Nacht nicht in Leipzig verbringen. Als Ende des 17. Jahrhunderts die Judengasse
abgerissen wurde, bezogen die Meßjuden Wohnungen »auf dem Bruel«. Das spätere
Peßkerische Haus (alte Nr. 728) wurde zwischen 1673 und 1732 regelrecht als Judenherberge geführt, dann als Alte Judenherberge. Gehörten sie zu den Rauchwarenhändlern,
wohnten die Meßjuden eigentlich am rechten Ort. Nur trügt der Schein. Von der Straße
selbst wurden sie abgedrängt. Konkurrenzdenken triumphierte weiterhin. Die Leipziger Judenordnung vom 7. März 1687 legte ausdrücklich fest, »daß von nun an hiesige Or-
tes kein Jude, er handele mit was für Waare er wolle … ein Gewölbe gegen die Gasse
hin noch dergleichen ganz oder zum Teil öffnen, sondern die ihm verstatteten Waaren
vormaligem Brauch nach, anders nicht, als in ihren Stuben und Kammern zuläßiger
Weise verkaufen möge … bei 100 Rthl und nach Befinden anderer höherer Straffe.«
Wenn sie kein »öffentlich Gewölbe halten« dürften, beschwerten sich die Meßjuden

1698 beim Kurfürsten, könnten sie auch »die Messe nicht bauen«. Bei früheren Kontroversen war man so weit nie gegangen.

Doch war es nicht nur die Gewölbeordnung, wegen der die Juden schließlich Beschwerde einlegten, kam es doch besonders in der zweiten Hälfte des 17. Jahrhunderts zur Verschlechterung ihrer Lage. Eine Ungerechtigkeit gesellte sich zur anderen.

Nach einer kurfürstlichen Order von 1682 wurde den Meßjuden bei Entrichtung der Abgaben ein »gelbes Flecklein« ausgehändigt. Sie mußten es während ihres Aufenthaltes in der Stadt ständig bei sich tragen, wenn sie nicht eine Strafe in Höhe von 20 Talern riskieren wollten. Diese Diskriminierung erregte die Meßjuden mehr als der Leibzoll. Sie war eine Herabsetzung ihrer Menschenwürde.

Wenig später trat ein Ereignis ein, das die Krise erheblich verschärfte. In seinem Quartier am Brühl verstarb am 23. Mai 1685 der Meßjude *Mendel Speyer*. Es mag nicht das erste Mal gewesen sein, daß der Lebensweg eines Messegastes in Leipzig endete (erst von 1786 an wurden die verstorbenen Meßjuden amtlich registriert), aber der Rat provozierte in diesem Falle geradezu Widerstand. Die Bestattung des Toten in Leipzig verweigerte er nicht nur, sondern für die Freigabe der Leiche verlangte er 140 Taler. (Der Wochenlohn eines Kürschnergesellen betrug damals 12 bis 14 Groschen!) Notgedrungen wurde der Verstorbene in Naumburg beigesetzt (ab 1686 erfolgten die Bestattungen in Dessau). Da nach dem jüdischen Glauben der Tote binnen 24 Stunden bestattet sein soll, erwies sich die termingerechte Überführung als kaum möglich. Beides – die Verweigerung der Grabstätte innerhalb Leipzigs und das Geschäft mit dem Tod – kränkte die Juden tief. Sie protestierten – ohne Erfolg.

Am Tage seiner Ankunft hatte sich der Meßjude nach der (1682 erweiterten) kurfürstlichen Judenordnung von 1665 anzumelden. Er mußte den Nachweis erbringen, daß er Händler sei, und Auskunft über sich, seine Begleiter sowie die mitgeführte Ware geben. In den Messetrubel durfte er sich nicht vor Erwerb eines »Erlaubniszettels« stürzen; dieser kostete sechs Taler zuzüglich drei 7/8 Taler für das Stadtgericht, drei Taler für die mitreisende Ehefrau und ebenfalls drei Taler für jeden Bediensteten. Außer den Gebühren für Justitia beanspruchte der Kurfürst die Hälfte. Von den zahlreichen Abgaben für die Handelstätigkeit war die Akzise, eigentlich eine Umsatzsteuer, dominierend. Sie betrug herkömmlich je 100 Taler verkaufter Ware 25 Groschen. Um die Messe attraktiver zu machen, wurden 9 Groschen erlassen – wenn es sich bei dem Händler um keinen Juden handelte. Der Letztere zahlte den alten Satz. Naturgemäß lag der Stadt viel daran, daß der Gast nicht nur verkaufte, sondern auch kaufte, aber die Entscheidung mußte letztlich dem Händler selbst überlassen bleiben. Ausgenommen war der jüdische: er wurde verpflichtet, für wenigstens 600 Taler einzukaufen.

Mit der neuen Gewölbeordnung war schließlich das Maß voll. Der Jude, der Sonderabgaben entrichtete und einem Zwangseinkauf unterlag, sollte in seine »Stube« verbannt werden, in der er die mitgeführten Erzeugnisse nicht unterbringen konnte. 1774 reiste beispielsweise *Lippmann* aus Lissa mit 32 000 Schaffellen an. Er mußte das Gros in seinem Fuhrmannswagen deponieren, der außerhalb der Stadtmauern plaziert wurde. Zwar bot ein »Gewölbe« in der Regel ebenfalls zu wenig Raum für eine übersichtliche Anordnung der Exponate, doch waren hier die Bedingungen entschieden besser. Und keiner der potentiellen Käufer vermutete in der Stube eines Hinterhauses ein Warenangebot, sondern er orientierte sich auf die Gewölbe. Die Meßjuden bestanden daher auf Aufhebung der Order seitens des Rates, weil sich sonst ein Weg nach Leipzig nicht mehr lohnen würde.

In der Eingabe an den Kurfürsten konzentrierten sie sich auf die Gewölbeordnung. Sie ließen alle Erschwernisse unerwähnt, für die auch der Landesherr verantwortlich zeichnete, denn daß er eine städtische Order nicht akzeptierte, war eher denkbar als die Rücknahme einer von ihm selbst verfügten Weisung. *Johann Georg III.* (1647 bis 1691) nahm anders als der Rat der Stadt Leipzig den von den Meßjuden angekündigten Boykott der Messe ernst und verweigerte am 6. Oktober 1687 seine Zustimmung zur Gewölbeordnung. Über den Rat hinweg gab er den Meßjuden Gewölbe in »mehr abgelegenen Gassen«, etwa der Reichsstraße, frei. Das bekräftigte er in einer speziellen Weisung vom 1. März 1689.

Der Leipziger Rat beschwerte sich. Er meinte, es werde zu antisemitischen Ausschreitungen kommen. Mochte diese Befürchtung tatsächlich bestehen oder auch nur vorgetäuscht und als Druckmittel gedacht sein, er nahm die Gewölbeordnung jedenfalls ebensowenig zurück wie der Kurfürst die Kompromißregelung. Damit blieb nun dem Hausbesitzer überlassen, ob er an einen jüdischen Händler vermieten wollte oder nicht. Ausgenommen den Brühl, vermochte er sich entweder auf die städtische oder die kurfürstliche Gewölbeordnung zu berufen. Immerhin konnten die Meßjuden jetzt zu »Gewölben« kommen.

Im folgenden Jahrhundert erfuhren die Auseinandersetzungen eine beträchtliche Verschärfung. Die jüdischen Händler traten viel energischer als früher gegen eine Benachteiligung auf. Der Rat der Stadt, unter dem Einfluß der vom Konkurrenzdenken beherrschten Kramer stehend, zeigte sich unnachgiebig wie eh und je, obwohl das städtische Interesse dringend einen Verzicht auf die Diskriminierung der Juden verlangte. Schließlich waren sie es, die wesentlich das Geschäft belebten, Geld in die Stadt brachten und den internationalen Handel nach Leipzig zogen. Vielleicht gerade dadurch, daß sie auch kaufen mußten, entstand durch sie Belebung und Erweiterung des Handelsgeschäfts.

Offenbar herrschte im Rathaus die Meinung vor, der Leipziger Markt sei für die jüdischen Kaufleute unersetzbar. Die Kurfürsten waren sich dessen nicht so sicher. Sie suchten wie *Johann Georg III.* den Ausgleich. Von den strittigen Fragen aber wurde in dieser Zeit nicht eine gelöst, nur eben die Hoffnung der Meßjuden auf Verbesserung ihrer Lage genährt.

August der Starke holte 1710 aus Hamburg den Münzjuden *Gerd Levi* (1659 bis 1739) und gewährte ihm als ersten Juden das Wohnrecht. Um 1800 lebten in Leipzig etwa 40 Juden, die auf Grund landesherrlicher Weisungen Wohnung nehmen durften. Das Aufenthaltsverbot bestand aber de jure fort, d. h. Anspruch auf Wohnrecht hatte keiner.

Die Kurfürsten suchten zudem wenigstens einige Juden vor steuerlichen Nachteilen zu bewahren. So stellte vor allem *August der Starke* Freipässe aus, Kammerpässe oder Einkaufspässe. Seine Nachfolger setzten diese Praxis fort. Ein System bei Vergabe dieser Pässe war nicht zu erkennen.

Als 1697 der Meßjude *Joachim Berenz* aus Hannover im »Weißen Roß« am Brühl verstarb, wollte der Rat wieder auf einer Leichengabe bestehen. *August der Starke* riet zur Mäßigung. Er fürchtete eine Wiederholung der im Fall *Speyer* aufgetretenen Auseinandersetzungen. Der Rat gab nach und trieb seine Forderungen nicht ein. Die Leiche durfte das Stadttor passieren – mit der Begründung, *Berenz* sei Hofjude gewesen. Damit wurde die Schaffung eines Präzedenzfalles vermieden.

Verzichteten die Meßjuden auch auf den Boykott der Messe, so hielten sie sich doch spürbar zurück. Zwischen 1668 und 1764 fanden sich 81 937 Kaufleute jüdischer Herkunft ein, durchschnittlich 854 jährlich oder nicht mal 300 je Messe (Neujahrsmesse, Oster- und Michaelismesse).

Da nur sie bis Mitte des 18. Jahrhunderts einer Meldepflicht unterlagen, ist ihr Anteil an der Gesamtbesucherzahl nicht zu errechnen. Nach der dann einsetzenden allgemeinen Besucherstatistik waren 1754 von 6736 Meßfremden lediglich 884 oder 13 % Juden. Es fehlten die Juden aus Rußland, aus Polen, gerade jene, die mit Rauchwaren handelten. Für 1752 sind die Herkunftsländer ausgewiesen: von 524 Meßjuden (ohne Neujahrsmesse) stammten 114 aus Preußen, 109 aus Böhmen, 229 aus verschiedenen deutschen Staaten, 21 aus Holland, fünf aus Ungarn, 37 aus Kursachsen und neun aus Polen. Obgleich Polen und Sachsen eine Personalunion bildeten, zog der polnische Jude die neue Messe in Breslau oder die Königsberger Messe der Leipziger vor. Die Kürschner in Breslau, Glogau, Danzig und Berlin konnten sich freuen. Was Sachsen dem jüdischen Händler verweigerte, billigte Preußen ihm zu: Gleichstellung bei Verteilung der Verkaufsstände und Entrichtung der Abgaben, Wohnrecht, Betstuben, Bestattungen usw.

Die unter *Heinrich von Brühl* neu ins Leben gerufene Commerciendeputation wußte 1747 nach Dresden zu berichten, daß die »polnischen Juden« in Leipzig »anders nicht tractiert werden, wenn sie wirklich dem Messecommercio schädlich wären«. Obwohl man um die Gründe für die Abwanderung der Meßjuden wußte, unterblieb eine Revision der Judenpolitik. Wie zuvor *August der Starke* versuchte *Brühl* über die Ausstellung von Freipässen auszugleichen. Daß sich in der zweiten Hälfte des 18. Jahrhunderts Leipzig wieder eines größeren Zuspruchs erfreute, geschah ohne großes Zutun des Rates oder der Landesregierung.

Nach dem Siebenjährigen Krieg gewährte der Leipziger Rat Meßjuden allerdings eine teilweise Befreiung von Sondersteuern, wenn der Wert der eingekauften Waren mehr als 1000 Taler betrug oder Rauchwaren eingeführt wurden. Da die Kramer 1763 forderten, die im Kriege zugezogenen Juden wieder auszuweisen und Meßjuden von Gewölben an der Straße auszuschließen, begegneten die Händler den Steuererleichterungen mit Skepsis, jederzeit eines Widerrufs gewärtig. Auf der Oster- und Michaelismesse konnte zwar fortan insgesamt mit jährlich 1000 Meßjuden gerechnet werden, aber der Zuwachs war hauptsächlich Preußen zu danken, das permanenter Finanznot halber auf der Breslauer Messe die Steuerschraube anzog und so die Händler vertrieb.

Daß der jüdische Händler auf eine Geste guten Willens und vor allem der Menschlichkeit gewartet hatte, zeigte sich vor allem Anfang des 19. Jahrhunderts. Im Messejahr 1800 stellten die Juden mit 2899 Gästen von 11 733 jeden vierten Besucher, 1810 mit 2778 von 11 893 ebenfalls.

Zehn Millionen Taler verlangte Friedrich II. im Siebenjährigen Krieg (1756 bis 1763) von Leipzig. Um die Steuerzahler einzuschüchtern, wurden 1759 »zahlungsunwillige« Kaufleute festgesetzt.

Signalwirkung ging vom Kurfürsten aus, der am 21. Januar 1800 »den fremden Handelsjuden das Feilhalten ihrer Waaren während der Messen in der Reichsstraße« und anderen vom Brühl abzweigenden Gassen gestattete. So weit war man eigentlich schon 1687.

Imanuel Schüßler, Obermeister der Kramerinnung, hatte sich am 26. September 1796 über die vielen Gewölbe der Juden in den Nebengassen beklagt, was im Widerspruch zur Ratsordnung von 1746 stehe. Der Angriff richtete sich inoffiziell gegen Hofrat Dr. *Wendler,* der seit 1791 sein Haus in der Katharinenstraße dem Dessauer Juden *Levi* während der Messe vermietete. *Wendler* war Bürgermeister, und daß ausgerechnet er ein Gewölbe zur Straße hin an einen Juden vermietete, erregte den Unwillen der Kramer. Ein vom Rat eingeholtes Gutachten der Handelsdeputierten gab *Schüßler* recht. Dann griff jedoch der Kurfürst ein. Er stellte sich auf die Seite *Wendlers* und all jener Hausbesitzer, die Juden gegenüber tolerant blieben. Die Meßjuden registrierten die Entscheidung mit Interesse. Blieb ihnen auch der Zugang zum Brühl verwehrt, so bedeutete die Freigabe der Nebenstraßen für sie einen Fortschritt.

Viele Widersprüche steckten in einem anderen Ereignis: Zwei Franzosen wurden 1806 ihrer jüdischen Abstammung halber mit Sonderabgaben bedacht, und dieser für das Frankreich nach der Revolution unerhörte Vorgang veranlaßte *Napoleons* mächtigen Minister *Talleyrand* zu einer offiziellen Intervention beim sächsischen Kurfürsten. Dieser wand sich. Wer nach Sachsen komme, unterliege sächsischen Gesetzen. *Talleyrand* konterte: Wer Franzose sei, müsse als Franzose behandelt werden.

An Leipzig erging daher am 6. April 1806 die landesherrliche Order, daß »alle zur bevorstehenden Jubilate-Messe kommenden« französischen Juden »mit Leibzoll, Geleite und anderen Abgaben«, die Juden sonst auferlegt, »gänzlich verschont bleiben«, eine am 9. September ausdrücklich auf alle Messen ausgedehnte Weisung. Die französischen Juden wurden nunmehr als Franzosen behandelt, die polnischen aber nicht als Polen. Um sie zu besänftigen, erlaubte ihnen der Landesherr am 21. August 1810 den Handel auch außerhalb der Messe, womit sich die Leipziger Kürschner partout nicht einverstanden erklären wollten.

Die weder aus Frankreich noch aus Polen stammenden Juden sprachen zu Recht von der »Leipziger Willkür«. Aus Polen jedenfalls kamen Ostern 1810 mit 1088 Meßjuden so viel jüdische Händler wie auf den drei Messen des Jahres 1780 zusammen; die Zahl der nichtjüdischen polnischen Gäste betrug 40. Gemessen an der Gesamtzahl der Meßfremden war fast jeder Zehnte ein polnischer Meßjude. Mit ihnen belebte sich auch der Rauchwarenhandel.

Diese Fakten mußte auch die städtische Obrigkeit akzeptieren. Sie legte nach der Völkerschlacht bei Leipzig unter dem gesellschaftlichen Einfluß des Befreiungskampfes eine ungewohnt realistische Haltung an den Tag. Die Heere waren weitergezogen, siegreiche wie besiegte. Zurück blieben 84 000 Tote, 38 000 Verwundete und materielle Schäden in Leipzig und den umliegenden 65 Dörfern in Höhe von 2,5 Mill. Talern. Man sammelte in den deutschen Landen für Leipzig: 93 000 Taler kamen zusammen, dankbar aufgenommen von einer Handelsmetropole, die einmal mit Millionen-Umsätzen gerechnet hatte. Um die auf das Niveau eines provinziellen Jahrmarktes abgeglittene Messe wieder zu beleben, war Leipzig gezwungen, um jeden Händler zu »ringen«. Fortan wolle er bei Berufung von Maklern auch Juden berücksichtigen, versicherte der Rat am 31. Dezember 1813.

Wie kaum anders zu erwarten, ging dies der Kramerinnung wieder einmal zu weit. Sie neidete des anderen Gewinn und Geschäft. Die Kramer legten in Dresden Berufung ein, und bis zur Klärung des Einspruchs lag die Makler-Ordnung auf Eis. Als Parteigänger *Napoleons* befand sich der König noch in Haft, und die Landesregierung ließ sich mit der Antwort Zeit. Dadurch geriet der Rat in Bedrängnis. Er hatte nur Wochen nach der Völkerschlacht die Berufung jüdischer Meßmakler angekündigt unter dem Aspekt, daß die Händler nach den schweren Kriegsjahren die Marktlage testen würden. Damit hatte es auch seine Richtigkeit: zur Ostermesse 1814 stellten sich 2 468 Meßjuden ein, doch nach jüdischen Maklern hielten sie vergeblich Umschau. Ein unrealisiertes Zugeständnis aber setzte den Rat berechtigter Kritik aus. Jetzt galt er nicht nur als unnachgiebig, sondern er handelte offenkundig unseriös.

Das Fünkchen Hoffnung auf Gleichstellung drohte bei den Meßjuden zu verlöschen und damit auch das wiedererwachte Interesse an der Messe. Um glaubhaft zu machen, ihm sei an einer schrittweisen Neuordnung gelegen, war der Rat bereit, jetzt ein Zugeständnis anderer Art zu machen, das in seinen Entscheidungsbereich fiel. So geriet die Friedhofsordnung erneut ins Blickfeld, war doch der Rat in Bestattungsfragen weitgehend von der Landesregierung unabhängig. Die in Dresden verstorbenen Juden mußten früher in Böhmen beigesetzt werden, aber mit diesen unzumutbaren Maßnahmen hatte Premierminister *Heinrich von Brühl* Schluß gemacht und die Anlage eines israelitischen Friedhofes gestattet. Warum sollte in Leipzig nicht möglich sein, was in der Landeshauptstadt längst praktiziert wurde?

In den russischen und französischen Verbänden kämpften während der Völkerschlacht ebenfalls Juden, von denen etwa 700 (anderen Quellen zufolge 800) gefallen waren. Die Opponenten erkundigten sich sarkastisch, ob der Rat bei Bestattung der Toten auch säuberlich getrennt habe zwischen Juden und Nichtjuden. War Platz gewesen für einen gefallenen jüdischen Soldaten, mußte auch Platz sein für einen verstorbenen Meßjuden.

Da sich Dresden noch immer nicht zur Maklerordnung geäußert hatte, genehmigte der Rat – um wenigstens in einem Punkt guten Willen zu zeigen – am 29. Oktober 1814 den Juden einen Begräbnisplatz. Mit dem Rauchwarenhandel hatte die Anlage eines israelitischen Friedhofes weit mehr zu schaffen, als auf den ersten Blick erscheinen mag. Bereits 1811 bot *Joel Schlesinger,* ein Rauchwarenhändler aus Brody, »einige hundert Taler« für die Einrichtung eines israelitischen Friedhofes. Eigentlich mußte der Rat die Kosten dafür aufbringen. Die Einsparung der Gelder kam ihm sehr gelegen, weniger der Gedanke, einen Privatmann als Partner zu haben. So wurde der Vertrag nicht dem Brodyer Händler *Schlesinger,* sondern gleich der ganzen »Brodyer Judenschaft« angeboten, um so zwischen Leipzig und einem der wichtigsten Umschlagplätze des Ostens eine Bindung zu schaffen, die der Messe zum Vorteil gereichen konnte.

Brody, heute eine wenig bekannte Kleinstadt der UdSSR, erhielt 1779 den Status einer »Freien Handelsstadt«. Zwei Drittel der Einwohner waren Juden, die vom Rauchwarenhandel lebten. Leipzig kalkulierte zur Messe 40 Wagen aus Frankfurt/Main ein, bis zu 200 Wagen dagegen aus Brody.

Die Brodyer Judenschaft akzeptierte das Leipziger Angebot. Gegen Entrichtung von 200 Talern und einer Jahrespacht von 20 Talern wurde ihr die Verwaltung »einer Begräbnisstätte für die in Leipzig sterbenden sowohl einheimischen als von auswärts kommenden Juden an einem schicklich gewählten Ort« übertragen.

Der »schicklich gewählte Ort« lag »neben dem Pulverturm« im Johannistal, war mit 90 mal 40 Ellen hausgartengroß, nur durch ein Privatgrundstück zugänglich und nicht erweiterungsfähig. Platzsparende Wiederbelegungen verbietet der jüdische Glaube, und so mußte der Raumnot wegen nach wie vor der Dessauer Friedhof mit genutzt werden, was den Meßjuden natürlich mißfiel. Um ihre Anwesenheit zu legalisieren, lag den in Leipzig ansässigen Juden daran, in ein Vertragsverhältnis zum Rat zu treten und den Friedhof selbst zu verwalten. Außer Kosten entstand so für Brody eine Menge Verdruß. Von allen Seiten kritisiert, hielt man trotzdem bis 1849 – 35 Jahre lang – an der Konzession fest. 1864 wurde der Friedhof geschlossen. Im gleichen Jahr entstand auf dem Gelände des Hennig'schen Gutes in der Berliner Straße der »Neue Jüdische Friedhof«.

Fünf Monate nach Unterzeichnung der Friedhofskonzession stellte der Rat am 4. April 1815 die ersten jüdischen Meßmakler ein, zunächst auf ein Probejahr. Den Einspruch der Kramerinnung hatte die Landesregierung am 23. Februar 1815 als unbegründet zurückgewiesen. Die vier neuen Makler waren alle Rauchwarenhändler; drei stammten aus Brody, einer aus dem benachbarten Lissa.

Die landesherrlich bestätigte Maklerordnung vom 7. März 1818 legalisierte den Status der jüdischen Makler ausdrücklich. Der Rat stellte vier Wochen später weitere 23 jüdische Makler ein. Einschließlich des Dessauers *Levi,* gab es nunmehr 28 jüdischer Abstammung. Wenn auch andere Branchen und Regionen berücksichtigt wurden, so blieb das Übergewicht beim Rauchwarenhandel; Brody und Lissa stellten jeden zweiten Makler.

Zur neuen Maklerordnung gesellte sich am 17. August 1818 eine Gewölbeordnung. Sie gestattete es jüdischen Gästen, »während der hiesigen Messen auch in den Hauptstraßen und öffentlichen Plätzen Gewölbe miethweise inne zu haben, zu öffnen und darinne Waren feilzuhalten«. Gegen diese Erlaubnis protestierten die Kramer rund 40 Jahre lang. Zwei Jahre später, am 18. März 1820, kam eine neue Geleitsordnung heraus. Mit ihr hörte die steuerliche Benachteiligung jüdischer Händler auf; eine ausdrückliche Befreiung von allen zusätzlichen Belastungen trat in Kraft.

Im gleichen Jahr wurde »Beth Jacob« eingeweiht, zu deren Eröffnungsfeier *Giacomo Meyerbeer* Psalmen komponierte. Im Grunde wurde das Ereignis überbewertet. Im Harzschen Hause in der Reichsstraße, ihrem Stammquartier, hatten die Berliner Meßjuden bereits eine provisorische Betstube eingerichtet, die Brodyer Juden eine im »Blauen Harnisch« am Brühl. »Beth Jacob« war die »Berliner Synagoge«, die jetzt vom Rat akzeptiert, allgemein zugängig wurde und damit einen legalen Status erhielt.

Von 9662 Besuchern der Ostermesse 1820 waren 1669, das sind 17,4 %, Juden. Zwei Jahre später zählten sie sogar 18,5 %. Dann ging ihr Anteil systematisch zurück, um zur Ostermesse 1829 mit 10,6 % den tiefsten Stand des Dezenniums zu erreichen. Obwohl Leipzig mancherlei Zugeständnisse gemacht hatte, war die Gefahr der Abwanderung von Meßjuden nach Königsberg und Frankfurt/Oder keineswegs unberechtigt. Die entscheidende Frage, die Gleichstellung der Juden, hatte die Messestadt umgangen, und das rächte sich. Zur Ostermesse 1831 brach der Konflikt offen aus.

Den meisten Meßjuden lag am Kleinhandel. Dieser war ihnen jedoch nur in der sogenannten Mittelwoche gestattet. Aus Protest gegen diese Benachteiligung schlossen sie einfach nicht die Stände. »Nur mit Hülfe der bewaffneten Macht haben ... die jüdischen Kleinhändler gezwungen werden können, früher einzupacken, als die christlichen«, hieß es in einem Bericht vom 31. Mai 1831. Unmißverständlich gaben sie zu verstehen, daß sie uninteressiert seien an einem Handelsplatz, der sie von zwei der drei Messewochen ausschließe. Weil ohnehin zwischen Klein- und Großhandel keine starren Grenzen bestanden, fühlten sich die Meßjuden in der Gesamtheit mit vollem Recht benachteiligt oder doch der Gefahr einer willkürlichen Beschränkung ausgesetzt. Der Rat reagierte auf die Ereignisse zu Ostern am 19. September 1831 mit einer Bekanntmachung, die wenig Neues bot: der jüdische Kleinhändler mußte sich fernerhin mit der mittleren Meßwoche bescheiden, nur wurden in diese Zeit fallende jüdische Feiertage »durch eine Verlängerung der Verkaufszeit bis in die Zahlwoche zugute gerechnet«.

Am 4. September 1831 erhielt Sachsen eine Verfassung, die Gleichheit, Freizügigkeit, Freiheit der Person und Glaubensfreiheit versprach. Von den 20643 Besuchern der Ostermesse 1832 waren 6458 Juden. Das entsprach gegenüber der Ostermesse des Vorjahres einer Steigerung um mehr als das Fünffache. Infolge des polnischen Aufstandes (1830/31) waren zwar Ostern 1831 einige hundert Meßjuden weniger als sonst gekommen (1227 gegenüber 1577 Ostern 1829), aber die Steigerung auf 5231 konnte schwerlich mit den Verhältnissen Polens nach dem Aufstand zusammenhängen. So manchen Meßjuden des Ostens zog es wohl nach Leipzig, um die Verwirklichung der neuen Verfassung kennenzulernen.

Zur Ostermesse 1833 kamen nur noch 2400 Meßjuden, zu den Ostermessen darauf zwischen 3500 und 4000. (Wegen des großen Arbeitsaufwandes wurden die Messegäste nach 1840 leider nicht mehr registriert.) Bereits drei Jahre existierte die Verfassung schon, als die Landesregierung am 28. November 1834 vom Leipziger Rat Auskunft verlangte über die Rechtslage der Juden. Die Antwort ging Dresden am 26. März 1835 zu: vom »zünftigen Gewerbe« seien »Juden in Leipzig ausgeschlossen«, ansässige Juden könnten »einen Kleinhandel betreiben«, die geschäftliche Tätigkeit »ortsfremder Juden beschränke sich auf die Messe«.

Man könnte meinen, der Bericht sei hundert Jahre zuvor abgefaßt worden und habe sich nur in die falsche Akte verirrt, aber ein Blick in die Protokolle der Stadtverordnetensitzung führt einen solchen Verdacht sofort ad absurdum: ungeachtet der Verfassungsgrundsätze lehnten die Stadtverordneten noch am 29. Juli 1836 die Gleichstellung der Juden ab. Wieder einmal hatten jene die Oberhand gewonnen, die sich einer realistischen Politik verschlossen.

Es mehrten sich aber auch die Stimmen derer, die da meinten, eher könne der jüdische Händler auf Leipzig verzichten als umgekehrt Leipzig auf ihn, eine Auffassung, die z. B. *Gustav Harkort* vertrat, oder es für »nicht mehr angezeigt« hielten, »einen Unterschied nach religiösen Meinungen der Meßlieferanten zu machen«, und die es als widersinnig empfanden, in Auseinandersetzung mit dem Adel das Bürgerrecht aufs Banner zu heften und sich gleichzeitig vom Juden abzugrenzen, was vor allem *Wilhelm Traugott Krug,* seit 1809 Professor für Philosophie und Staatsrecht, Leipzigs »Meinungspräfekt«, ins Feld führte. Am 7. März 1834 drang er bis in die Ständeversammlung mit seiner Forderung nach Gleichstellung der Juden vor; es sei an der Zeit, »den gemeinen Verstand zur gesunden Vernunft« zu erheben. Zu stark vom Konkurrenzdenken beseelt, folgten Händler wie Handwerker nur zögernd.

Am 18. Mai 1837 trat schließlich ein Landesgesetz in Kraft, das den Hauptforderungen der Juden entsprach und ihnen die Niederlassung, den Erwerb der Bürgerrechte, die Bildung einer Religionsgemeinschaft, die Errichtung einer Synagoge und ein »Gewerbe nach freier Wahl« (außer Apotheken und Gaststätten) gestattete.

An einer Übersiedelung lag den jüdischen Rauchwarenhändlern noch wenig, viel aber an der Einrichtung einer Niederlassung, und das scheiterte bisher an der fehlenden Aufenthaltsgenehmigung für den Verwalter. Die Meßmakler mit ihren Sonderrechten als Hilfsbeamte hatten einen Vorteil. *Marcus Harmelin,* seit 1830 Nachfolger im Amt seines 1825 verstorbenen Vaters *Jacob,* legte sich als erster ein Lager zu, untergebracht in einer Stube seiner Wohnung im »Blauen Harnisch«. Mit dem Jahr 1830 datierten die *Harmelins* ihre Firmengründung, aber erst 1879 gaben sie ihre Niederlassung in Brody auf. In den 30er Jahren ließen sich nur noch *Theodor Wolf* und *John B. Oppenheimer* in Leipzig nieder.

Mit *Salomon Veit* erhielt 1839 erstmals ein Jude Bürgerrecht, zwei Jahre nach Verabschiedung des Landesgesetzes über die Gleichstellung der Juden. Die Gewährung des Bürgerrechts lag ganz im Ermessen des Rates. Anträge wurden prinzipiell nur zögernd bearbeitet und selten positiv beschieden (von 9434 ortsansässigen Juden waren selbst 1910 nur 2500 eingebürgert). Zurückhaltend reagierte der Rat auch mit der gesetzlich verfügten Bereitstellung eines Grundstücks für die Errichtung einer Synagoge. Ein entsprechendes Areal hatten die ortsansässigen Juden bereits am 22. November 1836 beantragt, aber mehr als 16 Jahre benötigte die städtische Obrigkeit, um schließlich am 23. Mai 1853 ein »geeignetes« Gelände zu finden. Es lag in der Zentralstraße, nahe der Gottschedstraße, so ungünstig wie nur denkbar. Die Synagoge zwängte sich zwischen Geschäftsbauten, die Reklame für alle möglichen Produkte machten.

Der Grundstein wurde 1854 gelegt. Die seit 1846 offiziell zugelassene »Israelitische Religionsgemeinschaft« zählte nur 81 (zahlende) Mitglieder. Ihr erster Prediger war *Dr. Adolf Jellinek,* ein glänzender Redner, weithin bekannter Wissenschaftler und Autor. Er zog 1842 als »Handlungsgehilfe« zu, um leichter die Aufenthaltserlaubnis zu erlangen, wurde wegen Täuschung der Behörden erst einmal festgesetzt, durfte aber schließlich von Oktober 1842 an studieren. Dank seines überragenden Einflusses entwickelte sich die Gemeinde zu einer der liberalsten in Deutschland. In ihren Statuten gab es aber eine Klausel, derzufolge einzig und allein ihr die Entscheidung in Gemeindeangelegenheiten oblag, scheinbar die natürlichste Sache der Welt. Als *Jellinek* – weil er auf die Dauer in Leipzig kein befriedigendes Wirkungsfeld fand – enttäuscht und trotz Intervention des sächsischen Königs 1857 als Rabbi nach Wien ging, zählte die Gemeinde nur 104 Mitglieder, aber zu jeder Messe kamen einige tausend ortsfremde Juden in die Stadt, die rechtlos in allen Gemeindeangelegenheiten waren. Für den Bau der Synagoge konnte *Jellinek* als Architekten den Schüler *Sempers, Otto Simonson,* gewinnen, der damals in Petersburg wirkte.

Die für das Vorhaben benötigten 25 000 Taler vermochte die Gemeinde nicht aufzubringen, *Jellinek* setzte große Hoffnungen in die Gemeinden der Meßjuden, aber nur eine, die Pester, reagierte positiv auf seine Bitte um Unterstützung und überwies 100 Gulden. Wenn sie in Leipzig ohne Einfluß bleiben sollten, wollten die auswärtigen Gemeinden nicht zahlen. Die Meßjuden selbst dachten anders. Während der Messen trugen sie ihr Scherflein zur Errichtung der Synagoge bei. Unterstützt wurde *Jellinek* von zwei Personen, die mit dem Rauchwarenhandel zu schaffen hatten: dem Kaufmann *Oppenheimer* und dem Bankier *Plaut* (Plautstraße in Leipzig-Plagwitz). *Gustav Plaut* war Mitinhaber des gleichnamigen Bankhauses, das als Kreditinstitut des Brühl zu Geltung kam. *Plaut* schoß selbst eine als »beträchtlich« ausgewiesene Summe zum Bau der Synagoge bei, die schließlich am 10. September 1855 ihrer Bestimmung übergeben werden konnte, allerdings bei noch dürftiger Innenausstattung. So erhielt sie erst 1866 eine Orgel. *Professor Salomo Jadassohl* von der Musikhochschule gründete noch im gleichen Jahr den später berühmt gewordenen Synagogalchor.

Das Landesgesetz von 1837 stellte Juden auch ein »Gewerbe nach freier Wahl« in Aussicht. Neben den ortsansässigen Juden interessierte das besonders die zuzugswilligen. Zu hartnäckigen Auseinandersetzungen sollte der am 14. Juni 1855 gestellte Antrag des Juden *Sigismund Levi* auf Aufnahme in die Kramerinnung führen, die das Gesuch ablehnte. Als der Rat sich nach den Gründen erkundigte, wurde er belehrt, über die Aufnahme neuer Mitglieder entscheide die Innung, eine Antwort, die der Rat zu akzeptieren nicht bereit war. Schließlich wurde ihm am 23. Juni 1855 eine Liste vorgelegt, derzufolge 117 Leipziger Firmen die Aufnahme eines Juden in die Innung ablehnten. Am 22. Mai 1856 forderte der Rat die Innung bei Strafandrohung auf, dem Antrag *Levis* stattzugeben, da nach Artikel 3 des Landesgesetzes vom 21. Mai 1851 »diejenigen Juden, welche sächsische Unterthanen sind ..., den christlichen Unterthanen in allen Rechten als gleichgestellt zu betrachten« seien und *Levi* die Bürgerrechte habe. Die Innung intervenierte beim König, der jedoch den Einspruch als unbegründet zurückwies. Trotzdem nahm sie *Levi* nicht auf. Daraufhin wurde sie vom Rat zu einer Geldstrafe in Höhe von zehn Talern verurteilt. Sie mußte zahlen und *Levi* in ihre Reihen aufnehmen. Seit Erlaß der Verfassung mit verbürgter Gleichstellung der Juden waren inzwischen 26 Jahre ins Land gegangen. Spürbare Erleichterung brachte erst die Einführung der Gewerbefreiheit (1861).

Der Brühl in seiner Blütezeit

Messe das ganze Jahr

ZUFOLGE von *Emil Brass* stand »1860 bis 1880 ... die Leipziger Rauchwarenmesse auf dem Höhepunkt«. Eine solche Behauptung erscheint gewagt; nach Umsätzen beurteilt, folgten bessere Jahre. Darauf hingewiesen, pflegte *Brass* zu sagen: »... dank des seinerzeitigen Wandels.« Tatsächlich erlebte der Brühl damals eine Zäsur: Er entwickelte sich zu einer Ladenstraße mit erweiterten Messezeiten. Die Ostermesse zog sich bis Juni, die Herbstmesse bis Weihnachten hin. Die Käufer fanden sich ein, wann immer ihnen Zeit blieb für einen Abstecher nach Leipzig. Die Rauchwarenmesse fand im Brühl eigentlich immer statt. Sie hatte sich verselbständigt, von der herkömmlichen Messe gelöst. Geblieben war die Lokalität.

> *Der Brühl ist ein Weg, belebt von Schlaufüchsen und Blaufüchsen und von Handel und Wandel, welch letztere zwei Begriffe eigentlich bloß ein Begriff sind, denn man handelt wandelnd und wandelt handelnd auf dieser Straße, die ein Jahrmarkt ist das ganze Jahr.*
>
> *(Egon Erwin Kisch)*

Fast zeitgleich erfolgte ein Strukturwandel der Leipziger Messe. Zur Frühjahrsmesse 1870 stellten an die hundert Firmen nur noch Muster aus – ohne Vermittlung des Handels. Das waren gleich zwei Neuerungen. Früher gelangten nur Waren »zum Mitnehmen« ins Angebot. Auch tätigten nicht die Hersteller, sondern die Kaufleute das Geschäftliche. Seit der Industrialisierung war aber die Messe nicht mehr Herr der Lage. Wohin mit der Warenflut? Die Stände auf dem Markt und in den Seitenstraßen vermochten nur einen Bruchteil dessen aufzunehmen, was die Industrie »an den Mann« zu bringen gedachte. Anders als das Handwerk stellte sie Serienprodukte her, die einander exakter glichen als ein Ei dem anderen. Der Käufer konnte ohne weiteres nach einem Muster bestellen und sich die Waren zu einem beliebigen Termin mit der Bahn zuschicken lassen. Die gab es ja nun auch – die Eisenbahn!

Von Leipzig ging die das gesamte Messewesen revolutionierende Idee aus, nur noch Muster auszustellen. Offiziell wurde 1895 die erste Mustermesse ausgerichtet; 1896 konnte das Städtische Kaufhaus seiner Bestimmung übergeben werden, der erste Meßpalast mit Kojen und vorgegebenem Rundgang.

Für den Rauchwarenhandel mit seinen ungleichen Naturprodukten war auf der Mustermesse kein Platz. Wer Felle kaufen wollte, begnügte sich mit keinem »Muster«. Er wollte die Waren in Augenschein nehmen – oder doch wenigstens die Möglichkeit dazu haben. Der Weinhandel, der sich in vergleichbarer Lage befand, trennte sich (für lange Zeit) einfach von der Messe und ging völlig seine eigenen Wege. Das lag jedoch dem Rauchwarenhandel fern. Für ihn waren schon die eingeführten Messetermine ein Aktivposten. Daß sich die Mustermesse von der seit 1458 ausgerichteten Neujahrsmesse verabschiedete, störte wenig: Wichtig waren Ostermesse und Herbstmesse! Der »Allroundhändler« gehörte freilich der Vergangenheit an. Branchenfremde Aussteller und Einkäufer zeigten kaum Interesse für Felle, allenfalls für Pelze – als »Mitbringsel«; umgekehrt berührte den Rauchwarenhändler wenig das, was die Mustermesse zeigte, eher schon den Zurichter oder Kürschner, der vielleicht Maschinen benötigte oder Chemikalien. Weil der Rauchwarenhändler aber seit jeher zur Messe fuhr, blieb er auch dabei. Der Rauchwarenmarkt konzentrierte sich ohnehin in Leipzig. So machte der Brühl zur Messe noch immer das beste Geschäft.

Die zwischen den Messen erzielten Umsätze gewannen allerdings an Bedeutung. Das hatte viel zu schaffen mit dem Ausbau des Brühls zum Basar. Ohne die Rauchwarenhandlung, die an jedem Werktag geöffnet hatte, wäre dies undenkbar gewesen. Der auswärtige Händler war verständlicherweise auf ein Pendant aus, das er im »Kommissär« fand, dem ortsansässigen Mittler. Dessen Glanzzeit lag aber in den 20er Jahren unseres Jahrhunderts; an anderer Stelle wird noch die Rede von ihm sein. An Rauchwarenhandlungen gab es in Leipzig 1875 schon 70. Das waren mehr als der Brühl Häuser zählte. Wenige Jahrzehnte hatten genügt, um das Bild dieser Straße radikal zu verändern.

Um 1815 waren *Mann* und *Adam* die einzigen Rauchwarenhändler. Dann kam der aus Münster zugezogene *Hötte* hinzu. Durch Anschluß Sachsens an den Deutschen Zollverein (1834) wurden Betriebsgründungen erleichtert. Obwohl die Kürschnerinnung protestierte, erlaubte am 11. April 1836 die sächsische Regierung Händlern aus dem Gebiet des Zollvereins den Verkauf von Rauchwaren auch außerhalb der Messe. Bald ließen sich *A. Servant, Heinrich Lomer* und *John B. Oppenheimer* in Leipzig nieder. In den 40er Jahren folgten weitere Firmen: *G. Gaudig & Blum, Emil Brass, Rödiger & Quarch, Friedrich Erler* und *Heinrich M. Königswerther*. Die Einführung der Gewerbefreiheit in Sachsen am 15. 10. 1861 setzte den letzten Privilegien der Kürschnerinnung ein Ende. *Theodor Thorer* siedelte 1862 von Görlitz nach Leipzig über, *David Kölner* eröffnete 1866 eine Rauchwarenhandlung, *Friedrich Maerz* 1869, *Joseph Ullmann* 1873. Die nach der Betriebszählung von 1875 gegründeten Rauchwarenhandlungen sind kaum mehr zu übersehen. Um nur einige bedeutende zu nennen: *Joachim Harmelin* 1879, *Adolph Schlesinger* 1883, *Richard Gloeck* 1889, *Arthur Hermsdorf* 1890, *J. Ariowitsch* 1892. Laut Leipziger Adressbuch von 1914 gab es 267 Rauchwarenhändler, fast ausnahmslos mit Sitz am Brühl oder in angrenzenden Straßen.

Verbunden mit der Niederlassung spezieller Rauchwarenhändler war die bauliche Umgestaltung des Brühl. Die meisten Häuser waren überaltert, die Gewölbe ohne ausreichende Speicher und Verkaufskontore. Was als Pelzstraße für kurze Messen ausgereicht, genügte jetzt nicht mehr. Auch widerstrebte es dem Selbstbewußtsein der prospe-

Ostteil des Brühl um 1935. Im Hintergrund die Überbrückung.

rierenden Branche, sich mit den alten Höfen des Brühls zu begnügen: Man war auf zweckmäßige, repräsentative Geschäftshäuser aus in einem Viertel mit moderner Straßenführung. Einige städtebauliche Veränderungen schienen auch dem Rat geboten.

Der Straßendurchbruch in Richtung Schwanenteich, zuvor blockiert durch das alte Zucht- und Waisenhaus St. Georg, erfolgte 1870. Damit nahm eigentlich der Brühl seine heutige Gestalt an: er gewann Raum in östlicher Richtung. Nicht allen gefiel diese Veränderung, war es doch um die malerische Abgeschlossenheit des Brühls geschehen.

Größere Zustimmung fand 1908 der Abbruch des alten Gasthofes »Zum Strauß«, um die Weiterführung der Nikolaistraße zum Bahnhof zu ermöglichen. Von den vielen Neu- und Umbauten sollen jene genannt sein, die eng mit dem Rauchwarenhandel verbunden waren. So errichtete *Dr. Daniel C. M. Schreber* 1844 Brühl 65 die Rauchwarenhalle. Nr. 71, »Zum Blauen Harnisch«, Sitz der Firma *Maerz,* wurde 1878 neu gebaut; dazu gehörte Richard-Wagner-Straße 3/4. *Harmelin* hatte zunächst das um 1550 im Besitz der Familie des bekannten Bürgermeisters *Nikolaus Volkmar* befindliche Haus Nr. 47 erworben, dann mehrere Grundstücke dazu gekauft und durch den Architekten *Franz Hänsel* das »Rauchwarenhaus« mit dem Treppenhaus zur Nikolaistraße 57/59 errichten lassen. Durch die Nähe des Hauptbahnhofes war die Lage vorteilhaft. Gleiches galt für das Haus von *Thorer,* das sich in Nr. 70 befand. Im Brühl/Ecke Nikolaistraße entstand 1909/. 1910 »Gloecks Haus« und 1911 auf dem Gelände von »Zeppelins Haus« Nikolaistraße 27/ 29 durch den Rauchwarenhändler *Felix Reimann* ein Neubau, der später weithin bekannt wurde als Sitz der Firma *Wilhelm Grünreif.* Um 1914 war die bauliche Umgestaltung des Brühls und der benachbarten Straßen im wesentlichen abgeschlossen.

Die Vordergebäude nahmen in der Erdgeschoßzone die Läden auf, oft auch kleine Magazine. In den oberen Stockwerken befanden sich Büroräume, wenn vermietet, dann meist an Vertreter der Branche.

Der Brühl war ein reines Geschäftsviertel. Ihre Wohnung hatten die finanzstarken Händler in der Karl-Tauchnitz-Straße, Funkenburgstraße oder in der Villengegend von Leutzsch.

Behauptet hatten sich die Innenhöfe, oft mit einem Durchgang zur benachbarten Straße, unregelmäßig in der Form wie eh und je, aber großräumiger als zuvor. Um die Höfe gruppierten sich die Wirtschaftsgebäude, mehrstöckige Magazine. Einzulagernde Felle wurden mit der Seilwinde über Ausleger in Flechten (viereckigen Körben), seltener in Fässern, hochgezogen. Das »Kontor«, nur durch eine Glaswand vom Lager getrennt, spielte eine völlig untergeordnete Rolle.

Die einstige Brücke über den Brühl: Am Ausgang des Brühl nach der Goethestraße (von der Allgemeinen Deutschen Creditanstalt, Adca, auf der Ostseite gelegen). Der Entwurf stammte von Hänsel und Schilde, die unter 46 Konkurrenten den 1933 ausgeschriebenen Architektenwettbewerb gewannen.

Die Verwaltung der Speicher besorgten Lageristen, qualifizierte Kräfte mit dreijähriger Lehre und Auslandserfahrung. Sie verdienten monatlich bis zu 140 M. Das entsprach etwa dem Lohn eines Prokuristen mittelgroßer Betriebe. Eine Kontoristin – als Frau – dagegen kam auf nur monatlich 35 bis 50 M. Anders als Zurichtereien zählten Rauchwarenhandlungen zu Betrieben mit wenig Beschäftigten, in denen Lageristen und Markthelfer zwar in jedem Unternehmen tätig waren, Buchhalter und Kontoristin dagegen nur in den größeren. Das hing mit den Geschäftspraktiken zusammen, um die sich Legenden rankten.

Neben dem Firmenschild ließen Fellbündel am Tor den Passanten wissen: in diesem Haus wird mit Rauchwaren gehandelt. Viele Händler aber verließen täglich für wenigstens eine Stunde das Magazin, bekleidet mit einem weißen Kittel, um auf der Straße Ausschau nach Kunden zu halten. »Auf-dem-Brühl-Stehen« nannte man diesen Ausflug vors Haus. Es erinnert an den Marktbetrieb früherer Zeiten, als sich das Handelsgeschehen vorwiegend auf der Straße abspielte. Die Meinungen ob solcher Gebräuche gingen erheblich auseinander. Geschäftlich brachte das »Auf-dem-Brühl-Stehen« wenig, trotzdem pflegten es die meisten Händler, große wie kleine, jüdische wie nichtjüdische. Unter den Passanten gab es stets kritische, die sich behindert fühlten durch die an der »Ecke« oder auf dem Gehweg in eifrige Debatten verstrickten Händler, die »Müßiggänger«. Den meisten Leipzigern aber sagte das Treiben zu. Der Rat, sonst rasch bei der Hand mit allerlei Bestimmungen über das Verhalten auf öffentlichen Straßen, hielt sich zurück.

Innenansicht der Rauchwarenhandlung von Heinrich Lomer auf dem Brühl Nr. 42 um 1900.

Wer kaufen wollte, ging zu »seinem« Händler und gleich aufs Lager. Man wollte die Ware sehen, die Wahl an Ort und Stelle treffen. Handelseinig wurde man im Magazin. Im Büro erfolgte allenfalls die Klärung noch offener Fragen, lieber aber in einem nahegelegenen Café.

Im Geschäftsleben der Leute vom Brühl spielten Schreibmaschine, Schreibkräfte, Notare sowie Bankgarantien eine völlig untergeordnete Rolle. Nicht nur auf der Straße, auch im »Hof« hatte sich ein Rest mittelalterlichen Handelsgebarens behauptet. Zahlte der Käufer bar – er reiste oft mit einigen Tausendmarkscheinen in der Brieftasche an –, erhielt er eine formlose Quittung. Beglich er später, etwa zur nächsten Messe, galt eine handgeschriebene Verpflichtung als ausreichend. *Friedrich Jäkel* erinnert sich, daß mitunter Waren für »einige 100 000 Mark« aus dem Haus gingen, Bezahlung »in die Hand versprochen«. Die Händler seien »reich genug gewesen«, sich auf ein derartiges Risiko einzulassen. Bei größeren Summen bestanden sie aber schon auf einem Revers. Und Sicherheit bot die Stellung des Brühls, wog es doch schwer, wegen unzuverlässiger Zahlungen von ihm ausgeschlossen zu werden. Verzicht auf förmliche Verträge blieb ein Ge-

Dr Briehl

An jedem Fenster, jeder Tier
Kläm zwee, dreie oder vier
un aißern ihr Gefiehl,
denn dazu is dr Briehl.

Wo man von frieh bis in der Nachd
ganz färchterlich Geschäfte machd,
ob's heeß is' oder giehl,
is' gibt gee' zweet'n Briehl.

So aißern se sich eenen weg,
das is' ihr eenzscher Lämszwegg;
weeß Gnebbchen, s'is geen Schbiel,
de Arbeet of'm Briehl.

Doch haste dich erscht dran gewehnt,
dann biste ooch damit verseehnt,
un gerne im Gewiehl
gehst du mal iebern Briehl.

(nach: Die Pelzmotte)

Die weltberühmte »Brühlecke« um 1920. Das Gespräch auf der Straße gehörte zur Tradition der Rauchwarenhändler. Es wird erzählt, daß bei dieser Gelegenheit Geschäftsabschlüsse angebahnt wurden.

schäftsgebaren, über das sich Juristen wie Bankfachleute nicht genug mokieren konnten.

Auf zufällige Besucher baute natürlich keiner vom Brühl. Die Messe, inzwischen Mustermesse geworden (wo Waren direkt nicht gehandelt werden, sondern nur Muster zur Verhandlung vorliegen), war »umgekippt«. Nach dem Meß-Aussteller-Verzeichnis stellten zur Ostermesse 1901 zwar 490 Rauchwarenhändler aus, aber 415 von ihnen waren deutsche, nur 75 Ausländer, ganze 15 %, so daß die Rauchwarenmesse (Angebot von Rohfellen und zugerichteter Rauchware; gefertigte Pelze kaum im Angebot) im Grunde eine nationale Veranstaltung wurde, während früher auswärtige Händler das Feld beherrschten. Geblieben war jedoch die Lokalität: der Brühl. Den Umzug in die Messepaläste machte der Rauchwarenhandel – von Ausnahmen abgesehen – nicht mit. Wer von außerhalb kam, suchte sich einen Platz auf dem Brühl, und der Leipziger Händler nahm die Messe jetzt für eine systematische Werbung seines Lagers wahr.

Nach dem Meß-Einkäufer-Verzeichnis fanden sich Ostern 1901 immerhin 1135 Einkäufer der Branche ein, davon 353 oder 31 % aus dem Ausland. Obwohl der Brühl das ganze Jahr über offen war, kamen die Ausländer bevorzugt zur Rauchwarenmesse. Sie wahrte so nach Besuchern die Internationalität.

Weidmannsheil

Der Inhaber des Höhlenlagers hat draußen im offenen Dschungel, auf dem Brühl, einen Fang zu erjagen versucht, nun hofft er in seinem Bau, die Beute zu erlangen. Er trägt jetzt eine lange, weiße Haut, einen Leinwandmantel, und sagt dem Gegner, der zu ihm kam, er lasse keinen Schilling nach und bestehe auf Bargeld. Der Gast denkt gar nicht daran, bar zu zahlen. Er kann nicht Deutsch (Das Menschpack ist in Rudel geteilt, die verschiedene Sprachen reden) und kennt nicht die Weidgründe von Leipzig, er hat sich seinen Jagdfreund mitgebracht, den »Kommissionär«, damit ihm das Fell nicht über die Ohren gezogen werde.

(Egon Erwin Kisch)

Der Ausländer, der verkaufen wollte, hatte sich längst den neuen Bedingungen angepaßt und hielt bereits seit einiger Zeit einen Kommissionär in Leipzig, der während und außerhalb der Messe den Absatz besorgte. Noch eingeengt durch die Bestimmungen der Kürschnerordnung, hatte bereits 1843 *Nachmann Fein* eine »Fell- und Rauchwarenhandlung« in Leipzig gegründet, um in Kommission Hasen für Brodyer Kaufleute abzusetzen. *Fein & Co.* (so nach Umbildung) rückten zu einem führenden Kommissionsgeschäft auf. Nach der Betriebszählung gab es 1875 sieben Kommissionäre, 1914 schon 121. In der Weimarer Republik vermittelten die Kommissionäre etwa 80 % der Verkäufe auswärtiger Händler, während die Rauchwarenmesse 20 % brachte.

Hervorgegangen sind die Kommissionäre aus der Maklerschaft. Daß sie zu einer überragenden Bedeutung gelangten, ergab sich aus der Spezifik der Branche. Bei Serienerzeugnissen konnte die Werbung mit Prospekten arbeiten; schriftliche Beschreibungen der Felle brachten dagegen wenig Nutzen. Kommissionäre verfügten meist über ein eigenes Lager oder nahmen die Rauchwarenhalle in Anspruch. Sie verkauften selbständig. Zur Rauchwarenmesse traten Kommissionäre in den Hintergrund, sie waren Vermittler, begleiteten als Ortskundige den anreisenden Händler, stellten Kontakte her.

Der Kommissionär kaufte auch eigenverantwortlich ein. Er kannte sich auf dem Brühl aus, wußte um die Ware, sei es durch regelmäßige Besuche der Lager oder direkte Information seitens der Händler, und stand mit den Zurichtern und Färbern in Verbindung. Sein Wirkungsbereich beschränkte sich nicht unbedingt auf Leipzig. Er besuchte auch Auktionen, so in London, und vermittelte manchmal Geschäfte, die den Leipziger Handel kaum direkt berührten.

> *Kommissionärs Klagelied*
>
> *Nach der Versteigerung seh' ich an die Ware,*
> *Auch meinem Nachbarn sträuben sich die Haare,*
> *Was gestern blau, ist heute braun,*
> *Wie konnt ich meinen Augen traun.*
> *Die großen Males sehen aus wie kleine Damen,*
> *Der Preis fällt nun ganz aus dem Rahmen.*
> *Was werden da die feinsten Kunden sagen,*
> *Oder soll man besser gar nicht fragen ...*
>
> *(Francis Weiss)*

Das Marktgeschehen beherrschten einige wenige Unternehmen. Zur Ostermesse 1864 kamen noch 2500 Rauchwarenhändler. Wer sich eine Reise nach Leipzig leisten konnte, mußte Geld und einen finanziellen Erfolg in Aussicht haben. Letzteres war gewiß der Fall, nur dürften kaum mehr als 120 bis 130, also etwa 5 %, Verkauf wie Kauf wesentlich beeinflußt haben. *Heinrich Lomer* registrierte – gestützt auf Einschätzungen der Handels- und Gewerbekammer: »Die große Menge der zur Messe gebrachten russischen und sibirischen Waren hat vielleicht kaum 30 Eigenthümer, und das meist viel größere Quantum von amerikanischen Pelzfellen gehört nur etwa 15 Kaufleuten. Einige von letzteren haben ihr Geschäft so ausgebreitet, daß sie (für) 500000 bis 1500000 Thaler Waaren jährlich hier einkaufen.«

Auf dem Brühl war die soziale Differenzierung nicht minder ausgeprägt. Um 1864 brachten drei Firmen das Gros des Umsatzes, um 1913 zehn bis zwölf (um 1928 etwa 50).

Der nach Einführung der Gewerbefreiheit geschaffenen Handelskammer sind für die 60er Jahre des vorigen Jahrhunderts sehr detaillierte Angaben über Leipzigs Rauchwarenhandel zu verdanken. (Die späteren Reichsstatistiken weisen nur den gesamtdeutschen Rauchwarenhandel aus.) Zwischen 1837 und 1840 kamen durchschnittlich jährlich 2480 dt zur Verzollung, in den 60er Jahren die drei- bis vierfache Menge:

Verzollte Rauchwaren:

	dt		dt
1861	6 997	1866	6 215
1862	7 154	1867	9 849
1863	8 134	1868	10 697
1864	8 617	1869	11 159

Die Welternte belief sich 1863 auf 32 050 000 Felle im Wert von 17 456 650 Talern. Anders als der Zoll rechnete der Handel weniger mit dt als vielmehr mit Mark und Pfennigen – oder nach der gebräuchlichen Währung: mit Talern. Die 1863 verzollten 8 134 dt hatten einen Wert von 6 132 000 Talern nach dem Jahresbericht der Handels- und Gewerbekammer zu Leipzig. 1863/64 nahm Leipzig 35,2 % der Welternte ab. Damit war der Brühl ein unumstritten führender Umschlagplatz.

Wichtigster Lieferant waren die USA, in den Statistiken als »Amerika« ausgewiesen, wobei man berücksichtigen muß, daß Kanada auf London orientiert, Lateinamerika noch von geringer Bedeutung war. Fast immer handelte es sich also bei amerikanischen Waren um US-amerikanische. Rauchwaren im Wert von etwa 1 3/4 Mill. Taler pflegten die USA allein auf einer Ostermesse abzusetzen.

Leipzig importierte 1863:

für 2 622 500 Taler aus Amerika,
für 2 128 000 Taler aus Mitteleuropa,
für 1 382 000 Taler aus Rußland.

Die wichtigsten Fellarten nach Welternte und Aufkäufen Leipzigs von 1863:

Welternte Fellart	in Stück	in Taler	Region	Einfuhr Leipzigs in Stück	in Taler
Zobel	245 000	2 500 000	Amerika	30 000	250 000
			Rußland	10 000	175 000
Nerz	255 000	700 000	Amerika	25 000	100 000
			Rußland	20 000	30 000
Baummarder	180 000	840 000	Mitteleuropa	60 000	270 000
Steinmarder	400 000	1 350 000	,,	140 000	450 000
Iltis	600 000	600 000	,,	250 000	320 000
Hermelin	400 000	100 000	Rußland	160 000	40 000
Kolinsky	80 000	80 000	,,	20 000	20 000
Feh	7 000 000	1 000 000	,,	2 000 000	350 000
Bisam	3 000 000	1 000 000	Amerika	2 000 000	750 000
Chinchilla	100 000	80 000	,,	30 000	24 000
Silberfuchs	2 000	200 000	,,	500	50 000
Rotfuchs	330 000	700 000	Amerika	40 000	100 000
			Mitteleuropa	125 000	180 000
Skunks	100 000	80 000	Amerika	75 000	60 000
Opossum	280 000	80 000	,,	10 000	2 500
Bären	19 000	195 000	,,	6 000	60 000

Welternte				Einfuhr Leipzigs	
Fellart	in Stück	in Taler	Region	in Stück	in Taler
Biber	160 000	575 000	Amerika	70 000	300 000
See-Ottern	1 500	200 000	„	200	20 000
Ottern	45 000	305 000	„	12 500	100 000
			Mitteleuropa	9 000	35 000
Hasen	4 500 000	1 030 000	Mitteleuropa	1 000 000	160 000
			Rußland	1 500 000	480 000
Kanin	5 000 000	800 000	Mitteleuropa	1 500 000	250 000
Katzen	1 000 000	235 000	Rußland	1 200	3 000
			Mitteleuropa	400 000	100 000
Lamm	3 030 000	1 325 000	Rußland	530 000	250 000
			Mitteleuropa	1 200 000	350 000

Seehund und Eisbär, Rauchwaren aller Länder des Nordens, machten sich auf dem Brühl rar, desgleichen afrikanische Löwen oder Leoparden. Ansonsten handelte er eigentlich alles, was der Markt bot. Als Umschlagplatz von internationaler Bedeutung galt er hauptsächlich für Lamm, Bisam und Feh. Bisam wurde auf den Auktionen der *Hudson's Bay Co.* in großen Mengen erworben und vornehmlich an russische Händler weiterverkauft; russische Feh wiederum fanden ihre Hauptabnehmer in den USA.

Londoner Beispiel: Auktionen

In London, in Garraway's Kaffeehaus, fand 1671 die erste Rauchwaren-Auktion (Versteigerung) der Welt statt, veranstaltet von der *Hudson's Bay Company,* offiziell registriert als Company of Adventures of England trading into Hudson's Bay.

Mit einer Schiffsladung nordamerikanischer Biberfelle lief 1669 *Groselliers,* ein Franzose, der erst für Paris, dann für London in Kanada tätig war, in die Themse ein. Die Krone, ein gutes Geschäft witternd, gab dem Drängen *Groselliers* sofort nach: er durfte eine Company gründen, die einen Royal Charter erhielt, einen Freibrief, der ihr »die Hoheitsrechte über alle Länder« einräumte, »die von den Flüssen, die in die Hudson's Bay münden, durchflossen« werden. Das fragliche Areal erstreckte sich über 1,4 Mill. Quadratmeilen.

Für seine nächste Amerikareise hatte *Groselliers* schon 1000 Beile, 200 Vogelflinten, 200 Kupferkessel, 12 Gros Messer u. a. als Tauschobjekte bestellt. Liefern wollten die Händler nur, wenn der Staat einen Garantiekredit übernahm oder bei Barzahlung. Da das englische Parlament den Royal Charter ablehnte – und auch später nie gegengezeichnet hat –, konnte nicht mit staatlicher Hilfe gerechnet werden. Zudem war auch die Schiffsausrüstung noch nicht bezahlt. Von den 1669 mitgebrachten Fellen hatten sich nur wenige Posten veräußern lassen; die meisten Bündel lagen in irgendwelchen Magazinen. So verdrängte die Jagd nach Kunden die Jagd nach Fellen.

In London erinnerte man sich noch lebhaft an die 1648 erfolgte Versteigerung des während der Revolution beschlagnahmten Kunstschatzes der *Stuarts,* die 118000 Pfund Sterling gebracht hatte, für damalige Verhältnisse eine gewaltige Summe. Über Auktionen war schon früher so manches lukrative Geschäft zustande gekommen: Babylon hatte die »Heiratsmesse«, *Cäsar* den Sklavenmarkt, Amsterdam die Kunstauktion. Warum nicht auch eine Fellauktion? Die Stadt London hatte keine Einwände. Abgesehen von den Gebühren forderte sie nur eins: ein Signal sollte zu Beginn geblasen werden, und zwar auf einer Trompete. So sei es auf dem High Cross, dem alten Auktionsplatz, stets der Brauch gewesen.

Garraway, der Kaffeehausbesitzer, wußte natürlich allzugut, warum die Gesellschaft auf seine Räume aus war: Bei ihm verkehrten die Kürschner, und schon seiner Stammkunden zuliebe konnte er nicht ablehnen, zudem noch eine Erhöhung des Umsatzes in Aussicht stand.

Aus Anlaß ihrer 250-Jahr-Feier gab die *Hudson's Bay Company* 1920 ein Gedenkblatt heraus, in dem sie diese Auktion als »eine bemerkenswerte Änderung« der Verkaufspraxis im Rauchwarenhandel charakterisierte. »Zu London wurden 3000 Zentner Biberfelle, in 30 Lose aufgeteilt, im Wege der Auktion zum Verkauf gestellt!«

Zur Auktion konnte jeder kommen. Das Kaffeehaus war gut besetzt. Zu den Gästen gehörte auch *John Dryden* (1631 bis 1700), ein berühmter Satiriker. Er verdiente sich auf der Auktion ein paar Pfund – mit einem Spottgedicht auf den Biberhandel und die Kolonialpraktiken der Hudson's Bay Company.

> *pro pelle cutem*
> *Für ein Fell wage ich die Haut*
> *(Wahlspruch der Hudson's Eay Company)*

Viele Gäste kamen aus Neugierde und einer Tasse Kaffee wegen, andere wollten eine erste Auktion miterleben. Die wenigen Besucher mit Kaufabsichten zeigten sich etwas hilflos, teils aus Unerfahrenheit, teils wegen des fehlenden Kataloges oder eines anderen Informationsblattes. Um 3000 Zentner Felle zu verkaufen, war das Café zu klein, das Los auch zu groß. Was sollte ein Kürschner mit einem 100-Zentner-Posten anfangen? Zudem mißfiel, daß sich niemand bemüht hatte, die Felle zu sortieren. Zwei Dutzend Spekulanten, die von den Fellen so viel verstanden wie der Auktionator von der Auktion, bewahrten diese Auktion vor dem Eingehen, bevor sie in Aktion kam. Die *Hudson's Bay Company* (HBC) empfand den Auktionsverlauf als durchaus ermutigend. Es hatten sich Abnehmer gefunden für die Felle. Mochte der Erlös auch nur mäßig sein; über die organisatorischen Mängel konnte man nachdenken, sie ließen sich ausmerzen. So faßte die Company den Entschluß, jährlich eine Auktion auszurichten. Eingeladen wurde fortan in *Lloyd's* Kaffeehaus, das größer war als das von *Garraway.* Später wurde

Pelztiere im Gemälde: »Faszination« nannte V. Brauner diese eindrucksvolle und eigenwillige Arbeit.

die Auktion in ein Warenhaus in der Fenchurd Street verlegt und nach 1918 ins Beaver House am Garlick Hill, dem Londoner Pelzviertel.

Ursprünglich stand vor dem Auktionator eine Kerze mit einem Metallring und einer Stecknadel unter dem Ring. Brannte die Kerze eine Weile, schmolz das Wachs, der Ring senkte sich und drückte die Stecknadel weg. Das war der entscheidende Moment: wer bot, bevor die Nadel fiel, bekam das Los zugesprochen. Solange nur 30 oder wenig mehr Lose zur Versteigerung kamen, ging das an, als aber für 600 oder gar 800 Lose ein Käufer gesucht wurde, mußten Kerze, Ring und Stecknadel weichen. Mit dem Zuschlag des Hammers ging alles viel schneller, und so siegte Zweckmäßigkeit über Beschaulichkeit.

Da Kanadas Pelzhandel schon seit 1663 ein Monopol der französischen Krone war, breitete sich der Einfluß der *Hudson's Bay Company* nur langsam aus. Frankreich setzte noch 1756 kanadisches Rauchwerk für 130 000 Pfund Sterling ab, die HBC für nur 90 000 Pfund Sterling. Deren große Zeit kam nach dem Siebenjährigen Krieg, als Kanada an England fiel. Nur zwischen 1783 und 1838 stand ihre Alleinherrschaft in Frage, weil sich in Montreal eine *Northwest Co.* in den Pelzhandel zu drängen suchte. Die Ausschaltung des Konkurrenzunternehmens erfolgte auf die denkbar einfachste Weise: über eine Fusion! Als Kanada britisches Dominion wurde, verlor die *Hudson's Bay Company* 1869 – gegen 300 000 Pfund Sterling »Entschädigung« – ihre Hoheitsrechte, aber nicht den Markt. Sie beherrschte weiterhin den gesamten Rauchwarenhandel zwischen San Francisco im Süden, Alaska im Norden und Hawaii im Westen. (Die *Hudson's Bay Company* ist heute die älteste Rauchwarengesellschaft der Welt. Als hornalt gilt sie, »Here before Christ«! Neben dem Londoner »Biber-Haus« unterhält sie Auktionsgebäude in Montreal und New York. Allerdings ist sie längst kein reines Pelzunternehmen mehr; etwa

70 % des Reingewinns bringen die sieben großen Kaufhäuser und das Einzelhandelsnetz in Kanada.)

»Biber-Haus« hieß das Auktionsgebäude der *Hudson's Bay Company* in London, und ein Biber war das Wahrzeichen. Zwischen 1739 und 1748 kamen 57 096 kanadische Biberfelle zur Versteigerung, nach Ausschaltung der französischen Konkurrenz jährlich annähernd 50 000. Großabnehmer wurden aber oft direkt beliefert; so gingen 1772 nach Petersburg 46 460 Biberfelle unter Umgehung von London. Im »Biber-Haus« schätzte man alle Artikel nach den Biberpreisen. Ein Bär war drei Biberfelle wert, ein Fuchs (schwarz) vier, ein Biberfell drei gewöhnliche oder zwei wertvolle Marder.

Ausgang des 18. Jahrhunderts setzte die *Hudson's Bay Company* jährlich Rauchwaren im Werte von etwa 300 000 Pfund Sterling um. Auf Biberfelle entfielen etwa 100 000 Pfund Sterling. Bei den beiden Auktionen von 1786 kamen zur Versteigerung: 47 938 Biber, 26 576 Marder, 10 600 Feh, 4211 Füchse, 1135 weiße Hasen, 407 Bären und 6738 Minke. Später kamen Seals hinzu, Chinchillas, Ziesel und aus Australien Opossum sowie Kanin. Das »Biber-Haus« war Umschlagplatz für Rauchwaren des britischen Empire, der USA und Lateinamerikas. Von 1830 an richtete auch *C. M. Lampson* in London Auktionen für »amerikanische Rauchwaren« aus. Das störte zwar die *Hudson's Bay Company* beträchtlich, traf aber nicht London. Im Gegenteil: der Londoner Markt wurde dadurch nur attraktiver. Wer auf amerikanische Rauchwaren aus war, fuhr am besten zur Auktion nach London, denn nirgend sonst gab es eine größere Auswahl. Den ewig mit der Zeit geizenden Händlern gefiel zudem die Auktionspraxis. Zweimal im Jahr hatten sie Gelegenheit, aus dem vollen zu schöpfen. Regelmäßig fanden sich Kaufleute aus den Pelzhandel treibenden Regionen ein, auch aus Leipzig. Es schien nur eine Frage der Zeit zu sein, bis die Londoner Auktion Nachahmer fand.

Leipzigs Debüt als Auktionsplatz

Mit den ersten Auktionen des Leipziger Brühls versuchte sich einer, der nicht vom Brühl war: *Joseph Ullmann*. Der Mittvierziger kam 1873 nach Leipzig, um hier eine Filiale einzurichten. Er stammte aus dem Elsaß, war nach der Revolution von 1848 ausgewandert und führte seit 1854 erst in St. Paul, dann in Chicago eine Rauchwarenhandlung. Die Einrichtung einer Zweigstelle auf dem Brühl verwunderte nicht so sehr, wohl aber, daß er Wohnung in Leipzig nahm, sein Chicagoer Stammhaus zwei Söhnen anvertrauend, die über wenig Erfahrung verfügten und gerade alt genug waren, rechtsgültige Verträge zu unterzeichnen.

Ein Jahr nach seiner Übersiedlung, 1874, schrieb *Ullmann* eine Auktion aus. Nun wurde offenkundig, was ihn nach Leipzig geführt hatte.

Um zu amerikanischen Rauchwaren zu kommen, mußten die Einkäufer vom Brühl bisher die Londoner Auktion oder direkt die Umschlagplätze in Übersee aufsuchen. Hier sah *Ullmann* seine Chance: Er konnte durch seinen Betrieb in Chicago amerikanische Waren sozusagen ins Haus liefern. Doch stieß sein Vorhaben auf Widerstand; es kam zu einer offiziellen Intervention wegen unlauterer Konkurrenz. Da er am Ort eine Filiale betrieb, konnte der Rat der Stadt ihm die Ausrichtung einer Auktion schwerlich verweigern, aber um die Opponenten zu besänftigen, wurde die Erlaubnis auf nordamerikanische Rauchwaren beschränkt. Bei Biberfellen gab es keinen Streit. Anders sah es beispielsweise mit Marder oder Iltis aus. Für *Ullmann* waren es amerikanische Rauchwaren, wenn sie aus Amerika kamen. Und der Rat der Stadt gab ihm recht: nicht der Artikel sei gewichtig, sondern die Herkunft (Provenienz); es dürfe alles unter den Hammer kommen, wenn es nur aus Nordamerika stamme.

Vorsichtshalber legte *Ullmann* den Versteigerungstermin in die Messezeit, um auch die osteuropäischen Händler zu erreichen. Er war gut gewappnet, doch nicht gut genug! Die »Ullmannsche Auktion für nordamerikanische Rauchwaren« fand Zuspruch nur bei denen, die kein Geld besaßen, die Londoner Auktion zu beschicken, den Kürschnern und den kleinen Händlern. *Ullmann* versuchte es 1875 noch einmal, wieder ohne Erfolg. Trotzdem schrieb er auch für 1876 eine Auktion aus, für 1877 und 1878 – dann gab er auf und kehrte Leipzig den Rücken. Sein Sohn *Charles* (gest. 1923) führte die Filiale weiter, ziemlich erfolglos; 1917 wurde sie unter Verwaltung gestellt und 1929 liquidiert.

Überzeugt, daß *Ullmann* nur scheiterte, weil er als Fremder galt, gründeten *Heinrich Lomer* und *Gaudig & Blum* die Auktionsfirma *Lomer, Dodel & Co.* Amerikanische

Eingang einer Rauchwarenhandlung auf dem Brühl Anfang 1900.

80

Rauchwaren hatten auch ihrer Meinung nach die größten Chancen; aber zur Minderung des Risikos – sie hatten nicht so gute Beziehungen zum amerikanischen Markt wie *Ullmann* – ergänzten sie das Angebot um Felle deutscher Provenienz, vor allem Rotfuchs. Ihnen, den alteingesessenen Fachmännern vom Brühl, gestattete der Rat die Versteigerung auch heimischer Waren. *Ullmann* hatte seine Lose auf dem Lager ausgebreitet und eine komplette Besichtigung des Angebots vorausgesetzt. Als Wegweiser diente dem Kunden eine Art Prospekt. *Lomer, Dodel & Co.* gaben nach Londoner Muster einen Katalog heraus. Der Besucher sollte alles so vorfinden, wie er es vom *Beaver House* her gewohnt war. Übernommen wurden auch die englischen Termini. So waren gleichwertige Lose zu einem Block (String) vereint, zur Bestimmung der Fellqualität die Provenienz vermerkt, Nachzüglerpartien (Slip) im Nachtrag aufgenommen und im Besichtigungsraum Schaulose (Showbundle) vorbereitet, die der durchschnittlichen Qualität des jeweiligen Artikels entsprachen. Jede Seite enthielt freien Raum für Notizen im Schauraum, denn während der Auktion würde dem Besucher keine Zeit für lange Überlegungen bleiben. Der Katalog von *Lomer*, im Umfang bescheiden, nutzte die Londoner Erfahrungen und trug zur Verbreitung des Englischen als Auktionssprache bei. Scheinbar war nichts versäumt, die Auktion aufs sorgfältigste vorbereitet worden.

Offerten von *Lomer, Dodel & Co:*

	Frühjahr 1878	Herbst 1878
Felle gesamt:	617 926 Stück	499 476 Stück
Preis:	936 136 M	992 090 M
Artikel:		
Bisam	364 039 Stück	311 959 Stück
Skunks	50 294 „	27 020 „
Rotfüchse	12 695 „	8 065 „
Nerze	12 435 „	21 673 „
Opossums (amerik.)	18 989 „	19 118 „
Chinchillas	–	396 „

Der erwartete Erfolg blieb aus. Händler wie Kürschner zeigten geringes Interesse. Um weiteren Fehlschlägen zu entgehen, löste sich die Auktionsgemeinschaft wieder auf.

Den dritten Versuch unternahm ebenfalls noch im Jahre 1878 *Josef Finkelstein*. Er unterhielt eine große Rauchwarenhandlung und gehörte wie *Lomer* und *Dodel* zu den »alten Füchsen vom Brühl«. Nach seiner Auffassung konnte auf einem für russische Rauchwaren bekannten Umschlagplatz nur eine auf russische Artikel orientierte Auktion Zuspruch finden.

Angebote auf den Auktionen von *Finkelstein*:

	Frühjahr 1878	Herbst 1878
Felle gesamt:	260 001 Stück	228 750 Stück
Preis:	791 400 M	389 700 M
Artikel:		
Feh	82 146 Stück	136 120 Stück
Persianer	960 „	–
Zobel	679 „	–

Sein Umsatz blieb jedoch ebenfalls unter dem erwarteten Limit. Von den großen Rauchwarenhandlungen des In- und Auslandes stellte sich nicht ein Vertreter ein, und *Finkelstein* gab entmutigt auf.

Eine Auktion passe nicht zum Brühl, hieß es allgemein. Die Besucher der traditionellen Rauchwarenumschlagplätze – auch die von Irbit und Nishni Nowgorod – mieden sie. Doch hatte Leipzig einen Trumpf, den London entbehrte: die Messe. Gar so leicht war niemand von alten Marktgepflogenheiten abzubringen, und mit der Londoner Auktion konkurrieren zu wollen, fiel schwer: Die *Hudson's Bay Company* war als Veranstalter eingeführt und verfügte über ein leistungsfähiges wirtschaftliches Hinterland. Ob die Auktionen vom Brühl auch fehlgeschlagen wären, wenn sich die ansässigen 30 Rauchwarenfirmen zusammengetan hätten, muß eine theoretische Frage bleiben. Bewiesen war nur eins: Einzelgänger scheiterten. Man maß deren Auktion mit der Londoner und suchte wie bisher das *Beaver House* auf. Mit den mißglückten Versuchen schien das Schicksal der Leipziger Auktion besiegelt zu sein. Niemand war vorläufig bereit, das Thema Auktion zu erörtern.

Auf Einkaufsreise in Rußland

Annähernd 4300 Messen und Märkte gab es in Rußland. Die lokalen Märkte waren schlechte Steuerzahler und für die Zentralbehörden von geringem Interesse. Etwa 800 Märkte kamen über regionale Bedeutung hinaus, 180 galten als Großmärkte, und ein gutes Dutzend erfreute sich internationalen Zuspruchs. Mit Fellen wurde auf fast allen, den großen wie den kleinen Märkten, gehandelt.

Als das »Mekka der Rauchwarenhändler« galt Nishni Nowgorod, heute Gorki, die Messe mit der »gestohlenen Vergangenheit«. Die Einheimischen quittierten die Anspielung lächelnd, selten mit einem Wort der Verteidigung, wußten sie doch allzugut: ihre Messe war groß geworden dank des Niedergangs einer anderen, der des Makarjew-Klosters.

Makarjew fiel 1816 einer verheerenden Feuersbrunst zum Opfer. Um den Markt vor Schaden zu bewahren, richtete »in Vertretung« das nahegelegene Nishni Nowgorod hilfreich die nächste Messe aus. Niemand vertraute so recht auf den Informationsdienst und wollte den Händlern die strapazenreiche Reise nicht umsonst zumuten. Makarjew, durch die Brandkatastrophe schockiert, zeigte sich mut- und entschlußlos. Nishni Nowgorod übernahm auch die Messe von 1818, von 1819 und die folgenden. Der Wiederaufbau Makarjews wäre zu spät gekommen, zu spät jedenfalls, um den Rivalen auf dem Markt zu verdrängen. Im Wettstreit zwischen dreihundertjähriger Messetradition und vorteilhafter geographischer Lage zog die Tradition den kürzeren.

Nishni Nowgorod erfreute sich anders als Makarjew der Gunst zweier einflußreicher Nachbarn: der Wolga und der Oka. Vom Schiff konnte die Ware direkt auf die Messe gelangen, von der Messe direkt aufs Schiff. Träger besorgten den Umschlag, selten und nur bei besonders gewichtigen Exponaten Fuhrunternehmer. Von den 230 Mill. Rubel Handelsumsatz von Rußland 1850 realisierte Nishni Nowgorod mit 49 Mill. Rubel mehr als ein Fünftel.

Dem Brühl kam der neue russische Umschlagplatz vorab indirekt zugute. Der 1878 während der Messe verstorbene *Mordechai Ariowitsch* gilt als erster bedeutender Einkäufer vom Brühl, aber er ist im Brühl nicht ansässig geworden. Er unterhielt im belorussischen Slonim eine Rauchwarenhandlung, jedoch was er bei russischen Maklern erstand, gelangte zum guten Teil nach Leipzig, wo sich 1892 seine Nachkommen niederließen. Auch *Joachim Garfunkel* verkehrte viel in Nishni Nowgorod. Er stammte aus Brody und kaufte für seinen Schwiegervater *Marcus Harmelin* ein.

Die von Polen und Rußland nach dem Brühl übergesiedelten Rauchwarenhändler brachten gute Beziehungen zu Nishni Nowgorod mit. Viele besaßen auf »halbem Wege« weiterhin eine Filiale oder Verwandte, wo sie Station machten. Russisch sprachen sie fast alle, und notfalls konnten sie sich mit Jiddisch behelfen. Die einheimischen Leute vom Brühl entbehrten diese Vorteile.

Um nicht auf den direkten Einkauf in Rußland verzichten zu müssen, pflegte sich einer der Händler, ein Mitinhaber, ein Sohn oder Verwandter, auf den russischen Markt zu spezialisieren. *Paul Thorer* ging beispielsweise 17jährig nach Moskau, um Russisch zu lernen. Er machte sich mit den Gepflogenheiten des östlichen Marktes vertraut und war ab 1881 regelmäßig Gast in Nishni Nowgorod.

Die dortige Messe konnte mit etwa 30 Rauchwarenhändlern vom Brühl rechnen, die ebensoviele Firmen vertraten. Von einem Unternehmen machten sich selten mehrere Personen auf den weiten Weg, es sei denn, jemand sollte eingeführt werden.

Das Messeklima war den Leipzigern vertraut. Es gab in Nishni Nowgorod einige hundert Handelshöfe und mehr als 6000 Messebuden. Letztere hatte man nach dem Ausfall Makarjews »auf die schnelle« errichtet. Viele Buden wurden nach der Messe abgebaut, andere, barackenähnliche, blieben, zum Verdruß der Stadtplaner. Die Kaufleute, die alles aus der Perspektive des Messebesuchers betrachteten, empfanden den geringen baulichen Aufwand als ausreichend. In Leipzig gehörten Buden ebenfalls zum Messebild. Auch die Handelsgebäude glichen denen vom Brühl. »Es wird viel getauscht«, schrieb *Lomer,* »viel gegen baare Zahlung und mehr noch an bekannte Käufer auf Kredit, zu theilweise langen Terminen verkauft«. Und wie die Leipziger Messe war die von Nishni Nowgorod eine Universalmesse.

Obwohl keine reine Rauchwarenmesse, handelte man in Nishni Nowgorod mit Fellen aller Art. Nach *Lomer* waren 1863 u. a. im Angebot: 1,05 Mill. Feh, 48 000 Hermelin, 14 000 Kolinsky und 1 200 Zobel. Die Fellproduktion stieg, und 1913 gelangten allein fünf Mill. Schaffelle zum Verkauf. Dennoch galt Nishni Nowgorod nicht als ausgesprochener Umschlagplatz für Schaffelle. Auch als Rauchwarenmarkt blieb die Messe universell. Es gab Märkte mit einem besseren Angebot in bestimmten Arten, doch nirgendwo sonst waren in Rußland die Offerten derart komplett wie in Nishni Nowgorod. Gemessen an der großen Zahl Leipziger Rauchwarenhandlungen nahm sich die Messebeteiligung der Fachleute vom Brühl bescheiden aus, doch gehörten die Nishni-Nowgorod-Fahrer zu den umsatzstärksten. Von den 14 000 Gästen des Jahres 1913 kamen 512 aus dem Ausland, darunter 35 aus Deutschland – aus Leipzig 33 und davon 31 vom Brühl. Die Messe 1914 wurde vom Ausbruch des ersten Weltkrieges überrascht, und »die Abwesenheit der ausländischen, hauptsächlich der Leipziger Firmen . . ., die in normalen Zeiten als die größten Käufer des Jahrmarktes galten«, machte sich bemerkbar, resümierte die Messeleitung.

Die Messe begann regelmäßig am 28. Juli und endete am 30. September. So lief keiner der Händler Gefahr, den Markt zu verpassen, selbst wenn er aufgehalten wurde.

An die lange Messedauer gewöhnten sich die Leipziger rascher als an den Termin. Frische Felle waren nun einmal im Spätsommer bei Wildware nicht zu erwarten, aber als Universalmesse mußte Nishni Nowgorod die Belange aller Branchen wahrnehmen, und zwischen November und April ruhte des Eisganges wegen die Schiffahrt, so daß sich während dieser Zeit die Abhaltung eines Marktes von selbst verbot.

Irbit, westlich von Tjumen gelegen und bereits seit 1633 Messeplatz, war im Februar Treff der Handelswelt. Dieser Termin sagte den Leuten vom Brühl eher zu. Die Ware war frisch und kam gerade zu der für Leipzig so wichtigen Ostermesse zurecht. Von *Garfunkel* ist bekannt, daß er sich erstmals 1892 in Irbit umsah. Er gehörte fortan zu jenen, die in Irbit den Hauptteil der Ernte aufkauften und in Nishni Nowgorod das, was gegen Ende der Jagdsaison anfiel. Beide Märkte ergänzten sich vortrefflich, aber nur die großen Rauchwarenhandlungen konnten ihre Vertreter zweimal im Jahr nach Rußland schicken. Den meisten Händlern blieb die Qual der Wahl: entweder Irbit oder Nishni Nowgorod.

Am leichtesten hatten es die auf bestimmte Artikel spezialisierten Händler. Wer auf Schaffelle aus war, konnte sich die Reise nach Irbit ersparen, wer sibirische Rauchwaren kaufen wollte, dagegen nicht. Irbit galt als der Welt größter Feh-Markt. Das Angebot war im Vergleich zu Nishni Nowgorod viermal so groß – vier Millionen statt einer Million. 1850, in einem ausnehmend guten Jahr, kamen 108 000 Hermeline zum Verkauf. Auch bei Kolinsky gab es keine ernsthafte Konkurrenz, ebensowenig bei Zobel – mit 43 600 Stück wurde im Jahr 1850 der Rekord erzielt. Als auf anderen Märkten der Zobel schon zu den Raritäten zählte, wartete Irbit noch mit einigen Tausend Stück auf.

War den Leipzigern in Nishni Nowgorod eigentlich alles bestens vertraut, Budenviertel, Käuferschar, Handelsgebaren, so war ihnen in Irbit alles fremd. Als *Garfunkel* sich erstmals nach Irbit aufmachte, stand die Quecksilbersäule bei −45 °C. Das einzige Verkehrsmittel auf der letzten Wegstrecke war der Pferdeschlitten. Eingehüllt in Pelze, ließ

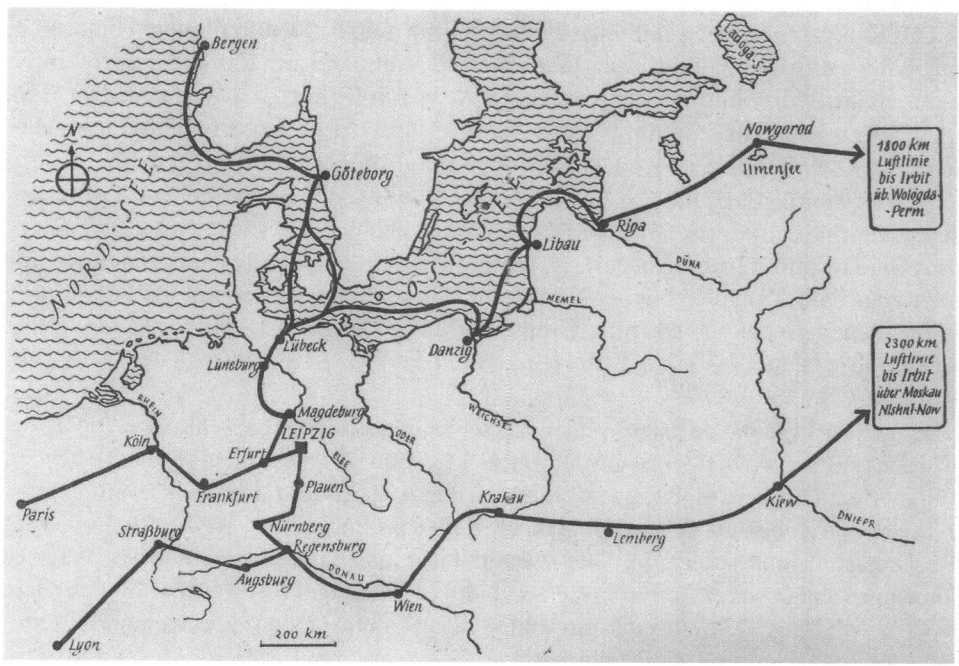

Die nördliche und die südliche »Pelzstraße« im 17. Jahrhundert (nach Erich Rosenbaum).
Lübeck verlor als Mittler bald an Bedeutung. Die Händler kürzten die nördliche Route ab
und fuhren über Frankfurt/Oder nach Danzig. Auf der südlichen Route erlangte die
»Gebirgische Straße« (übers Erzgebirge und Böhmen nach Krakau) Zuspruch.

sich das stundenlange Sitzen im Schlitten leidlich ertragen – und Pelze besaß man, wozu
war man schließlich Rauchwarenhändler? –, aber die Reise kostete viel Zeit. Es fuhren
auch Händler aus der Schweiz, Frankreich, Großbritannien und den USA nach Irbit. Sie
waren viel länger unterwegs als die Einkäufer von *Harmelin, Ariowitsch, Königswerther,
Reichenstein* und *Ullmann,* den Stammkunden vom Brühl. Manchmal gesellten sich Ge-
legenheitsbesucher aus Leipzig zu ihnen, aber sie hatten einen schweren Stand in Irbit.

Zur ersten Sichtung waren nur alte Kunden zugelassen. Bei näherer Betrachtung galt
der Stamm eigentlich auf allen Märkten als irgendwie privilegiert, doch nirgendwo so offen wie in Irbit. Der Ausschluß der Neulinge von der ersten Sichtung hatte ursprünglich
eher einen psychologischen denn ökonomischen Effekt. Zumindest im 19. Jahrhundert
brauchte niemand zu befürchten, er müsse mit leeren Händen die Rückreise antreten,
denn Ware gab es genug für alle. Verkauft wurden die Felle formal unsortiert; jede Partie
(300 Stück) enthielt etwa 50 wertvolle und 250 wenig wertvolle Zobel oder andere Felle.
Es erfolgte also allen anderslautenden Ankündigungen zum Trotz eine gewisse Sortie-
rung. Wann immer der Käufer an der Reihe war, er mußte den Alles-oder-Nichts-Stand-
punkt respektieren. Als die Zobel knapp wurden, sanken die Chancen der Neulinge, die
– ausgeschlossen von der ersten Besichtigung – unter Umständen ins Abseits gerieten.
Wegen eines einzigen Artikels reiste freilich trotz Spezialisierung niemand an.

Das Kaufgeschehen wickelte sich ähnlich wie auf dem Brühl unter freiem Himmel ab, nur bei weit strikterer Beachtung der Witterungsverhältnisse. Um den Interessenten eine genaue Beurteilung der Felle zu ermöglichen, wurde prinzipiell »wolkenfreier Himmel« abgewartet, bei einer im Februar stattfindenden Messe ein Problem. So brachte besonders Schneefall den Handel oft für Tage zum Erliegen.

In Irbit war die Barzahlung Trumpf. Das Mitführen von hundert oder mehr »Riesen« schreckte die Leute vom Brühl anfangs mehr als die beschwerliche Reise. Die Sorge ums Geld resultierte aus mancherlei Gerüchten über irgendwelche Gefahren, legte sich allerdings bald. Trotzdem blieben Vorbehalte: auf anderen Messen war die Gewährung von Zahlungsfristen üblich. Man konnte auf ein günstiges Angebot eingehen, selbst wenn in der Geldbörse schon Ebbe herrschte. Irbit aber ging nicht von der Devise ab: Ware gegen Geld.

Mancherlei Einwände gab es wegen des fehlenden Eisenbahnanschlusses. Die Zobel wurden in Baumwolle oder Leinwand verpackt. »Man läßt diese Überzüge nach beyden Ende offen, und zieht in jeden so viele der an den Augen oder Nasenlöchern zusammengebundenen Zobel, als sich gedrängt hineinziehen lassen, und zwar in der Richtung vom Kopfe nach dem Schwanze zu. Dieses Bündel legt man dann in seine Kisten.« Wenn es ihrer nur wenige waren, konnten sie als Handgepäck mitgeführt werden. Im Feh-Handel ließ sich diese Methode nicht anwenden. Es gab Leipziger, die gleich einige hunderttausend Stücke kauften. Das volle Sortiment heranzuführen, war der Messe transportmäßig zu aufwendig. Also wurde nach Mustern verkauft (Schaulos träfe nicht den Kern), und auf der nächsten sibirischen Bahnstation konnte der Käufer die Ware übernehmen oder sich die komplette Lieferung nachschicken lassen. Dieses im Rauchwarenhandel damals abgelehnte oder doch mit vielen Vorbehalten bedachte Verfahren erwies sich erstaunlicherweise als akzeptabel, zumindest bei der Massenware. »Die Begutachtung nur einiger Ballen genügte, um sicher zu sein, daß sämtliche Ware gleicher Qualität und daß mustergetreu geliefert worden war.« Fairneß des Verkäufers und Einsicht des Käufers in die verkehrstechnisch bedingten Zwänge ließen daher den fehlenden Eisenbahnanschluß nicht zum so oft prophezeiten Handicap für Irbit werden.

Außer nach Nishni Nowgorod und Irbit fuhren die Händler vom Brühl regelmäßig nach Buchara und Taschkent ins »Reich der Persianer«. Auf Persianer entfielen (wertmäßig) schon 1864 mehr als 12 % aller Leipziger Importe (30 000 Stück), 1909 sogar 15,7 % (1,1 Mill. Stück), und wichtigster Lieferant dieser Felle war Rußland.

Paul Thorer reiste erstmals 1902 nach Buchara. »Inmitten der übrigen Basare befindet sich auch der Karakulbasar«, schrieb er. »Das Gehöft ist von allen vier Seiten von Baulichkeiten umgeben, die im Erd- sowohl wie in Obergeschossen nach dem Hofe eine Menge kleiner fensterloser Niederlagen enthalten. In und vor diesen, auf den Dächern derselben sowie im Hofe selbst herrscht zur Lammzeit vom zeitigen Beginn des Frühjahrs bis in den Sommer während der Morgenstunden regster Handelsverkehr, der sich nach unverfälscht orientalischer Sitte abwickelt. Mag die gehandelte Menge auch noch so geringfügig sein, so umstehen doch Dutzende die daran Beteiligten. Alle drängen sich, auf dem Boden hockend, um die Ware herum, die einer der Makler begutachtet. Wenn dies geschehen, reichen sich die beiderseitigen Makler die durch die langen Ärmel

Bildnis von Emil Nolde (1867 bis 1956) »Drei Russen«; gemalt um 1913.
Für Pelzmützen waren die russischen Händler besonders gute Abnehmer.

des Kaftans verdeckten Hände und durch Drücken derselben verständigen sie sich über den Preis, der den Zuschauern somit unbekannt bleibt ... Die nach dem Karakulbasar gebrachten Felle befinden sich sämtlich in gesalzenem Zustande, d. h. nach dem Töten und Abziehen der Lämmer wird die Lederseite der Felle, ohne sie zu trocknen, tüchtig mit Salz bestreut. In diesem Zustande halten sie sich mehrere Wochen, welche Zeit ja auch erforderlich ist, Felle von den oft weitentlegenen Herden bis nach Buchara zu schaffen«, wo sie leicht bearbeitet werden. »Zunächst werden sie ungefähr zwei Wochen lang in ledernen Beuteln unter täglichem Umlegen gebeizt, danach mit der Lederseite nach oben getrocknet, hierauf an den Fluß gebracht, wo die den Haaren anhaftende Beize aufgeweicht und mit Kämmen und Bürsten entfernt wird. Wenn dann die Felle, mit der Haarseite der Sonne zugekehrt, auf dem feinen Steppensande wieder getrocknet sind, so sind sie zum Sortieren fertig. Dies ist eine Kunst, die gut bezahlt wird, während im allgemeinen die Arbeitslöhne in dieser Gegend sehr niedrig sind. Der Sortierer wirft die aus mehreren Tausenden bestehende Partie nach Form der Locke in verschiedene Qualitäten, jede der letzteren mit großer Gewissenhaftigkeit in gleichwertige Ballen; diese in Schafshäuten, darauf in Leinwand sorgfältig eingepackt, sind nunmehr zum Transport fertig. Derselbe erfolgte früher durch die Wüste bis Orenburg auf Kamelen, von da durch Dampfer auf der Wolga bis Nishni Nowgorod«, jetzt per Bahn.

Einkäufer der Firma *Thorer* verkehrten in Buchara regelmäßig. Sie standen mit den Herdenbesitzern in direkter Verbindung, gewährten ihnen einen Vorschuß und sicherten sich so die in der nächsten Saison zu erwartenden Felle oder wenigstens einen Teil davon. In der Einkaufszeit nahm eine ganze Expertengruppe Quartier in Buchara, wo

Thorer über »einen großen Gebäudekomplex zum Beizen, Sortieren und Stapeln der Felle, über weite eingehegte Sandflächen zum Trocknen und . . . über fließendes Wasser zum Waschen verfügte«.

Auch in Taschkent, dem Zentrum des Treibel-Aufkommens, existierte eine Vertretung. »Hier sammelten sich diese Fellchen zu Hunderttausenden, die von den Beauftragten von *Paul Thorer* in den entlegenen Steppengebieten erworben wurden. Hier werden sie in die verschiedenen Sorten geteilt, verpackt und nach Leipzig versandt.«

Die Geschäfte vor Ort erledigte lange Zeit *Hans Dürrschmidt.* Er besorgte 1903 auch für *Prof. Julius Kühn,* den Direktor des Landwirtschaftlichen Institutes Halle, zu Zuchtzwecken eine kleine Herde Karakulschafe. *Kühn* wurde der Begründer der deutschen Karakulschafzucht, blieb aber finanziell abhängig von *Thorer,* der 1909 in der deutschen Kolonie Südwestafrika eine Farm aufbaute und Schafe aus Halle überführte, um Zucht in großem Stil zu betreiben. Auf dem Umwege über Halle gelangte ein zweiter Transport aus Buchara nach Südwestafrika, dann untersagte die russische Regierung den Export von Zuchttieren.

Nach 1909 errichteten weitere auf Persianer spezialisierte Vertretungen in Buchara und Taschkent Zweigstellen. In Moskau und Petersburg waren die kapitalkräftigen Firmen ohnehin präsent – *Ariowitsch, Gaudig & Blum, Königswerther, Rosenstock*

»Mann mit Pelzmütze«, Bildnis von R. Müller (1874 bis 1930)

& Sohn, Reichenstein, Ullmann, Thorer usw. *Bengelsdorf,* der *Gaudig & Blum* vertrat, verkörperte den typischen Filialleiter der damaligen Zeit; er sprach russisch, verwaltete das Magazin, kümmerte sich um die Messen, besorgte eigenständig den nicht unbedeutenden Zwischendurchhandel, führte junge Rauchwarenhändler vom Brühl, so *Fritz Leipoldt,* in den Osthandel ein. Er war vor dem ersten Weltkriege dienstältester Vertreter. Seine Familie lebte ebenfalls in Moskau.

Zur Pflege des Marktes im Hinterland fehlte den Filialen meist die Kraft, und einige Leute vom Brühl setzten daher besondere Einkäufer ein. Sie arbeiteten zwar eng mit den Vertretungen zusammen, gehörten jedoch nicht zu deren Personal. Für *H. M. Königswerther* kaufte beispielsweise jahrelang *Helmuth Fochtmann* ein oder *Robert Ehrmann* für *Rosenstock & Sohn.* Sie hatten in doppelter Hinsicht einen schweren Stand: Sie liefen immer Gefahr, sich in den Weiten des riesigen Reiches zu verlieren und stießen überall auf die harte Konkurrenz der russischen Rauchwarengroßhändler wie *Swaeteschnikoff, Odnoschewsky* oder *Sorokomosky.* Manche Händler vom Brühl nahmen die guten Dienste heimischer Makler in Anspruch. Solche arbeiteten in Archangelsk, Irkutsk, Jenisseisk, Tobolsk und Tonesh, Zentren des Fellaufkommens, für den Brühl. Es kam auch vor, daß Einkäufer nach dem Besuch der Messe in Nishni Nowgorod oder Irbit einen Abstecher zu einem weniger überlaufenen Markt unternahmen, nach Kasan, Kurgan, Menselinsk oder Urup.

Die Leipziger Zurichterei

Im Frühjahr 1848 wollten *Rödiger & Quarch* eine Zurichterei eröffnen. Die Innung lehnte ab, da keiner der beiden Bewerber eine Meisterprüfung nachzuweisen vermochte. Genehmigt hätten sie allenfalls eine auf das Zurichten spezialisierte Kürschnerei; derartige Betriebe existierten bereits.

Die Innung klagte schon 1630, es gäbe Meister, »die kein Stück Fell mehr zurichten könnten«. Das besorgten wirtschaftlich schwachgestellte Zunftgenossen für sie. Im Frühjahr mußte sich der Kürschner einen Fellvorrat für die Sommermonate zulegen, und das erforderte eine Menge Geld. Wer nicht genügend besaß, übernahm Lohnaufträge im Zurichten, blieb aber Mitglied der Innung. Aktenkundig wurden derartige Zurichtereien erstmals um 1830 in Verbindung mit der »Hasenklage«.

Hasenfelle für die Kopfbedeckung drohten eben aus der Mode zu kommen. Franzosen, Spanier und Portugiesen, die besten Kunden, bevorzugten plötzlich Seidenhüte, was bei den Mützenmachern weniger Bestürzung auslöste als bei den Zurichtern, denen es an ausgleichenden Aufträgen mangelte. Wieviele »Zurichtereien« so unversehens in Schwierigkeiten gerieten, liegt im dunkeln; es dürfte nur wenige gegeben haben, registriert als Kürschner.

Rödiger & Quarch gründeten jedoch 1848 die erste Leipziger Zurichterei ohne Zustimmung der Innung als Industrieunternehmen mit Rauchwarenhandlung. Dazu be-

Von Esme Bouchardon (1698 bis 1762) »Hasenfelle«. Frankreich und Belgien handelten mit Hasen- und Kaninfellen weit früher als der Brühl, der sich preiswerter Rauchwaren systematisch erst in unserem Jahrhundert zuwandte.

durfte es keines Meisterbriefes. Der Betrieb zog mehrmals um, bis er schließlich in Mökkern eine Bleibe fand. Die übergangene Innung, welche die anerkannte Qualitätsarbeit des Leipziger Kürschnerhandwerks gewahrt sehen wollte, boykottierte die neue Firma, die sich durch Aufträge auswärtiger Kürschner oder den Rauchwarenhandel mühsam über Wasser hielt. Noch vor Einführung der Gewerbefreiheit (1861) entstanden auch im benachbarten Markranstädt zwei Zurichtereien: 1857 *F. W. Franke* und 1860 *L. Walter.* Bis 1875 kamen im Kreis Leipzig weitere sieben Betriebe hinzu. Die neue Gewerberegelung führte also keineswegs spontan zu weiteren Gründungen. Von einer solchen konnte allenfalls später die Rede sein, um 1882, als 66 Zurichtereien mit 710 Beschäftigten existierten. Damit hatte sich die Zurichterei als selbständiges Gewerk durchgesetzt.

Zugerichtet wurden 1886 immerhin 4 960 000 Felle im Wert von 9,22 Mill. Mark. Der Zurichterlohn betrug 749 000 Mark. Die heimischen Kürschner hatten inzwischen die Zurichterei gänzlich aufgegeben, aber sie blieben nicht die einzigen Auftraggeber. Dazu waren es zu wenige: 133 im Jahre 1882. Mehr Gewicht hatte bereits das Ausland. Die englischen Zurichter galten als zu teuer, und wer wie die Leipziger in gleicher Qualität und billiger lieferte, erhielt Zuspruch. So konnten zunehmend überseeische Waren über die hiesigen Kürschnerbänke gezogen werden. In der Hauptsache hatten die Zurichtereien ihre vollen Auftragsbücher aber keinem anderen als den Händlern vom Brühl zu danken. Der Brühl erzielte 1878 einen Umsatz von 41 Mill. Mark, dreimal soviel wie 1807. Kein Händler war mehr dem Zwang ausgesetzt, seine Ware erst den heimischen Kürschnern anbieten zu müssen. Er konnte die Felle roh oder veredelt veräußern, an wen er wollte. Ein Teil der Kaufleute wohnte jetzt auch in Leipzig. Verständlicherweise lag dem Händler viel daran, die Ware vor dem Wiederverkauf zu veredeln, und aus praktischen Gründen ließ er das durch Leipziger Zurichter besorgen, oder er gründete eine eigene Zurichterei, manchmal gekoppelt mit einer Färberei wie 1883 *Theodor Thorer* (er begann mit 100 Zurichtern und brachte es – einschließlich der Färber – um 1920 auf 500 bis 600 Beschäftigte).

Vorbei waren die Zeiten, in denen die Zurichterei nebenbei erfolgte; der Massenanfall von Rohware verlangte eine Spezialisierung – aber auch den Einsatz der Technik. Vor allem gesellschaftlich war diese Entwicklung durch das Entstehen der kapitalistischen Großproduktion bestimmt – erste Anfänge der Rauchwarenindustrie.

Von Beinarbeit in den Zurichtereien konnte kaum mehr die Rede sein, »Dampfzurichterei . . .« stand über der Eingangspforte der Betriebe. Innerhalb der Branche stellte sich Leipzig am ehesten auf neue Antriebsarten um. Wir greifen einmal vor: nach der PS-Leistung entfielen 1925 von den im Landesmaßstab registrierten Dampfmaschinen der Branche 95 % auf den Leipziger Raum. Zurichtereien wie Färbereien bevorzugten den »Dampf«, Kürschnereien den Elektromotor.

Um auf die Beinarbeit zurückzukommen: die Walke gehörte zu den ersten technischen Neuerungen. Über ihre Einführung wußte die »Allgemeine Kürschner-Zeitung« vom Januar 1874 sehr vieles, durchweg Strittiges, zu berichten; die Kürschner lehnten die Walke rundweg ab. »Verfilzen an den Pümpfen (Rückenteil nach dem Schweif), stellenweise enthaaren der Grannen, und somit eine unendliche Erschwerung der Kürschnerarbeit und Vertheuerung der Ware; darin besteht der Segen des Walkens.« So jedenfalls wußte das erste deutsche Fachblatt zu berichten. Und ein Leser, der sich an der Diskussion beteiligte, schrieb: »Wer so wie ich hinter eine Walke zu sehen vermocht hatte, der würde über die Masse der abgeschlagenen Haare erstaunen.« Schlußfolgerung: zurück zum Fußtrampeln! Das aber wollten die Zurichter nicht. Sie erklärten: »Viele Felle weisen bereits im rohen Zustand verfilzte Pümpfe auf, die sich durch das Lagern der Tiere, durch Verunreinigungen der Pelze oder durch Krankheit gebildet hatten. Das Losschlagen der Grannen und Haare« könne »auf falsche Behandlung der Felle vor dem Walken zurückzuführen sein.« Kritik wurde auch an den Maschinenbauern geübt: das verwendete Holz sei miserabel, der Schlag der Walke zu hart. Sie akzeptierten das und verarbeiteten nunmehr hochwertiges Holz. Den Zurichtern empfahlen sie, zur Schlagmilderung der Walke Sägespäne zu verwenden.

Wenn auch für besonders empfindliche Felle die Trampelung vorsichtshalber in Reserve gehalten wurde, hatte sich um 1874 die mechanisch getriebene Walke durchgesetzt. Es war eine erste Arbeitserleichterung in diesem körperlich schweren Beruf.

Als erster deutscher Zurichter setzte 1904 *Wilhelm Jeute* in Lindenau (früher Markranstädt) eine Entfleischmaschine ein. Der Hersteller hatte sie hoch gepriesen: die Be-

Blick in eine Zurichterei um 1925: der »Leipziger Pickel« wurde in der Welt zum Synonym für beste Zurichterarbeit.

dienung sei einfach, eine Umstellung auf ungelernte (schlechter bezahlte) Arbeiter möglich und eine Produktionssteigerung um das Dreifache gewiß. *Jeute* fand beides bestätigt – die einfache Bedienung und die hohe Produktivität. Unerwartet stieg aber die Fehlerquote, als er die Fellart wechselte, und das ernüchterte. Die Maschine eignete sich nicht gleichermaßen für jeden Artikel und schon gar nicht für die individuelle Behandlung der oft in unterschiedlicher Qualität anfallenden Rohware. Also wurden Maschine und Bank gekoppelt: Grobarbeit erfolgte mit der Maschine, Feinarbeit auf der Bank. In den USA setzte man die Entfleischmaschine konsequenter ein, hatte aber mehr Reklamationen. Die Leipziger achteten auf Qualität, was zu einem Begriff in der Welt gelangte.

Aufteilung in Hand- und Maschinenarbeit am Brühl von 1927 (Arbeitsgänge):

Fellart	Bank	Maschine	Fellart	Bank	Maschine
Bisam	4	2	Otter	5	2
Dachs	5	2	Fuchs	4	1
Fohlen	6	2	Schuppen	7	2
Iltis	4	2	Kanin	3	1
Marder	4	1			

Also dominierte die Bank. Trotzdem waren mit der Entfleischmaschine erhebliche Arbeitserleichterungen wie eine höhere Produktivität verbunden. Wer je die Fingerkuppen eines alten Zurichters betrachtet hat, vermag den mit Einführung der Maschine verbundenen Vorteil zu würdigen. Anfang 1929 kam eine verbesserte Entfleischmaschine auf den Markt, auf Fleischen, Bäkeln und Ausstoßen eingerichtet, also auf drei Arbeitsgänge, ausgewiesen mit einer Tagesleistung von 800 bis 1 000 Fellen. Damals entfielen bereits 60 % des jährlichen Weltaufkommens auf Kanin – 200 Mill. Stück. Einige Leipziger Zurichtereien, so *Kurt Wachtel* (Taucha), verarbeiteten mehrere Millionen Stück Kanin im Jahr. Als Veredler von Massenware schätzten sie die Entfleischmaschine verständlicherweise höher, als es die auf besondere Qualität bedachten Zurichter von Edelfellen taten. Bei preiswerter Massenware war es auch angebracht, große Stückzahlen in kürzester Zeit zu schaffen. Wo wertvolle Felle bearbeitet wurden, geschah bzw. geschieht das auf der Kürschnerbank, um eine besondere Qualität zu erreichen.

In Leipzig hieß sie die »Jeute«-Maschine, was nichts mit dem Fabrikat zu tun hatte, wie mitunter angenommen wird, sondern an den Streik erinnerte, den die Einführung der neuen Technik auslöste. Hintergrund dieser »Maschinenstürmerei«, wie *Jeute* den Streik abwertete, waren die Sorge um Erhalt der Arbeitsplätze und auch bereits Solidarität mit der sich entwickelnden Arbeiterklasse. Am 24. November 1904 traten 41 Zurichter in den Ausstand.

Ein paar Monate später streikten die Kürschnergesellen – für den 9-Stunden-Tag und Zuschläge für Überstunden. Das waren berechtigte Forderungen, denn gearbeitet wurden am Tag also mehr als neun Stunden, und darüber hinaus gab es die Überstunden, für die es keine Zuschläge gab! Die Arbeiter in der Pelzbranche wurden rücksichtslos ausgebeutet wie in anderen Gewerken auch. Früher schon, 1900, hatten Entlassungen bei der Firma *Theodor Kniesche* einen Streik der Veredler ausgelöst.

Jeute aber setzte branchenfremde Streikbrecher als Maschinenarbeiter ein; kaum eines der zugerichteten Felle erwies sich als brauchbar. An diesem Punkt angelangt, hätte sich eigentlich ein Vergleich angeboten. *Jeute* aber nutzte die aufkommende Meinung, die Zurichter würden sich nur gegen den technischen Fortschritt stemmen. Zudem kam ihm gelegen, daß die Zurichter anderer Betriebe sich nicht direkt angesprochen fühlten; noch hatte sich kein anderer Unternehmer für die Maschine entschieden. Solidaritätsstreiks der anderen Zurichter blieben aus, und die Unterstützung für die im Ausstand befindlichen Zurichter beschränkte sich auf die freilich nicht unwichtige finanzielle Hilfe. Die Gewerkschaft griff den Streikfonds bis zu dessen Erschöpfung an. Nach fünf Wochen waren die Reserven aufgebraucht, für *Jeute* das Signal, die Polizei einzuschalten. Drei Zurichter und der Gewerkschaftssekretär *Max Rost* wurden verhaftet. Innerhalb der Branche wurde vor dem ersten Weltkrieg kaum ein anderer Streik mit derartiger Erbitterung geführt und brutaler niedergeschlagen als dieser. Für diese durchaus kleine Branche war es ein großartiges Beispiel für Mut und Kampfeswillen der Arbeiter.

Bei der »Jeute«-Maschine handelte es sich um eine patentrechtlich geschützte Entwicklung von *Tanner & Co.*, Paris. Den Alleinvertrieb im deutschsprachigen Raum hatte vor 1914 nur *Jeute*. Die Maschine nannte man weiterhin »Jeute«-Maschine, auch als sie *Otto Baumberger* in Wahren in Lizenz nachbaute. Nach der Arbeitskräftestatistik waren 1925 in den Veredlungsbetrieben 62 Schlosser und 14 Monteure tätig. Bei den Schlossern handelte es sich um Maschinenbauer oder Betriebshandwerker, bei den Monteuren um Mitarbeiter des Kundendienstes. Galt die »Jeute«-Maschine auch fälschlicherweise als Eigenbau-Erzeugnis, so stammte doch manche technische Neuerung aus einer Leipziger Zurichterei oder Färberei.

Zeumer & Göhler in Markranstädt brachten 1925 die Maschinier-Maschine »Maschinap Z & G« heraus, die bei der Verarbeitung von Kanin Klasse I eine Leistungssteigerung von 70 bis 90 auf 180 bis 240 Stück, bei Klasse II von 180 bis 200 auf 350 bis 500 Stück erzielte. Um 1930 war diese Maschine in fast allen Veredlungsbetrieben Europas anzutreffen. *Zeumer & Göhler* blieben trotz ihres guten Rufes als Maschinenbauer Zurichter und Färber.

Thorer & Co. entwickelten im Eigenbau einen Beizapparat. Um sich einen technischen Vorsprung zu sichern, wurde diese Konstruktion jedoch dem Markt vorenthalten und allen Beschäftigten die Verpflichtung auferlegt, ihr Wissen keinesfalls preiszugeben, auch nicht nach Erlöschen des Arbeitsverhältnisses. Ähnlich verhielt sich die Firma *Emil Frobin* in der Querstraße, ein Unternehmen, führend im Eigenbau.

Typisch für die dritte Gruppe von Eigenbauern sollte die Firma *Hans Müller* in der Holzhäuser Straße werden, die viel Lob für eine Klopfmaschine erntete, sich auf den Maschinenbau spezialisierte und zum führenden Hersteller »aller Maschinen für Rauchwarenzurichtung« aufrückte. Im Firmenregister von 1930 wurde sie unter »Maschinenbauer« erfaßt, nicht mehr unter Rauchwarenveredlung.

Dem professionellen Maschinenbau war das Fellmaterial oft zu kompliziert, der Bedarf an Spezialapparaturen zu gering. In größeren Mengen ließen sich eigentlich nur Tonnen (unterschiedlichster Art) und Walken absetzen, worauf sich vor allem *E. Starke* (Böhlitz-Ehrenberg) sowie *Haunstein & Kirschhof*, *Paul Taubert*, *Wehling & Bansen* spezialisiert hatten. Einige Betriebe stellten sich zusätzlich auf den Bedarf der Färber und Kürschner ein, so *Reinhold Herzog*, *Louis Brocks*, *Carl Wehling*, *W. Selbeck*, *Max Schmidt* und *Schumann & Levering*. Zu den ältesten Maschinenfirmen um 1920 gehörte der Rauchwaren-Stahlkammern-Produzent *Braun & Roth* in der Sidonienstraße 37 (gegründet 1883). Während sich die Hersteller des Kürschnereibedarfs besonders in Berlin konzentrierten, entwickelte sich Leipzig zum Zentrum des Maschinenbaues für Zurichtereien und Färbereien.

Ausgang des vorigen Jahrhunderts drohte die Zurichterei in eine Krise zu geraten. Die Kürschner legten sich Nähmaschinen zu und kamen bei einem hartledrigen Fell damit schlecht zurecht. Sie benötigten zügiges, geschmeidiges Leder und forderten von den Zurichtern sorgfältigeres Bearbeiten der Felle.

Zur eigentlichen Schwachstelle war das Beizverfahren geworden. Wie eh und je plagten sich die Zurichter noch mit der Schrotbeize ab. Wer als erster den »Leipziger Pickel« mixte, eine neue Gerberbeize, läßt sich nicht exakt nachweisen. Leute vom Brühl bringen sie mit der Firma *A. Herzog* in Verbindung. Diese bald vielbegehrte Beize bestand aus Schwefelsäure, die Leime und Fette entfernt, aus Salz, das Hautzellen dehnt und konservierend wirkt, und aus Wasser. Das beim Beizen entzogene Fett wurde kaum mehr mit Fetten direkt ersetzt; in Gebrauch kamen mit Schwefelsäure oder Ammoniak verseifte Trane.

Es sprach sich rasch herum, welche Bestandteile die neue Gerberbeize hatte, aber aus diesem Wissen allein konnte niemand Nutzen ziehen. Wichtig waren die Rezepturen, und diese hielten die Leipziger Zurichter geheim. Sie hatten anfangs Schwierigkeiten. Die ersten Felle verließen in einem scheinbar tadellosen Zustand die Werkstatt, waren zügig und geschmeidig im Leder, ganz wie der Kürschner es sich vorstellte. Der Pelz, den der Kunde dann vom Kürschner kaufte, drohte jedoch – einige Zeit dem Regen ausgesetzt – beim geringsten Druck zu reißen; das Leder hatte sich in »Löschpapier« verwandelt. Die fällige Reklamation gab der Kürschner prompt an den Zurichter weiter, der vorerst ratlos war. Man bat die Chemiker um Hilfe. Sie rieten zum behutsamen Vorgehen: Da Schwefelsäure und Salz verträglich sind, also in einem Arbeitsgang verwendet werden können, war so mancher Zurichter zu einer Arbeit a tempo verführt worden. Das Zurichten eines Felles binnen zwei Tagen wurde anfangs als großer Vorteil herausgestrichen. Schwefelsäure ist aber hygroskopisch sie bleibt bei Einwirkung von Wasser aktiv. Unsachgemäß verwendet, zerfrißt sie unweigerlich das Leder eines im Regen getragenen Pelzes. Durch Hinzuziehung der Wissenschaftler ließ sich diese Sorge verhältnismäßig leicht beseitigen.

Weit schwieriger war die Bewältigung eines anderen Problems, eines – streng genommen – uralten: jede Fellart, ja jedes Fell weicht voneinander ab. Manche Zurichter bevorzugten das Beizen im Bottich (Tunkverfahren), andere das behutsame, oft zu wiederholende Einbürsten (Streichverfahren), wobei die Beize bei letzterem kräftiger ausfallen mußte. Sowohl im Haar als auch im Leder reagieren die Fellarten verschieden empfindlich auf bestimmte Beizenbestandteile. Kahle Stellen auf der Haarseite oder Hartledrigkeit auf der Lederseite waren ein überzeugender, wenn auch kostspieliger Beweis für fehlerhafte Beizung. Daß die Felle einer Partie sich gleichen wie ein Ei dem anderen, blieb letztlich immer ein Traum. (Der komplizierteste Auftrag betraf beispielsweise die Lieferung des Materials für den Krönungsmantel der englischen Königin *Mary* [1936]. Zur Verfügung standen 80 000 afghanische Breitschwänze. Davon wurden 3 000 veredelt und – 48 als tadelsfrei an den Auftraggeber gesandt.)

Bekannt wurde die Leipziger Zurichtung durch eine relativ sichere Annäherung an die geforderten Werte. Dazu gehörte natürlich eine gehörige Portion Erfahrung. Der Brühl handelte bereits vor 1914 mit 161 Fellarten. Diese Vielfalt gab es auf keinem anderen Umschlagplatz. Durch die Hände Leipziger Zurichter ging manches, was andere nur vom Hörensagen oder aus Büchern kannten. Erfahrungen ließen sich hier leichter als anderswo sammeln, allerdings war auch die Herausforderung entsprechend größer.

Kanin setzte sich in Leipzig erst nach dem ersten Weltkrieg durch. Durch die wirtschaftliche Situation des Landes wurden die Edelpelze rar, und die preiswerte Massenware war gefragt.

Der Brühl zahlte 1869 für 100 Kanin 2,75 Taler; das war eine außerordentlich geringe Vergütung. Leipzig unterschätzte allerdings Kanin nicht allein: Australien bot in London von 1871 ab Wildkanin an – ohne nennenswerten Erfolg. Nur Belgien und Frankreich zeigten dafür Interesse, kamen aber mit den nationalen Ressourcen noch aus. Es mag am französischen Einfluß gelegen haben, daß die Wiege der deutschen Kanin-Zurichterei in Westdeutschland stand, in Unkel/Rhein. Die 1907 von *Heinrich Silbermann* in Leipzig gegründete »Deutsche Kanin-Verwertungsgesellschaft« kaufte Kaninfelle aus Unkel. Obgleich sie fürs Dutzend nur drei bis sechs Mark verlangte, wollte niemand Kanin kaufen. Sie »sahen aber auch entsetzlich aus«, erinnerte sich *Friedrich Jäkel*, »flek-kig, stumpf . . ., das Haar platt auf dem Leder.« *Silbermann* legte sich bald eine Zurichte-rei zu. 1916 gingen auch *Theodor* und *Paul Thorer* zur Verarbeitung von Kanin über. Gut florierte das Geschäft mit Kanin in Leipzig erst nach 1918.

Mit Maulwürfen verhielt es sich ähnlich. Die Firma *Hermsdorf* kaufte 1912 Maulwurf-felle aus Afghanistan, aus psychologischen Gründen, weil ausländische Ware schon im-mer als besser galt. Aber so manche Partie feierte Wiedersehen auf vier Auktionen, wie *Hermsdorf* spottete. Maulwurffelle blieben also schon im Handel stecken, brachten den Zurichtereien gar nicht erst Arbeit. Deren Meinung war allerdings: »Viel zu klein!«

So manchem Neuling auf dem Brühl verhalfen aber gerade die Zurichtereien erst zu einem Erfolg. Das galt beispielsweise für Opossum und für Nutria. Opossum kam aus Australien über London nach Leipzig. Die Zurichtereien »machten etwas daraus«. Für manchen Händler vom Brühl galt Opossum auf der Londoner Auktion bald als ein be-gehrter Artikel. Mit Nutria versuchte Lateinamerika schon 1840, den Leipziger Markt zu bereichern. Händler und Zurichter reagierten positiver als die Kürschner. Nur die Mützenmacher verarbeiteten Nutria für die »Nester«, die den Hut der späten Bieder-meierzeit zierten, im Volksmund »Affen« genannt. Dieser Begriff übertrug sich bald auf Nutria, selbst als sie längst Verwendung fanden für die unterschiedlichsten Zwecke.

Um 1880 wurden dem Brühl auch größere Posten aus China angeboten: Tibetin, Mon-golin, Murmel, chinesische Wiesel. Indien und Afghanistan offerierten beispielsweise Lamm oder die Mongolei Wolf. Es kam immer wieder etwas dazu.

Für Leipzigs Zurichtereien lag es nahe, sich zu spezialisieren. Es gab zwar keinen Be-trieb, der nur auf einen einzigen Artikel aus war, es existierte aber auch keiner, der jede Fellart verarbeitete, denn wie schon gesagt, jede Fellart verlangt eine spezifische Be-handlung, um die beste Qualität zu erreichen. Und man wollte Qualität!

Begünstigt durch die frühere Bindung an die Kürschnerei und den Anfall mengenmä-ßig bedeutender und artenreicher Rauchwaren auf dem Brühl, galt die Zurichterei in Leipzig wie selbstverständlich als Lehrberuf. Streit gab es allenfalls wegen der Dauer: zwei oder drei Jahre? Nur anfangs galten zwei als ausreichend, was aus dem hohen Ar-beitskräftebedarf nach Verselbständigung des Gewerkes resultierte. Im Ausland wurde die lange Ausbildungszeit in Leipzig eher für übertrieben denn als beispielhaft gehalten. In Amerika, wo stets Jäger oder Bauern die Zurichterei nebenbei besorgt hatten, schätzte man aber bald aus Sachsen eingewanderte Zurichter. Frankreich, Belgien und Rußland warben Leipziger Fachkräfte ab. Schließlich setzte sich die systematische Aus-bildung allgemein durch. Die USA, die schon eine halbjährige Lehrzeit als unangemes-sen betrachtet hatten, entschieden sich nach dem Leipziger Beispiel für drei Jahre. Das sorgte für Aufsehen, da im Handwerk der USA nur eine zweijährige Lehre üblich war.

Nach dem Adreßbuch gab es 1928 in Leipzig 38 Zurichtereien. Des permanenten Aas-geruchs halber wurden sie in der Innenstadt ungern gesehen. Zudem brauchten sie Was-ser. So konzentrierten sie sich auf die westlichen und nördlichen Vorstädte Lindenau, Plagwitz und Schleußig bzw. Wahren und Möckern sowie auf den stadtnahen Raum: Rötha (43 Betriebe), Schkeuditz (21), Markranstädt (14), Taucha (4), Naunhof und Zwenkau (je 1 Zurichterei). Insgesamt gab es 123 Betriebe, von denen zwei Drittel zum

Ein typischer alter Brühlhof.

Handwerk zählten. Die Reichsstatistik von 1928 faßt Zurichtereien und Färbereien zusammen: danach existierten im Leipziger Raum 191 Veredlungsbetriebe (83 % aller im damaligen Deutschland registrierten) mit 7725 Beschäftigten (93,7 % der in der deutschen Rauchwarenindustrie tätigen Personen). Verglichen mit der Färberei war die Zurichterei weit arbeitsintensiver.

Zurichter galten als hochbezahlte Facharbeiter, vor 1914 gar als Spitzenverdiener, aber um die Konservierungsmethoden stand es damals nicht zum besten, und so wechselten in den Zurichtereien extremer Arbeitsdruck und »Sauregurkenzeit«. Betriebe mit 200 Beschäftigten stellten in der Saison bis zu 800 Hilfskräfte ein.

In kleinen Betrieben kamen vom Stammpersonal auf zwei Zurichter drei Hilfskräfte, in größeren mehr. Von den Beschäftigten der Rauchwarenzurichtereien des Leipziger Raumes könnten 24 % Facharbeiter gewesen sein.

Obwohl es vor dem ersten Weltkrieg zu einigen Tarifabkommen kam, erfolgte die Entlohnung letztlich auf Basis betrieblicher Festlegungen. Die Gewerkschaften hatten es schwer, denn die Branche war klein, und die Facharbeiter verdienten relativ gut. Auch von den Saisonarbeitern war kaum einer organisiert, ähnliches galt von den Hilfskräften, die zudem nie recht wußten, welcher Gewerkschaft sie sich anschließen sollten; der Verband der Zurichter ignorierte sie jahrelang. In Hamburg war 1890 der »Verband der Kürschner, Zurichter, Mützenmacher und verwandten Berufsgenossen« gegründet und damit die frühere Bindung an die Schneider aufgehoben worden. Die Zurichter aber verstanden sich als Vertreter eines eigenen Gewerbes und suchten Trennung von den Kürschnern. Natürlich förderten die Unternehmer keinesfalls den Gedanken der Zusammengehörigkeit von Zurichtern und Kürschnern, sondern versuchten, ihn zu hintertreiben. So organisierten die Weißenfelser Zurichter 1892 einen eigenen Verbandstag, und 1895 entstand der »Verband deutscher Rauchwarenzurichter und deren Berufsgenossen«. Von 1902 an bildeten die Zurichter im neu aufgebauten »Deutschen Kürschnerbund« – Sitz des Ausschusses Leipzig – eine eigene Sektion. Nach Überwindung vieler innerer Zwistigkeiten vereinte sich schließlich 1923 der »Deutsche Kürschnerbund« mit dem »Bekleidungsarbeiter-Verband«, der alle Beschäftigten der Branche, gleich welchen Bereichs und welcher Qualifikation, aufnahm und für 1925 den ersten allgemein akzeptierten Tarifvertrag durchsetzte.

Nach der 1913 gezahlten Lohnsumme verdiente ein in der Zurichterei Beschäftigter im Durchschnitt 21,27 Mark wöchentlich. Für das darauffolgende Jahr ist die Lohnsumme zwar nicht bekannt, aber der Verdienst der Hilfsarbeiter: männliche Jugendliche unter 16 Jahren kamen wöchentlich auf 9,52 Mark, weibliche auf 6,72 Mark, männliche Jugendliche unter 24 Jahren auf 26,88 Mark, weibliche auf 15,64 Mark. Hilfsarbeiter der Zurichtereien verdienten somit nicht mehr als die schlechtbezahlten Arbeitskräfte der Textilindustrie.

In kleinen Betrieben, weniger in großen, gab es einen »Stein des Anstoßes«: die Feierabendregelung. Die Zurichter kämpften um die Sicherung ihres den Unternehmern abgetrotzten Rechtes: der Befreiung von den Vorbereitungsarbeiten für den nächsten Tag. In den Kürschnereien wurde nach Arbeitsende gemeinsam die Werkstatt aufgeräumt und so ein einheitlicher Feierabend gesichert, aber die Zurichter schlossen sich als »Akkordlöhner« von Nach- bzw. Vorbereitungsarbeiten aus. Nach langwierigen Auseinandersetzungen wurde schließlich auch durch die wachsende Kraft der Arbeiterklasse die 66-Stunden-Woche 1900 durch die 60-Stunden-Woche abgelöst und 1909 die wöchentliche Arbeitszeit auf 56 Stunden reduziert. Diese Regelung galt für die Hilfskräfte; die Zurichter erreichten dann auch nach 1909 die 48-Stunden-Woche für sich.

Im Lohnsystem hielten sich lange zwei Sonderregelungen: Gruppenarbeit und Gleichpartsystem. Gruppenarbeit hieß: Der Inhaber des Betriebes überließ den Beschäftigten einen Posten zu einem bestimmten Satz. Über ihre Anteile verständigten sich die Arbeiter untereinander. Dieses 1918 aufgehobene Verfahren war nur in kleinen Betrieben üblich. Gleichpartsystem bedeutete: ob der Zurichter an der Maschine stand oder auf der »Bank« saß, der Verdienst war der gleiche. Da der Streik bei der Firma *Jeute* die Einführung der Entfleischmaschine nicht verhindern konnte, waren die Zurichter – im Sinne einer einheitlichen Entlohnung – trotz vieler Widrigkeiten zu dieser internen Regelung geschritten. Das Gleichpartsystem fand in Klein-, aber auch in Mittelbetrieben viel Verbreitung und behauptete sich bis 1921. Je nach Stückzahl Fell wurde der Zurichter – einschließlich Beizen, Trocknen und Wenden – entlohnt.

Stücklohntarif von 1901:

Fellart	Pfennige	Fellart	Pfennige
Hermelin	5	Dachs	30
Kolinsky	8	Baummarder	12
Nerz	8,5	Hase	8
Opossum	8	Nutria	18
Skunks	8	Wasserschwein	17
Zobel	14		

Nach anfallender Fellart und jahreszeitlich bedingter Konjunktur bzw. Flaute fiel der Wochenlohn des Zurichters verschieden aus.

Etwa-Verdienst in einer Woche in Leipzig, 1913:

Berufszweig	Mark
Maschinenbauer	41,25
Maurer/Zimmerleute	34,20
Buchdrucker	33,–
Zurichter	33,60

In den Jahren nach dem ersten Weltkrieg verschob sich das Lohngefüge. Erst die Lohnerhöhung von 1925 um 20 % sicherte dem Zurichter wieder den Stundenlohn der Vorkriegszeit, der Reallohn aber lag noch 1927 bei nur 90,2 %. Gearbeitet wurde im Akkord. Da Gruppenlohn und Gleichpartsystem der Vergangenheit angehörten, gab es jetzt eine Differenzierung: die Zurichter verdienten 1929 wöchentlich zwischen 44,13 und 88,35 Mark; manche erreichten nicht den Stundenlohn von 109 Pfennigen, während andere z. T. beträchtlich darüber lagen. Die Buchdrucker erhielten einen Stundenlohn von 116,9 Pfennigen, die Maurer von 140,5 Pfennigen. Anders als vor dem ersten Weltkrieg zählten die Zurichter nicht mehr zu den Spitzenverdienern der Leipziger Arbeiter.

Die Leipziger Färberei

Was der »Rasende Reporter« aus Prag den Sachsen angelastet hat, galt eigentlich den Leipzigern. Sie waren es, die sich der Färberei verschrieben, es dabei aber auch zu weltweit gerühmter Meisterschaft gebracht hatten.

> *Färbereien machen das Haustier zum Raubtier und das Raubtier raubtierhafter. Seltsamerweise sind es die Sachsen, die sich diesem Gewerbe der Verwilderung und Bestialisierung angenommen haben.*
>
> *(Egon Erwin Kisch)*

Unklug und erstaunlich wäre es gewesen, wenn die Leipziger die Fellfärberei anderen überlassen hätten, denn wo sonst gab es ein besseres Angebot an Rohware und vielversprechendere Aussichten auf Export veredelter Ware als in Leipzig, dem Umschlagplatz für Rauchwaren?

Um die natürlichen Voraussetzungen der Färberei, die Wasservorräte, brauchte sich niemand zu sorgen. Von den hiesigen Wasserläufen (auch den kleinsten) versiegte in der Regel im Sommer keiner, und damit war den Färbereien eine kontinuierliche Jahresproduktion gesichert. Da vier Flüsse, Pleiße, Weiße Elster, Luppe und Parthe das Stadtgebiet durchziehen, konnte man wählen, welches Wasser sich zum Färben der verschiedenen Fellarten am besten eignete. Mit einer gewissen Unbekümmertheit ließ sich auch flußaufwärts schauen. Es gab (noch) keine Industrie, die mit ihren Abwässern die Färbereien beeinträchtigte oder die zusätzliche Kosten für die Beseitigung störender Bestandteile wie Kalk-, Magnesia- und bestimmte Eisenverbindungen verursacht hätte. Das dringend benötigte Natriumchlorid und Natriumsulfat fand sich im Flußwasser reichlich, besonders in der unscheinbaren Luppe.

Zur Herausbildung eines »Färbereiviertels« sollte es nicht kommen. Dazu war die Auswahl an Flüssen zu groß. Nur die Angerstraße könnte als gewisses Zentrum von Leipzigs Färberkunst gelten. *Adolf Sieglitz* ließ sich 1876 in der Barfußmühle nieder, zog aber infolge Platzmangels und Ärgerüberschusses mit den Nachbarn bald nach Plagwitz um. Wie die Zurichtereien wurden auch die Färbereien im Stadtzentrum ungern gesehen.

Hinter den Geldgebern verbargen sich in der Regel Leute vom Brühl. Der Rauchwarenhandel erlebte im letzten Viertel des 19. Jahrhunderts eine Blüte, und Investitionen gegenüber bestand eine gewisse Aufgeschlossenheit. Wer sich zum Bau einer Färberei entschloß, errichtete oft zugleich eine Zurichterei. So entstanden Familienunternehmen, die den Rauchwareneinkauf, die Zurichterei, die Färberei und den Absatz veredelter Waren beherrschten. (Von acht Aktiengesellschaften Ausgang der 20er Jahre waren sieben Familienunternehmen. Zusammen repräsentierten sie ein Aktienkapital von 6,019 Mill. Mark; 2 Mill. Mark entfielen allein auf die *Rauchwaren-Walter AG* in Mark-

Anzeige der Firma Sieglitz & Co., Angerstraße 30, in der Zeitschrift »Pelzhandel« von 1905.

ranstädt. Anders als in der Schwerindustrie war in der Rauchwarenbranche der Kapital-
bedarf gering.) Weil sie Lohnaufträge ausführten, blieben die Färbereien jedoch wirtschaftlich selbständig. Sie färbten für jeden Kunden, nicht nur für das »Stammhaus«,
doch dieses ließ fast nur bei der »Tochtergesellschaft« arbeiten.

Die erste Färberei gründete 1854 *A. Herzog.* Sie sollte es einmal auf eine Kapazität
von einer halben Million Felle pro Jahr bringen. Vier Jahre benötigte *Herzog,* um ein
brauchbares Resultat seiner Arbeit vorweisen zu können, was nicht ermutigend wirkte.
Zögernd nur entstanden bis 1875 drei weitere Färbereien; nun gab es vier mit zusammen
40 Beschäftigten. Durchschnittlich waren das nicht mehr Arbeiter als in den Zurichtereien. Bei der nächsten Betriebszählung 1882 wurden 13 Färbereien mit 169 Mitarbei-
tern registriert. Über das Produktionsjahr 1887 wissen die Statistiken zu berichten, daß
in Leipzig 2,75 Mill. Felle gefärbt wurden; bei einem Wert der Rohware von 5,2 Mill.
Mark betrug der Aufwand für die Färbung 780 000 Mark. Durch die Hände der Zurichter gingen weit mehr Felle – 4,96 Mill. (1886) mit einem Rohwert von 9,22 Mill. Mark,
doch die erreichte Werterhöhung betrug nur 749 000 Mark.

Ein Zentrum der Rauchwarenfärbung war Leipzig noch nicht, aber es gab Anfänge,
die für die Zukunft eine Sonderstellung versprachen.

Das Produktionsverfahren wurde geheim gehalten. Anfangs mag das eine Reaktion
auf die vielen Anfeindungen gewesen sein, galt doch das Färben noch immer als »Schönfärberei« (als halber Betrug). Später sahen erfolgreiche Färber in der Wahrung des Pro-
duktionsgeheimnisses vor allem ein Mittel zur Steigerung ihres Gewinns. Selbst im
Betrieb kannten nur wenige Mitarbeiter Details des Verfahrens. Sie wurden relativ gut

101

bezahlt. Hilfskräfte dagegen verdienten Ausgang des 19. Jahrhunderts nur wöchentlich sieben bis zehn Mark und damit weniger als ungelernte Arbeiter in den Zurichtereien. Weil man sich über die Färbetechnik ausschwieg, blieben auch Zeitaufwand und Risiko weithin unbekannt.

> *»60 Nerze muß veredeln, wer einen verdorbenen Nerz zu ersetzen hat!«*
> *(Rudolf Kniesche)*

Wie in den Zurichtereien lag eine besondere Schwierigkeit in der Unausgeglichenheit des Materials, was daraus zu erklären ist, daß dieses ein natürlicher Rohstoff ist. Selbst Spezialisierung auf bestimmte Artikel nutzte hier wenig. Die klimatischen Bedingungen, unter denen beispielsweise ein Fuchs gelebt hat, beeinflussen erheblich das Fell, und selbst Erfahrungen mit Rohware aus einer bestimmten Region können sich als trügerisch erweisen. Das Klima und die Temperaturen spielten eine nicht zu unterschätzende Rolle. (Vielleicht war der letzte Winter viel strenger oder milder als der vorangegangene.)

Überwiegend griffen die Leipziger Firmen auf Holzfarben zurück, seltener auf pflanzliche Farbstoffe (Färberwau). Es handelte sich dabei um altbewährte Mittel. Gar so schlechte Chemiker waren die Färber im Mittelalter oder zu Beginn der Neuzeit keineswegs. Von *A. Herzog* ist bekannt, daß er das Farbholzauskochen selbst besorgte; auf dem Markt angebotene Extrakte waren ihm zu harzhaltig. Als Ausgangsmaterial diente das aus Mittelamerika bzw. den tropischen Ländern Asiens importierte und entsprechend teure Campeche-Holz, umgangssprachlich Blauholz genannt.

Aber Holzfarbe allein machte es nicht. Aus der Zeit um 1860 ist für die Veredlung von Schaffellen eine Rezeptur überliefert: »Man siedet 1 1/2 Stunden 100g Eisenvitriol, 1/2 kg Kupfervitriol, 1/4 kg roten Weinstein und 60 g Alaun, taucht die Felle in dieses Bad, läßt sie über Nacht ablaufen und färbt am nächsten Tage ungespült mit 4 kg Blauholz aus.« Ob der gewünschte Farbton getroffen war, stellte sich nach dem Trocknen und Läutern heraus.

Mit Schwarz begann man. Der Begriff Schwarze Kunst trifft also auch hier in des Wortes ureigenster Bedeutung den Kern. Angesichts der geringen Auswahl an Farben gab es keine Qual der Wahl. Aufgekommen war die Schwarzfärberei mit Naturfarbstoffen um 1832 in Lyon, und Leipzig hatte gegen die erfahrenen französischen Konkurrenten einen schweren Stand. Mit Blauholz ließ sich zwar ein schöner tiefschwarzer Farbton erzielen, aber »schön« gefärbt hatten schon die Kürschner von ehedem. Mangels Luft-, Licht- und Trageechtheit ihrer Erzeugnisse waren sie jedoch in Mißkredit geraten.

Bestrich man früher nur die Oberhaare, so wurde nunmehr durchgefärbt, was der wichtigste Fortschritt war. Längst nicht gebannt war aber die Gefahr des Abrußens (Abfärbens). Ihr ließ sich mit Durchfärben der Felle allein nicht beikommen; dazu bedurfte es einer speziellen Beiztechnik. *Herzog* kostete es zwei Jahrzehnte, bevor er eine brauchbare entwickelt hatte. Seine Experimente brachten noch Erkenntnisse anderer

Art: Holzfarbstoffe auf bestimmten Beizen lieferten ausnehmend satte, weiche und leuchtende Farbtöne und verlangten nicht unbedingt den Einsatz des teuren Blauholzes, das preiswertere Domingo-Holz versprach ebenfalls Erfolge. So entwickelte sich das Beizen regelrecht zur »Wissenschaft«.

Die zur Schwarzfärberei zählende Braunfärbung wurde in Leipzig erstmals 1881 erwähnt. *Ott,* ein Färber der Firma *H. Steinbeck* in Markranstädt, riskierte den Versuch, der »zu brauchbaren, aber nicht befriedigenden Resultaten geführt« hatte, wie *Steinbeck* äußerte. Außenstehende bekamen diese Partie nicht zu sehen. Die Londoner Veredler, denen das Verfahren zu verdanken war, scheinen ebenfalls Schwierigkeiten gehabt zu haben. Nach *Larisch* begannen sie 1842 mit einer Färbung, die einem dem »gerupften Fischotter ähnlichen Braun« glich. *A. B. Citroen* in Berlin brauchte mehr als zwei Jahrzehnte, um ein gleichmäßiges Braun zu erzielen. Die Leipziger Färberei schaffte es binnen fünf Jahren, denn *Ott* hatte jahrelang in einer Londoner Färberei gearbeitet und anders als *Citroen* einen direkten Einblick in die Praxis englischer Veredler erhalten. Schwarzbraun wurde zum Grundtyp der Rauchwarenfärberei. Originalität erreichte die Leipziger Färberei bei vielen Artikeln, und doch erlangten zwei besondere Bedeutung: Fuchs und Persianer. Mit seiner Schwarzfuchsimitation gelang *Adolf Sieglitz* der große Sprung in die vorderste Reihe weltweit bekannter Fellfärber. Von Haus aus war er Chemiker. Fuchsfelle wurden damals wenig geschätzt, und es verwunderte, daß *Sieglitz* sich ihrer überhaupt annahm. Für Versuche seien sie billig zu haben, hieß es in der Branche. Sein erster Schwarzfuchs sah schwarz nur in der Farbflotte aus; nach dem Läutern schimmerte er verdächtig olivgrün. Zu allem Überfluß wurden die Spitzen nach wenigen Tagen rot. Um 1886/87, zehn Jahre nach Gründung der Färberei *Sieglitz,* hatte sich der Leipziger Schwarzfuchs seinen Platz auf dem Markt gesichert, und in den 90er Jahren fand er weltweit Beachtung.

Die Färberei *Theodor Thorer,* 1893 gegründet, beschäftigte sich früh schon mit der Bearbeitung von Persianern. Bereits in den 70er Jahren des vergangenen Jahrhunderts hatte ein Markthelfer namens *Mandel* ausgesuchte braun-schwarze Lammfelle mit Holzfarben gefärbt. Durch *Thorer* wurde der Persianer, der sein heutiges Aussehen der erst 1924/25 in den USA entwickelten Pelzbleiche, einer der Färbung vorangehenden Decolorierung der Naturfärbung, verdankt, zum Edelfell. Persianer von *Thorer* waren geschätzt wegen ihrer tiefblauschwarzen Locken, die blaue Nuance auf der Lederseite als Gütezeichen. In den 20er Jahren unseres Jahrhunderts entfielen auf *Thorer* etwa 70 % der in der Welt veredelten Persianer. Dabei wurden wie eh und je gute Holzfarben verwendet. Die Basis der Färbereien blieb zunächst schmal, galt doch so mancher Artikel als nicht verarbeitbar. Um 1880 traf beispielsweise in Leipzig die erste Lieferung Chinchilla ein. Die Veredler betrachteten das seidenweiche Fell und resignierten. Enttäuscht schanzten die Rauchwarenhändler die Chinchilla schließlich den Hutmachern zu – für 30 Schilling das Dutzend. Daß Chinchilla später an die 1000 Mark und mehr je Dutzend kosten würde, erschien damals unglaublich.

Maulwurffelle wollte niemand verarbeiten, weil sie zu klein wären. Eine Grenze anderer Art ergab sich bei den Holzfarben: trotz raffinierter Beizmethoden ließen sich nur wenige Nuancen erzielen.

Eine Kollektion von 20 000 Füchsen auf der Ravag-Auktion 1929.

Die Buntfärberei setzte andere Maßstäbe. Synthetische Farbstoffe herzustellen war dem Hallenser Chemiker *Hugo Erdmann* zu danken, der 1888 ein produktionsreifes Verfahren beim Patentamt anmeldete. Die *AGFA-AG* für Anilinfarben, später von der *IG Farbenindustrie AG* übernommen, brachte auf der Basis des Prinzips von *Erdmann* 1894 die »Ursole« heraus (Sammelname für synthetische Pelzfarbstoffe), die *Jean Heinrich Heiderich,* der drei Jahre später ein Buch über das Leipziger Kürschnergewerbe veröffentlichte, noch ignorierte. Nach der Fachpresse zu urteilen, reagierten die Leipziger Färber auf das neue Angebot nur zögernd und nicht vor 1900. Die Anwendung der »Ursole« wich völlig von den bei Verwendung von Holzfarben üblichen Methoden ab, womit sich die Färber erst anfreunden mußten. Die nun mögliche Buntfärberei wurde nicht sofort akzeptiert und die Meinung, der Kunde wolle andere als schwarze Ware gar nicht, erst allmählich verdrängt.

Zwanzig Jahre später sprach man in Leipzig von einem Färberrausch. Die unwahrscheinlichsten Exponate kamen auf den Markt, die Felle wurden blau gefärbt und grün, Silber aufgepreßt und sogar Gold. Besonders das grüne Pelzwerk wurde eine beliebte Zielscheibe der Karikaturisten. Als sich unabsetzbare Ware in den Magazinen häufte, kam die Ernüchterung. Eines verdeutlichte der »Färberrausch« immerhin: Die vor 1914 noch weit verbreiteten Zweifel an den universellen Möglichkeiten der Anilinoxydationsfärberei waren verflogen, die Imitation aller Pelzarten auf der Basis preiswerten Materials Realität geworden.

Gegen den für veredelte Felle gebrauchten Begriff »Imitation« erhoben die Kürschner berechtigterweise Einspruch. In der Kürschner-Zeitschrift von 1940 stand: »Man muß die Leistungsfähigkeit (der) ... Rauchwarenveredelung bewundern, die imstande ist, aus dem einfachen Kaninfell eine so große Anzahl in Farbe und Glanzwirkung hochwertige Veredelungen hervorzubringen. Das sind hochwertige Veredelungen, jawohl niemals aber ›Imitationen‹. Auch echte und unechte Felle sind falsche Begriffe.«

> Um einzumummeln die Schönheit
> in die winterlichen Gewänder
> braucht man pelztragende Tiere in großer Zahl;
>
> Füchse – blau, fahlrot, gesilbert –
> Bären mit ihren mächtigen Schultern,
>
> Luchse mit schwarzen Flecken,
> Hermeline, weiß und schimmernd;
>
> weiche Felle, schmeichelnde Vliese,
> Ottern, Biber, Skunks, Zobel,
> Nerz, Vicunja und Chinchilla!
>
> Und das Kaninchen sagt: göttliche Lüge,
> dies alles bin ich!
>
> (Louis Marsolleau)

Synthetische Farbstoffe eröffneten große Perspektiven. So war das Einbeziehen immer neuer Fellarten möglich, der Mangel an Edelfellen überwindbar durch Imitationen und dank neuer Farbtöne bis hin zu Phantasiefarben oder Druck- bzw. Spritzeffekten der Mode Raum gegeben. Fuchs und Persianer blieben im Zeitalter der Buntfärberei Leipziger »Spezialitäten«. Für die Bleiche von Persianerfellen führte *Friedrich König* das in der Textilfärberei eingesetzte Eiweißprodukt Egalisal ein. Nach dem IPA-Katalog von 1930 veredelte man in Leipzig Iltisse und Opossum auf Zobel, Waschbär auf Otter und Murmel auf Nerz.

Es ließe sich manches ergänzen: *Robert Mayer*, der vor 1914 mit moirierten Fohlen von sich reden machte, griff auf Kalbfelle zurück. Die früher völlig unbeachtet gebliebene Haut der Wasserschweine von Argentinien (Viscacha) gelangte durch eine Peschaniki-Imitation zu allgemeiner Wertschätzung. Die Firma *Kurt Wachtel* (Taucha) wurde bekannt durch gefärbte Whitecoats, *Arthur Hermsdorf* durch grau-weiß gefärbtes indisches Lamm, *Max Wassertrom* durch »Buenos« mit flammiger Maserung.

In nur wenigen Farben wurde das Ausland nicht oder spät erreicht. Das galt für die Pariser Chapalfarbe in Seal auf Bisam und Kanin sowie Fohlen auf schwarz und braun, die Londoner Rice-Farbe auf Sealskin und die New Yorker Bindseil-Zobelfarbe auf Rotfuchs.

1928 existierten im Kreis Leipzig nach der damaligen Statistik 155 Veredlungsbetriebe. Im Bezirk Leipzig befanden sich 191 oder 83,1 % aller im Landesmaßstab registrierten. Somit war der Leipziger Raum die »Hochburg« deutscher Rauchwarenveredelung. Und für den Leipziger Brühl waren die Veredlungsbetriebe um Leipzig die Basis, wo die eingekaufte Ware auf kürzestem Wege zugerichtet und gefärbt werden konnte –, das war die große Stärke des Brühl!

Kürschner – Kürschnertag – Neuheiten

Wer dem Brühl einen Besuch abstattete und auf einen Pelz als begehrenswertes »Mitbringsel« aus war, brauchte sich weder lange umzuschauen noch weit zu gehen: hier fand er genügend Kürschnereien mit Ladengeschäften.

Zwischen 1849 und 1875 stieg die Zahl der Kürschnereien von 72 auf 125, die der Beschäftigten von 197 auf 553. Später wurden Kürschnereien und Zurichtereien statistisch vereint; lt. Adreßbuch gab es 1929 neben 184 Kürschnereien auch 89 Pelzfachgeschäfte.

Von der Kürschnerei *Friedrich Erler,* einer der ältesten und bedeutendsten auf dem Brühl, ist ein Preiskatalog von 1888 überliefert. Danach wurden 225 Artikel angeboten.

Damenartikel: Reise- und Fahrmäntel, Paletots, Bordüren, Radmäntel, Pelerinen, Hausjäckchen, Barette und Hüte, Pelzfutter für Damenmäntel, Garnituren.

Herrenartikel: Reisepelze, Jagd- und Reitröcke, Kopfbedeckungen, Kutscherpelze, -kragen und -mützen, Jagdmuffen, Pelzstiefel, Fußkörbe, Fußbänke, Teppiche aller Art, Wagendecken, Schlittendecken.

Auch *Karl May* kaufte in Leipzig einen Pelz, was aber einen unrühmlichen Ausklang fand.

Aus einem Polizeiprotokoll vom 20. März 1865: Der Kürschnergeselle Otto Erler sagt aus: »Derselbe (gemeint ist Karl May) sei (unter dem Namen Hermin) nachmittags in das Geschäftslokal, wo nur Erlers Schwiegermutter nachmittags anwesend gewesen, Brühl Nr. 73 gekommen, habe einen Biberpelz mit Biberfutter und desgleichen Aufschlag und schwarzem Tuchüberzug für 72 Taler gekauft und den Auftrag gegeben, den Pelz in seine Wohnung bei Frau Hennig zu tragen. Dies habe Erler jun. auch getan, habe den angeblichen Hermin angetroffen, demselben den Pelz übergeben und nun auf Zahlung gewartet. Hermin sei damit zur Stube hinausgegangen, um den Pelz seinen Wirtsleuten zu zeigen, jedoch nicht wiedergekommen.« Karl May versetzte den Pelzmantel auf dem Leihhaus für 10 Taler. – Wegen des Pelzdiebstahls und einiger anderer Vergehen wurde er zu 49 Monaten Arbeitshaus verurteilt. Die Strafe trat er am 14. 6. 1865 an; am 2. 11. 1868 wurde er begnadigt.

Leipzigs Geschichte sorgte auch für »Geschichten«! Um die Jahrhundertwende war schon auffallend großes und kostspieliges Pelzwerk im Angebot. Eines regen Zuspruchs erfreute sich eine Zeitlang die modische Pelzjacke, die aber zwischen 1900 und 1912 verdrängt wurde durch den langen und entsprechend teuren Pelzmantel.

Dieser Wandel ging auf Neuerungen zurück, die von England bzw. Frankreich kamen. Londoner Färbern war es 1842 geglückt, Seal zu färben.

Die Kürschner nutzten die Chance und brachten 1847 eine neue Kreation, den Seal-Paletot, auf den Markt.

In Paris kreierte man 1885 eine Damenjacke aus Persianer. Der Entwurf soll von Couturier *Charles Worth* stammen, der bekannt wurde durch den erstmaligen Einsatz von Mannequins auf der Wiener Weltausstellung 1855 (bis dahin streifte man Puppen aus Weidengeflecht die Modelle über). Hergestellt von der Firma *Revillon Frères,* wies die französische Persianerjacke eine wichtige Neuerung auf: die Felle waren mit der Haarseite nach außen verarbeitet worden.

Die Weltausstellung in Paris 1900 zeigte neue Möglichkeiten. *Paul Larisch,* damals in einer Kürschnerei an der Seine tätig und einer der 45 Millionen Besucher, wußte zu vermelden:

»Was diese schöne Ausstellung von denen früherer Jahre besonders unterscheidet, ist die Herstellung von langen Mänteln oder Damenkleidern aus kleinen Fellen, wie Zobel, Nerz oder Chinchilla; während man diese Artikel bisher nur von Persianer, Breitschwanz, Caracul oder Loutre anzufertigen gewohnt war, zeigen die in so vollendeter Schönheit ausgestellten Gegenstände der Ausstellung 1900, daß in dieser Hinsicht in der Wahl des Materials keine Schranken bestehen.«

Für einen gezeigten Mantel aus kanadischen Nerzen waren 191 Felle verarbeitet worden, für eine Redingote aus Peru-Chinchilla 200. Durch die weitgehende Unabhängigkeit vom Material konnte eine völlig neue, bisher noch nicht bekannte Pelzmode entwickelt werden.

> *Die wesentliche Wirkung der Eleganz ist,*
> *den Aufwand, den sie erfordert, zu verbergen.*
> *(Honoré de Balzac)*

Noch waren die Pelze zu teuer, um einen großen Markt zu finden. Ein Breitschwanz-Mantel kostete in Leipzig 1913 bis zu 3 000 Mark, ein Persianermantel etwa 2 400 Mark; selbst eine Fohlenjacke war unter 450 Mark kaum zu haben.

Sieht man von den Fellpreisen einmal ab, so war der handwerkliche Aufwand noch viel zu groß, um Pelzwerk kostengünstig liefern zu können. Ein Prinzeßkleid aus kanadischen Nerzen galt auf der Pariser Weltausstellung als schönstes Stück. Verarbeitet wurden 150 Nerze. Die Herstellung dieses Kleides erforderte 200 Gesellenstunden und – 1 000 Stunden Handnäherei, insgesamt also 1 200 Arbeitsstunden.

Zu den Veränderungen in der Pelzproduktion trugen viele mit bei: Jagdwesen und

Modell mit Pelzverarbeitung der Pariser Weltausstellung 1900.

Chinchilla-Mantel, Modell von 1900. Die Pariser Weltausstellung erweckte Wünsche, die sich als unerfüllbar erwiesen. Chinchilla waren nach 1918 auf dem Brühl – durch übertriebene Jagd auf die kleinen Pelztiere – kaum noch zu haben.

Herrenpelz um 1900.

Handel deckten den erhöhten Rauchwarenbedarf, die Färber lieferten durchgefärbte, die Zurichter geschmeidigere Felle. Die Kürschner schließlich mußten außer solider Warenkenntnis und handwerklichem Können modisches Empfinden haben. Ihre Produktivität hing trotz hohen Anteils an Handarbeit wesentlich ab von den Leistungen des Maschinenbaus. Die Erfindung der Klopf-, Pikier- und Pelznähmaschine erhöhte die Produktivität der Kürschner.

Viel Zeit sollte verstreichen, bevor die Industrie eine brauchbare Pelznähmaschine anzubieten vermochte. Die Hauptschwierigkeit lag dabei im Material. Wer einen Fohlenmantel aus der Zeit vor dem ersten Weltkrieg in die Hand bekäme, wäre verblüfft über die Härte des Leders. Zobel war zwar geschmeidiger, aber »Geschmeidigkeit« ist ein relativer Begriff.

Noch dachte keiner an eine erhöhte Nachfrage bei Pelzmänteln, als sich 1870 *A. B. Citroen* (Berlin) nach einem Maschinenbauer umsah. Gehör fand er bei *Joseph Priesner* (Berlin). *Citroen* legte ihm zwei Artikel vor: einen Muff und eine Stola. Und er hatte einen Wink parat: in den Handschuhfabriken sollte es schon eine Maschine für die bei Pelzwerk erforderliche überwendliche Naht geben. *Priesner* experimentierte zwei Jahre

Pariser Pelzmode um 1900. Neben »Brüssel war vor allem Paris tonangebend«
(besonders in dieser Zeit das Haus Revillon Frère).

»Electra«, eine der ersten Pelznähmaschinen, von der Berliner Firma Joseph Priesner, 1872.

Eine Weiterentwicklung der ersten Pelznähmaschine war die »Electra I a«,
für die der Hersteller, Joseph Priesner, 1873 auf der Weltausstellung
in Wien eine Goldmedaille errang.

lang, ehe er 1872 die erste Pelznähmaschine der Welt auf den Markt bringen konnte; sie
trug die Typenbezeichnung »Ia«, fertigte mit zwei Fäden eine feste, geschlossene Naht,
die aber etwas zu hoch und nicht dehnbar genug war. Trotz Unzulänglichkeiten wurde
der »Pelznähmaschine Ia« 1873 auf der Weltausstellung in Wien völlig zu Recht eine
Goldmedaille zuerkannt, war doch das Problem prinzipiell gelöst und nur Verbesserun-
gen vonnöten. Direkt von der Weltausstellung erwarb als erster Leipziger Kürschner
Lev Witzleben die neue Maschine. Zwei Leipziger Maschinenbauer, *Kranich* und *Stro-
bel,* brachten noch vor dem ersten Weltkrieg eigene Entwicklungen auf den Markt, und
aus den USA kam 1888 die »Boland«. Führend aber blieb *Priesner,* der 1881 verstarb
und dessen Betrieb von *M. Rittershausen* weitergeführt wurde. Kleinbetriebe setzten
gern die »Elektra« ein. Sie galt als Universalnähmaschine und nähte zuverlässig alles
»zwischen Bär und Chinchilla«. Um 1899 kam die »Success« heraus, die bis in die 20er
Jahre hinein den Markt beherrschte und deren Hersteller *Rittershausen* war. Sie galt als
der »deutsche Erfolg«, aber das traf nicht ganz den Kern; es handelte sich um ein englisches Patent.

Der Siegeszug der Pelznähmaschine brachte manche Veränderung. Da sie leicht zu
bedienen war, stellten die Meister zunehmend ungelernte Arbeitskräfte ein, vornehmlich Frauen. 1882 wurden erstmalig 78 weibliche Mitarbeiter in Leipzigs Kürschnereien
registriert. In der Weimarer Republik waren etwa 50 % der Beschäftigten Frauen. Der
gelernte weibliche Kürschner blieb noch eine Ausnahme.

Der Einsatz der Pelznähmaschine ermöglichte auch den Übergang zur Pelzkonfektion.

Ab 1874 erschien in Leipzig die »Allgemeine Kürschner-Zeitung«, das erste Fachblatt
der Branche. Am 16. April im gleichen Jahr lud die Redaktion für den 18. des Monats

zum ersten Kürschnertag in den Kleinen Saal des Universitätskellers in der Ritterstraße ein. Was sie eigentlich damit bezweckte, blieb noch im unklaren, aber es war gerade Rauchwarenmesse, und die angesprochenen »Fachgenossen« strömten in unerwartet großer Zahl herbei. Es fanden sich etwa 300 ein, so daß der »Kleine Saal« voll besetzt war. Für die durstigen Kehlen sorgte der rührige Wirt reichlich, nur blieb völlig im dunkeln, was die »Allgemeine Kürschner-Zeitung« eigentlich für Vorstellungen hatte. Durch Zuruf wurde schließlich eine Tagungsleitung gewählt (*Löwenthal*, Leipzig), die ohne Programm mit ihrem Amt wenig anzufangen wußte. Man »redete drauflos«, und – wie nicht anders zu erwarten – verlief der erste deutsche Kürschnertag wie das »Hornberger Schießen«.

Doch das erlittene Fiasko bewahrte den Kürschnertag, in Vergessenheit zu geraten, bleiben doch Mißerfolge im Gespräch eher als Erfolge. Am Ende saß der Haken, den die Zeitungsleute ausgeworfen hatten. Es fanden sich einige Kürschner, nach deren Auffassung die regelmäßigen Begegnungen der Rauchwarenmesse zu Leipzig niveauvoller gestaltet werden sollten als in einem Bierabend.

Seit 1835 gab es bereits den von ständigen Messebesuchern ins Leben gerufenen »Verein der Kürschner und Pelzhändler«, genannt »Von der Couleur«, der seine einzige Aufgabe in der Förderung der Geselligkeit an den Messeabenden sah. Als Meister *Lev Witzleben* aus Leipzig auf dem Kürschnertag in den Vorstand gewählt werden sollte, lehnte er mit dem Hinweis ab, er sei schon seit vier Jahren Präsident des »Vereins Deutscher Kürschner«. Die anderen schauten verwundert drein: niemand kannte den Verein, dem seiner Bezeichnung zufolge überregionale Bedeutung zukommen mußte. Tatsächlich hatten sich Ende 1869 im Leipziger »Eldorado« 36 Meister organisatorisch vereint. Im Verlaufe von vier Jahren kamen aber nur 20 neue Mitglieder hinzu, alle aus Leipzig und Umgebung, und mehr als 56 Kürschner zählte der Verein wohl nie. Er verschwand schließlich so sang- und klanglos, wie er entstanden war.

Aber es kam zu einem neuerlichen Vorstoß: Weil »seit Einführung der neueren Gewerbegesetze die Mehrzahl der selbständigen Mitglieder unseres Geschäftes in hiesiger Stadt außer aller Verbindung stehen«, luden *Friedrich Erler, Gustav Nauck, Hermann Pfeiffer, Hermann Pingel* und *Robert Schütz* für den 26. März 1877 im »Plauenschen Hof« zur Bildung einer Genossenschaft ein. Deren Zweck sollte sein:

1. Wahrung der Interessen des Gewerbes nach innen sowie nach außen.
2. Förderung des gemeinschaftlichen Verkehrs. Austausch der gemachten Erfahrungen.
3. Untersuchung der Übelstände im Gewerbeleben und deren mögliche Beseitigung.

Diese Statuten, die eine wirtschaftspolitische Orientierung erkennen ließen, wurden gebilligt. *Friedrich Erler* übernahm den Vorsitz der »Genossenschaft«, und damit war der Kürschnerverein aus der Taufe gehoben, aber nur ein lokaler. Ab März 1878 nannte er sich »Die neue Kürschner-Innung in Leipzig« mit *Hermann Pfeiffer* als Vorsitzenden. Es gab neben dieser noch eine »alte Innung«, die jedoch all jenen den Zutritt verwehrte, die aus keiner traditionellen Kürschnerfamilie stammten und die von denen gemieden wurde, die den Gewerbeschein vom Rat der Stadt auf Basis der Gewerbefreiheit erworben hatten.

Der Gedanke lag nahe, die beiden Innungen zu verschmelzen. Man glaubte sich 1881 schon dicht am Ziel, doch wurde Einigung nur bei der Namensgebung »Kürschner-Innung zu Leipzig« erzielt. Die Vertreter des »alten« Vereins stellten zwei Bedingungen:

1. Die Mitglieder der alten Innung treten in alle Rechte der neuen ein, sind wahlberechtigt und wahlfähig, sie bleiben jedoch eine abgeschlossene Corporation, und es sind Innungssteuern von ihnen nicht zu erheben.

2. Der Beitritt zum Altmeister-Collegium ist nur noch Altmeisters-Söhnen oder -Schwiegersöhnen, die Kürschner sind und der Innung bereits angehören, gestattet.

Das waren unannehmbare Forderungen, und erst 1884 sollte es zum Zusammenschluß kommen.

Überregional war man derweil einen Schritt weiter: die Anwesenheit der Kürschner während der Rauchwarenmesse nutzend, lud am 1. April 1880 die Deutsche Hutmacher-Zeitung, eifrig unterstützt (oder gar angeregt) von der »Neuen« Innung zu Leipzig, für den 8. April zur Kürschnerversammlung in den Universitätskeller ein. Die 88 Gäste (wenig mehr als ein Viertel im Vergleich zu 1874) beschlossen, einen Verein Deutscher Kürschner (VDK) zu gründen, dessen Vorsitz *Friedrich Erler,* ein Leipziger, übernahm. Nun mußte man sich in Leipzig entscheiden: Auflösung oder Doppelmitgliedschaft. Weil er »tatsächlich Erfolge zu verzeichnen habe«, nahm man jedoch vorerst Abstand von der Auflösung des lokalen Vereins, die sich dann aber schließlich von selbst ergab.

Die Kürschnerversammlung 1880 hatte überraschend für den 27. April 1881, zur Rauchwaren-Ostermesse des folgenden Jahres, auf eine Neuheitenausstellung orientiert. Man wollte für die Branche werben, den Modeschöpfern mehr Spielraum geben. Viele Kürschner betrachteten es zwar als vergebliche Mühe, der dominierenden französischen Mode eigene Ideen entgegenzusetzen, aber einen gewissen Reiz vermochte man einer »Modenwahl« schon abzugewinnen, zumal der Veranstaltungsort Leipzig hieß. Über den Ausstellungsort hatte eigentlich der Vorstand zu entscheiden, aber da Leipzig den Vorsitzenden stellte und die Rauchwaren-Ostermesse eine Sonderstellung einnahm, wurde wie selbstverständlich »für alle Zukunft Leipzig allein für den Platz« gehalten, dem die Ausrichtung der Neuheitenausstellung zufallen sollte. Am 9. November 1880 kam ein einstimmiger Beschluß über die Unterstützung des Vorhabens seitens des Vereins Deutscher Kürschner (VDK) zustande.

Ein großer Erfolg sollte die erste Neuheitenausstellung nicht werden. Man ging das Vorhaben zu zögernd an, mit zu viel Respekt vor der französischen Konkurrenz. Eine Woche lang hatte die »Verkaufsausstellung für Pelzkonfektion, Kürschnerbedarfsartikel, Hüte, Mützen etc.« ihre Pforten geöffnet. Das Motto traf kaum den Kern. Man war auf eine Modenwahl aus, wagte dies aber mangels Selbstvertrauens nicht recht zu zeigen. Ob es sich überhaupt um eine Verkaufsausstellung handelte, ist den Akten nicht eindeutig zu entnehmen; auf der Generalversammlung der Leipziger Neuen Innung im Juli 1881 war nur von einer Musterausstellung die Rede. Die Branche reagierte auf die Neuheitenausstellung durchweg positiv. Es fielen Worte der Anerkennung, der Ermutigung. So war der VDK am Ende zwar nicht restlos zufrieden, sah sich aber auf dem richtigen Weg. So fiel die Entscheidung zugunsten einer jährlich stattfindenden Neuheitenausstellung, verbunden mit dem Kürschnertag und der Leipziger Rauchwarenmesse.

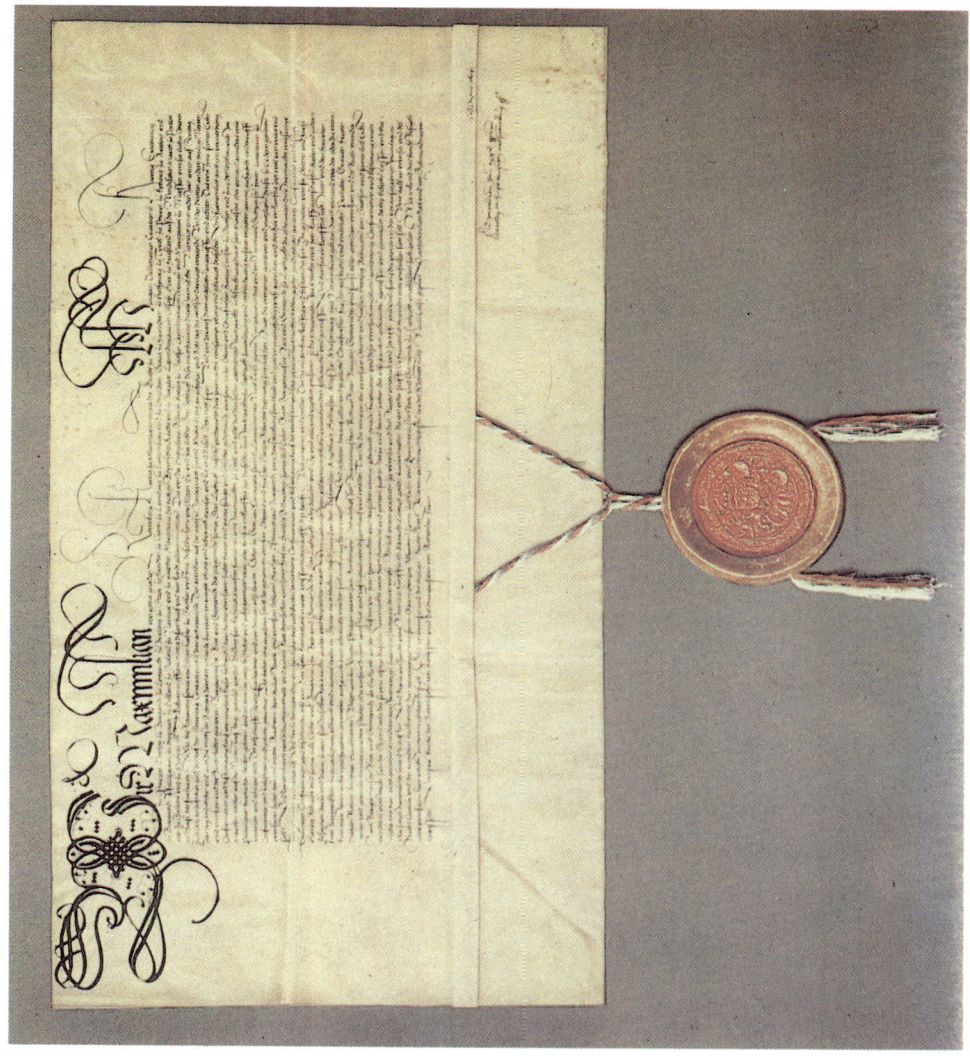

Ein selten wertvolles Dokument:
Die Bestätigung von Kaiser
Maximilian I. für Leipzig 1497
»mit Brief und Siegel« zu drei
»Jahrmärkten«, die Oster-,
Michaelis- und Neujahrsmesse.
Die Leipziger Messe wird zur
Reichsmesse.

Das Rathaus zu Leipzig 1873, erbaut 1556 zwischen zwei Messen durch Hieronymus Lotter.
Das Rathaus diente unter Lotter den Kürschnern als Pelzboden. Das Bild schuf Carl Werner
(1808 bis 1894); es gilt als »hart und unmalerisch«. Unbestritten ist der architekturhistorische Wert.
Der Künstler war Maler und Architekt.

Salomo Richter nannte sein 1788 entstandenes Werk »Ankunft der Russen«. Erstmals fanden sich russische Kaufleute um 1770 auf der Messe ein. Sie führten in der Regel Rauchwaren mit, wie Zobel, den »Edelstein« unter den Pelzen, oder das begehrte Feh.

Ein anonymes Flugblatt aus dem 18. Jahrhundert. Der Pelzverkauf erfolgte wegen besserer Lichtverhältnisse gern unter freiem Himmel. Das Säubern von Pelzen wurde im Takt mit dem Stock besorgt; es brachte dem Kürschner den Spottnamen »Mottenklopfer« ein.

Gemälde von Albrecht Dürer (1471 bis 1523) »Bildnis eines Unbekannten«
(Hans Imhoff; zu bewundern ist der prächtige Pelzkragen).

»Messetreiben im Brühl« (1822) aus »Leipziger Meßszenen« von Christian G. H. Geißler
(1770 bis 1844). Links werden gerade Rauchwaren abgeladen;
im Hintergrund die Heuwaage Ecke Ritterstraße.

Scherz oder Roheit? Das »Hänseln« der Messenculinge war noch im vorigen Jahrhundert
Brauch (Hänseln, von Hanse, bedeutet Vereinigung, hier im Sinne von Aufnahme
in die Gemeinschaft der Meßfremden). Die Kaufherren zahlten »einen« Umtrunk:
den ersten auf der Herfahrt, den zweiten im Quartier, den dritten im Gewölbe.
Der Karrner mußte durch die Speichen seines Wagens kriechen. Das ging nicht so schnell,
und so bot sich reichlich Gelegenheit, ihn derweil scherzhaft mit der Peitsche zu »traktieren«.
Bildnis von Georg Emanuel Opiz (1775 bis 1841).

Aus »Leipziger Meßszenen« von Georg Emanuel Opiz (1775 bis 1841) »Die Polen«.
Das Quartier scheint gesichert, der Wirt hat Brot und Zwiebeln als Willkommensgruß überreicht.
Polen war im Rauchwarenhandel ein bedeutender Handelspartner; allein aus Brody konnte
um 1800 zur Messe mit 200 Wagen voller Felle gerechnet werden.

»Messeverkehr vor dem Grimmaischen Tor« um 1820 aus »Leipziger Meßszenen« von
Christian G. H. Geißler (1770 bis 1844). Kaufleute benutzten meist die schnellere Postkutsche;
die schweren Planwagen, die oft wochenlang unterwegs waren, hießen in Leipzig
»Graue Elefanten«. Die beiden Rondelle befanden sich in Höhe des heutigen Karl-Marx-Platzes.

»Die Buden« aus »Leipziger Meßszenen« von Georg Emanuel Opiz (1775 bis 1841). Eigentlich war
der Platz der Buden auf dem Markt oder der Grimmaischen Straße. Der Maler hatte es hier
auf Vergnügungsstätten und kulinarische Genüsse abgesehen. Für die, denen es Broterwerb war,
gehörte das »Amüsement« zum harten Messegeschäft.

Von Georg Emanuel Opiz (1775 bis 1841) aus »Leipziger Meßszenen« »Die Russen«. Die Händler
dürften schwerlich zum ersten Mal in Leipzig sein; Wirtsleute und Meßgäste begrüßen sich wie
alte Bekannte. Die Tonne war ein universelles Transportbehältnis, sogar für Bücher.
In Leinwandpacken dagegen wurden üblicherweise Rauchwaren befördert.

Frau mit Pelzbekleidung im 18. Jahrhundert (Gemälde eines unbekannten Meisters).

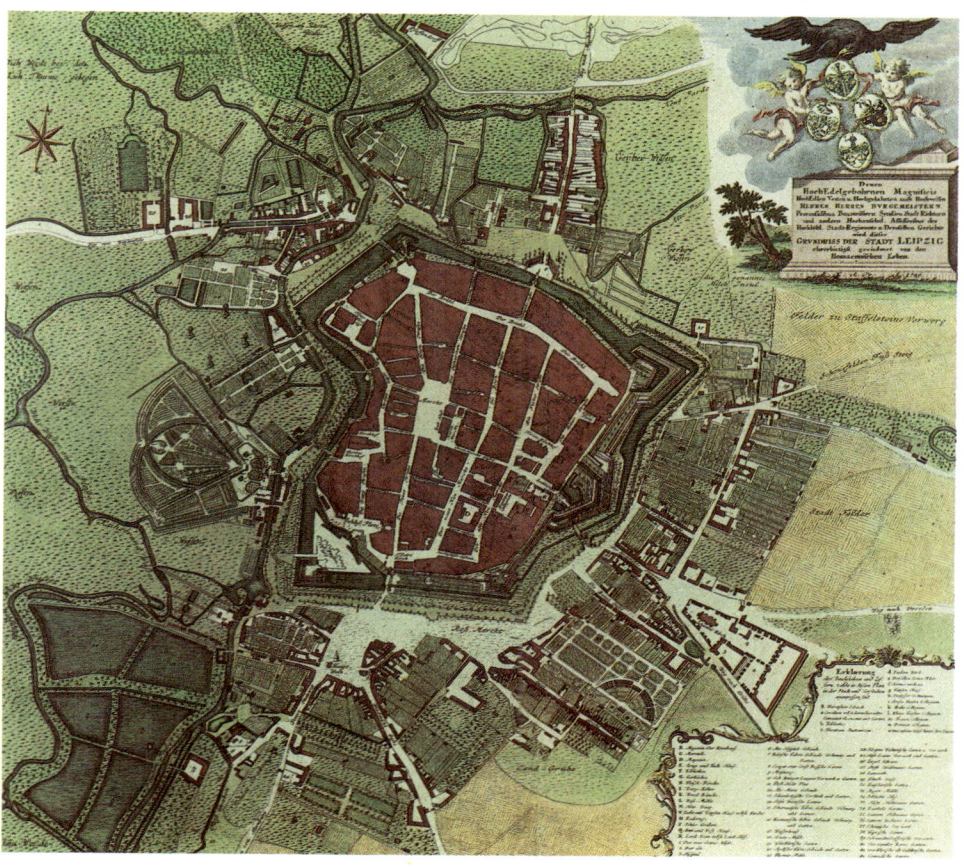

Stadtplan von Leipzig, kolorierter Kupferstich von 1749.

Der Leipziger Marktplatz – hier ohne Messetrubel –, farbige Lithographie, um 1840.

»Der Pelz des Künstlers«; Adolph Menzel (1815 bis 1905) schuf dieses Gemälde, das ein rares Zeugnis von Pelzdarstellungen des vorigen Jahrhunderts ist.

Leipzigs Stadtansicht von Südosten, kolorierter Kupferstich um 1730, gezeichnet von F. B. Werner, gestochen von J. G. Ringlin.

Geschäftshof der auf Kanin spezialisierten Firma Stern & Co. (um 1925).

Die zweite Neuheitenausstellung räumte den Ausstellern schon die Möglichkeit ein, ihre Exponate nach der Musterung namentlich zu bezeichnen, um so einen kommerziellen Erfolg zu sichern. Eine positive Aufnahme der gezeigten Ware versprach immerhin Absatz, wenn nicht direkt, so doch indirekt.

Auf jeder »Neuheitenausstellung von Pelzmode, Hüten und Nebenartikel« – so die offizielle Bezeichnung – wurden etwa 300 Exponate gezeigt, in den ersten Jahren im Haus der Industrie- und Handelskammer, später in der attraktiveren Neuen Börse, und als diese 1907 die Räume für eine Wirtschaftsbibliothek benötigte, in der Kongreßhalle am Zoo. Nach dem ersten Weltkrieg fand die Neuheitenausstellung im Krystallpalast statt, später in einer der Hallen auf dem neuen Gelände der Technischen Messe am Fuße des Völkerschlachtdenkmals. Der öffentliche Zuspruch blieb den Ausrichtern jedoch lange Zeit versagt.

An der Ausstellung konnten sich auch jene beteiligen, die nicht Mitglied des VDK waren. Daß der Verein die Neuheitenausstellung bei der Mitgliederwerbung als Trumpf verstand, lag nahe. Sie veranschaulichte schließlich die populärste Leistung der Branche. Man machte Angehörigen des Vereins auch finanzielle Zugeständnisse: sie konnten die Ausstellung kostenfrei besuchen, später zu ermäßigter Gebühr.

Im Verlaufe von zehn Jahren schlossen sich nur 300 Kürschner dem VDK an. Als er schon 25 Jahre bestand, 1905, zählte er erst 900 Mitglieder, die weniger als ein Fünftel der deutschen Kürschner repräsentierten. Die Gründung des »Arbeitgeber-Zentralverbandes der Kürschner« 1904 in Berlin drückte Vorbehalte gegen den VDK aus oder – gegen Leipzig, wie manche dies sahen. Nach *Friedrich Erler* war mit *Hermann Pfeiffer* wiederum ein Leipziger Vorsitzender geworden; er blieb es länger als ein Vierteljahrhundert (1882 bis 1912). Sitz des Vereins war wie selbstverständlich Leipzig (Querstraße).

Devisen durch Exportüberschuß

Die Welternte bei Rauchwaren belief sich 1900 auf 95 383 200 Felle. Das entsprach einer Verdreifachung gegenüber 1863 – dank des höheren Aufkommens aus der Pelztierjagd und durch die Verwendung neuer Fellarten. Zunächst zu dieser Problematik: Die internationalen Beziehungen hatten ganz zwangsläufig eine bis dahin nicht gekannte Ausdehnung erfahren.

Leistungsstarke Rauchwarenhändler vom Brühl schickten ihre Einkäufer in die Ursprungsländer, vor allem nach Rußland, China, den USA und Lateinamerika. Oder sie gründeten Auslandsvertretungen. Solche gab es in Moskau, Petersburg, New York und Buenos Aires. London verlor damit für den Brühl als Mittler an Bedeutung.

Kraftproben blieben am Ende nicht aus. So beschloß der Leipziger Rauchwarenhandel am 12. Mai 1914 den Boykott der Londoner Juni-Auktion bei Androhung einer Konventionalstrafe von 30 000 Mark. Seit 1911 schon verlangte man von der *Hudson's Bay Co.* die Streichung der Juni-Auktionen, da hier kleine Lose versteigert wurden, worin der Brühl einen Schaden für Leipzig sah; er wollte London zwingen, zum großen Los zurückzukehren. Nach 1878 – als infolge des russisch-türkischen Krieges von 200 russischen Partnern 160 die Zahlungsunfähigkeit erklärten – war das Jahr 1913 jetzt auf Grund von Fehlspekulationen mit 50 Bankrotten für den Brühl das schwierigste. Schuld sollte London sein. Begünstigt durch die von den herrschenden Kreisen geschürte Kriegsstimmung fand sich für den Boykottaufruf eine Massenbasis. Die völlige Ausschaltung Londons, die nationalistische Kreise anstrebten, ging den Rauchwarenhändlern vom Brühl dagegen zu weit.

Die Rauchwarenproduktion erlebte Anfang dieses Jahrhunderts einen besonders großen Aufschwung. Der Wert der Welternte stieg zwischen 1900 und 1910 von 117 582 200 Mark auf 418 500 000 Mark. Inzwischen deckte der Brühl etwa 30 % seines Bedarfs durch Importe aus Rußland. Der große Fellproduzent des Ostens kam 1913 auf eine Ernte im Wert von 35 Mill. Rubel. Exportiert wurden Rauchwaren für 24,5 Mill. Rubel, davon nach Deutschland für 19,6 Mill. Rubel, rund 81 %. Exportseitig kam vor allem Frankreich eine überragende Bedeutung zu. Von der deutschen Rauchwarenausfuhr entfielen 1913 auf dieses Land 78 Mill. Mark, auf England 39 Mill. Mark, Österreich 28 Mill. Mark, USA 27 Mill. Mark und auf Rußland 23 Mill. Mark.

Der Rauchwarenhandel in Deutschland von 1900 bis 1913:

Import	Rohfelle (dt)	veredelte Waren (dt)	Wert Mill. Mark
1900	34 850	6 022	56,1
1912	70 080	28 950	210,5
1913	60 221	24 982	202,8
Export			
1900	22 862	7 035	51,3
1912	45 750	33 910	243,5
1913	39 386	34 277	247,8

Nie zuvor prosperierte der Brühl mehr als in den Jahren 1912/13. Er hatte nicht nur den bis dahin höchsten Umsatz erreicht, sondern sich trotz beträchtlicher Erweiterung des internationalen Rauchwarenhandels auch seinen Ruf als führender Umschlagplatz zu bewahren vermocht.

Noch 1900 stand es um den Saldo bedenklich: er wies ein Minus von 4,8 Mill. Mark auf. Anders stellten sich die Dinge 1913 dar: der Rauchwarenhandel erzielte einen Überschuß von 44 969 000 Mark. Das war wesentlich einem Fakt zu danken: 46,5 % des Exports entfielen auf zugerichtete und gefärbte Ware. Der Ausbruch des ersten Weltkrieges setzte dem Aufschwung ein jähes Ende. Abgeschnitten von den Märkten des Ostens wie des Westens, war der Brühl nur ein Schatten seiner selbst.

In den zwanziger Jahren

Das Comeback

ANGE mußte der Weltmarkt ohne Leipzig auskommen, und London wie New York erfreuten sich inzwischen eines gewaltigen Vorsprungs. Ob der Brühl nach dem ersten Weltkrieg noch einmal eine führende Position im internationalen Handel einzunehmen vermochte, erschien fraglich. Sollte sich die alte Weisheit der alten Handelsleute bewahrheiten, daß ein Markt leicht verlierbar, aber nur schwer rückgewinnbar sei?

Dem Brühl aber glückte es allmählich, seinen alten Platz im Rauchwarenhandel wieder zu erobern, allerdings währte die »Wiedergeburt« nicht für lange Zeit, sondern nur für fünf Jahre, von 1926 bis 1930. Mit etwa 30 bis 35 % war der Brühl wieder am Welthandel beteiligt. Es gingen zu viele Felle mehrmals durch die gleichen Hände – auch auf anderen Umschlagplätzen –, um sich exakter festlegen zu können, und die Statistiken weisen nur den gesamtdeutschen Anteil am Umschlag aus, nicht gesondert den des Brühl. Der Wert der 1929 eingebrachten Welternte an Rohware belief sich auf 1,5 Mrd. RM und der Umsatz des deutschen Rauchwarenhandels auf 747,7 Mill. RM. Der Anteil des Brühl dürfte bei 500 bis 600 Mill. RM gelegen haben, und damit war dieser erneut – wie vor dem ersten Weltkrieg – das »Mekka« der Rauchwarenhändler.

An den finanziellen Aufwendungen gemessen, übertrumpfte sich die deutsche Rauchwarenwirtschaft selbst. So wurde 1929 für 259,8 Mill. RM Rohware importiert. Einen solchen Umsatz hat es noch nie zuvor gegeben. Nur können Wertangaben infolge des veränderten Preisgefüges leicht zu Trugschlüssen führen. Die 1912 ausgegebenen 131,6 Mill. Mark standen für 70068 dt Rohwaren; 1929 waren für die zweifache Summe nur 69160 dt zu haben. Selbst im Vergleich zum Vorjahr ergab sich ein Unterschied: für 235,5 Mill. RM konnten 1928 noch 78430 dt Rohware gekauft werden. Und schließlich gelangte Ausgang der 20er Jahre mehr preiswerte Massenware zur Einfuhr als vor dem ersten Weltkrieg.

Für den deutschen Rohfellhandel waren die UdSSR und die USA die entscheidenden Partner – erstere beim Import, letztere beim Export.

Bearbeitete Felle kamen überwiegend aus Frankreich, der Sowjetunion und England; England und Frankreich waren die bedeutendsten Abnehmer.

Mengenmäßig belief sich 1928 der Export auf 34190 dt. Nichtbeachtung des Preisverfalls kann auch hier leicht irritieren. Hinter den 181,16 Mill. Mark, für die Deutschland 1912 bearbeitete Ware exportierte, verbarg sich fast exakt die gleiche Menge (33910 dt). Veredelte Ware brachte von 1910 bis 1913 je Dezitonne etwa 5000 Mark, Ende der 20er Jahre 8500 RM. Den radikalen Anstieg, den die in Geld angeführten Umsätze vermuten ließen, gab es in Wirklichkeit nicht, aber es bedeutete schon viel, wieder den alten Stand (nach Menge) erreicht zu haben.

Ein- und Ausfuhr im Rohfellhandel von 1927 bis 1929:

Einfuhr (in Mill. RM)				Ausfuhr (in Mill. RM)			
	1927	1928	1929		1927	1928	1929
Gesamt:	185,3	235,5	259,8	Gesamt:	69,6	92,5	114,6
Davon aus:				Davon nach:			
Sowjetunion	54,2	77,4	82,7	USA	44,1	52,6	61,7
England	50,3	62,7	66,2	England	11,6	16,6	13,7
USA	17,7	24,9	35,9	Australien	0,2	0,2	9,5
Frankreich	10,9	11,6	11,3	Polen	2,2	5,3	8,3
Argentinien	10,8	10,8	8,9	Belgien	2,1	3,8	6,4
Rumänien	2,5	2,4	5,3	Frankreich	2,2	4,7	5,8
Australien	6,0	5,0	4,4	Italien	1,8	1,6	1,6
Polen	1,7	4,2	4,0	Österreich	0,5	0,9	1,3
China	2,5	4,8	3,6	ČSR	0,5	1,3	1,3

Ein- und Ausfuhr der bearbeiteten Felle von 1927 bis 1929:

Einfuhr (in Mill. RM)				Ausfuhr (in Mill. RM)			
	1927	1928	1929		1927	1928	1929
Gesamt:	61,8	64,7	84,4	Gesamt:	226,4	305,2	288,9
Davon aus:				Davon nach:			
Frankreich	7,7	11,7	17,9	England	54,1	60,1	51,6
Sowjetunion	10,7	14,7	17,3	Frankreich	25,8	53,9	48,3
England	17,2	11,9	13,8	ČSR	17,8	23,3	24,3
Belgien	8,8	6,4	8,5	Italien	15,6	23,0	21,6
ČSR	2,6	2,8	5,3	Österreich	21,2	27,8	21,4
Österreich	2,1	3,2	5,2	USA	10,2	8,7	16,6
USA	3,6	3,9	2,5	Schweiz	10,2	16,4	16,6
Niederlande	1,4	1,4	1,9	Schweden	8,3	10,5	12,1
Schweiz	0,9	1,1	1,9	Belgien	6,2	10,7	11,0

Mit 97,5 Mill. RM konnte 1928 der nominell höchste Exportüberschuß erzielt werden; 1929 stand ein Plus von 59,3 Mill. RM zu Buche, 1930 von 51,2 Mill. RM und 1931 von 30,97 Mill. RM (in den Jahren darauf kam es nur noch zu Einfuhrüberschüssen).

Die 50 größten Rauchwarenhandlungen auf dem Brühl erzielten nach einer Darstellung von *Walter Krausse* 1927/29 einen Gewinn von mehr als 23 Mill. RM.

Auch in den 20er Jahren besorgten nur einige wenige Rauchwarenhändler die Geschäfte des Brühl. Daß *Krausse* lediglich 50 Unternehmen erwähnte, kam nicht von ungefähr, denn auf sie entfielen an die 90 % des Ein- und Verkaufs, und über Kapitalverflechtungen hatten sie fast alle Anteil an der Veredlung. Von 100 Händlern gehörten nur sechs zu den »Großen«.

In der Hofgestaltung brachte es die Leipziger Architektur zur Meisterschaft.
Alice Hell-Schimz ist diese 1927 entstandene Arbeit »Leipziger Hof« zu verdanken.

Die Steuerlisten sind – ebenso wie die Mitgliederverzeichnisse der Fachverbände –
lückenhaft überliefert, und die Betriebszählung von 1925 lag vor der neuerlichen Blüte
des Brühl. Nach *Hans Rückert* hatten 1929 ihren Sitz in Leipzig: 718 Rauchwarenhan-
delsfirmen. Das Adreßbuch der Stadt Leipzig führt 697 Rauchwarenhandlungen an. (Im
Landkreis gab es nur einige wenige Händler. *Rückert* scheint sie mit erfaßt zu haben,
denn 1929 gaben einige Firmen bereits auf. Die Zahl der Rauchwarenhandlungen ist
1928 am größten gewesen: 794.) Es verrät aber noch etwas anderes: die ungewöhnliche
Konzentration der Branche. So gab es im »Blauen Hecht«, postalisch zur Nikolaistraße
zählend, 34 »Pelzbetriebe« – in einem einzigen Haus! Die 52 Häuser des Brühl beheima-
teten 329 Rauchwarenhändler, also im Schnitt sechs bis sieben. Großhändler besaßen allerdings eigene Gebäude, so *Thorer* im Brühl 70 und in der Ritterstraße 31/33, bei dem
sich 84 Angestellte bzw. Arbeiter mit dem Kauf und Verkauf befaßten. In anderen Häusern drängten sich kleine Händler in großer Zahl zusammen. Kein Haus auf dem Brühl
übertraf zwar den »Blauen Hecht«, aber 20 und mehr Firmen befanden sich verschiedentlich hier auch unter einem Dach. Ritterstraße, Reichsstraße, Richard-Wagner-
Straße und Nikolaistraße beherbergten zusammen ebensoviele Rauchwarenhändler wie
der Brühl. Da es sich um benachbarte Straßen handelte, wurden sie der ähnlichen Struktur wegen zum Brühl mitgezählt.

Nach der Betriebszählung von 1925 waren in der gesamten sächsischen Rauchwarenwirtschaft 11 170 Personen beschäftigt – mit Markranstädt. Schkeuditz und Weißenfels
usw., also einschließlich der preußischen Orte, die ihre Aufträge vom Brühl erhielten,

So sah 1927 die Malerin Alice Hell-Schimz die Ecke Brühl/Katharinenstraße.

zählten insgesamt 11 676. In der Stadt Leipzig dürften rund 11 000 Personen ihr Geld in der Rauchwarenwirtschaft verdient haben. Im Landesmaßstab zählte die Branche 50 000 Arbeiter und Angestellte, wobei es in jedem größeren Ort einen oder mehrere Kürschner gab. In Leipzig konzentrierten sich Handel, Veredlung und Zubehör. Wenn ein Beschäftigter im Schnitt sich und zwei weitere Personen ernährte, lebten 34 000 Menschen von etwa 600 000 Einwohnern von der Rauchwarenwirtschaft. Sie bot außerdem direkt oder indirekt zahlreichen Spediteuren, Gastwirten, Verlegern, Publizisten, usw. eine Existenz.

Mit Rückerlangung seiner führenden Stellung hinsichtlich der Umsätze und Beschäftigten ist der Brühl der 20er Jahre eigentlich unzulänglich charakterisiert. Gegenüber der Zeit vor dem ersten Weltkrieg hatten sich einige positive Veränderungen ergeben: Leipzig war zum organisatorischen Zentrum des deutschen Rauchwarenhandels geworden. Von sieben Fachverbänden hatten fünf ihren Sitz in der Messestadt. Andere Branchen legten sich auf Berlin fest, wegen der Nähe der Ministerien. Als 1930 ein internationaler Unternehmerverband entstand, entschied er sich für einen Präsidenten vom Brühl, dessen Wohnort gleichzeitig der Verbandssitz war. Damit wurde Leipzig auch organisatorischer Mittelpunkt der internationalen Rauchwarenindustrie. Die Verbände veröffentlichten Zeitschriften und Bücher – fast alle fachbezogenen Publikationen wiesen Leipzig als Erscheinungsort aus.

Vom Brühl der 20er Jahre kamen immer wieder neue Ideen, umgesetzt vornehmlich durch die Verbände: u. a. die Schaffung einer Kürschnerschule, einer Zentralstelle für die Forschung, eines Fachmuseums, einer Fachausstellung. Am Ende entwickelte sich

Leipzig nicht nur zum Zentrum des Rauchwarenhandels und der -veredlung, sondern auch der Forschung, der Ausbildung und dessen, was heute unter Öffentlichkeitsarbeit verstanden wird. Der Brühl gewann sichtlich an Bedeutung.

Ein bemerkenswerter Gewinn waren neue Verfahren bei der Fellgewinnung. Zwar ist Leipzig nie Zentrum der Pelztierzucht geworden, aber von hier gingen die Initiativen aus.

In Leipzig gehörten 1 112 Betriebe 1929 zur Rauchwarenbranche:

Rauchwarenhandlungen	458	
Kommissionäre	237	
Rauchwarenlager	2	697 Händler
Zurichtereien	39	
Färbereien	32	
Blendereien	3	
Schweiffabriken usw.	19	93 Veredler
Pelzabfallhandlungen	21	21 Pelzabfallhändler
Pelzkonfektion	24	
Kürschner	188	
Pelzbesatzhersteller	2	
Pelzwarengeschäfte	65	279 Pelzhersteller
Spezialmaschinen	10	
Kürschnerwerkzeuge	3	
Farben	1	
Zubehör	8	22 Zubehörfirmen

Der Brühl und die Pelztierzucht

Marquis d'Aigneaux & Co.

Fuchs Marquis d'Aigneaux: Seine Papiere wiesen ihn als gebürtigen Kanadier des Jahrgangs 1919 aus. Die adlige Herkunft wurde ihm in Deutschland ausdrücklich beglaubigt. Er gehörte zum Stamm der Silberfüchse, und der Name lautete nach seinem ersten Besitzer.

Eine gute Zeit hatte er auf der Überfahrt, die er in Gesellschaft von zwei Fähen und einem weiteren Rüden verbrachte. Zwar hielt man ihn in strengem Gewahrsam, doch verwöhnten ihn die Matrosen mit allerlei Leckerbissen: Eiern und auch Hähnchen, bei einem Landgang besorgt für den ungewöhnlichen Passagier.

In Deutschland war die Aufnahme der Gäste aus dem fernen Kanada zurückhaltend. Sie steckten in unförmigen Kisten, die knapp durch die Tür eines Packwagens paßten. Die Eisenbahner in Hamburg-Altona inspizierten die seltene Fracht sehr genau, konnten jedoch an den merkwürdigen Gesellen aus der Familie der Reineke keinen Gefallen finden. *Fritz Schmidt* schrieb: »Silberfüchse – Ja, man hatte sich da wohl vielfach silbrige, prächtig glänzende, vielleicht so eine Art vernickelter Rotfüchse vorgestellt, und man sah nun in den Kisten nur mehr schwarze Tiere mit einer weißen Schwanzspitze.«

Als »Marquis« und Co. einige Jahre später in Leipzig gezeigt wurden, meinten die Betrachter, die Reichsbahn habe den Tieren übel mitgespielt. In der Fachzeitschrift »Deutsche Pelztierzucht« stand 1925: »Ganz ... dreckig« seien sie »geworden auf der Reise ..., ganz schwarz vor lauter Ruß.« Die Anschuldigungen waren unberechtigt: Die adligen Gesellen verdankten ihr »rußiges« Aussehen der Natur!

Daß die unansehnlichen Geschöpfe auch noch eine Menge Geld verschlangen – knapp gewordene Devisen – verdroß in ganz besonderem Maße. Ein Silberfuchspärchen kostete 2250 Dollar, etwa 10000 Goldmark. Für 200 Dollar, meinte ein Bauernverband, sei schon ein ordentliches Zuchtpferd zu haben; nach den Kriegsverlusten bestand in der Landwirtschaft ein empfindlicher Mangel an Zugvieh.

Jahre später mußte der »Marquis« in der Meißner Porzellanmanufaktur *Prof. Hösel* Modell stehen, und es begann seine Karriere als Filmstar sowie Fotomodell. Sein Bild erschien in den Magazinen, auf Plakaten, und es grüßte die Besucher Leipzigs schon am Hauptbahnhof von einer Hauswand.

Zur Messe wurde der »Marquis« mehrmals ausgestellt – in der Leplaystraße, fernab des Trubels auf dem Messegelände, fernab auch vom Brühl mit seinen Rauchwarenlagern. Deren Anblick blieb ihm erspart, vorab zumindest. Eigentlich gehörte er aber zum Brühl; zumindest hatten seine Besitzer auf dem Brühl ihre Wirkungsstätte. – Es währte geraume Zeit, bis dies publik wurde. (Der »Marquis« – seine Gefährten blieben

Blaufuchs, ein begehrter Pelzträger, in einer Farm.
Bereits 1937 führten jedoch die deutschen Pelztierzüchter dem Markt 30 000 Nerze zu.
Die Nerzzucht gewann nach 1945 weiter an Bedeutung.

merkwürdigerweise immer in seinem Schatten – wurde neunjährig als zuchtuntauglich
an einen Liebhaber in Hamburg verkauft. Weitere fünf Jahre lang, dürr wie ein Ge-
spenst, sorgte er fleißig für Nachkommen. Er belegte noch 1933 eine Fähe. Im gleichen
Jahr starb er, 14jährig, als Fuchs so alt wie Methusalem. Sein Fell landete wie zu erwarten, auf dem Brühl, unauffällig, verborgen in einem x-beliebigen Bündel.)

Selbst Rauchwarenhändler zitierten den »Schuster, der bei seinem Leisten bleiben«
sollte. Der Brühl und ein lebender Fuchs, das erschien ihnen wie Feuer und Wasser.
Aber war es nicht an der Zeit, sich Gedanken darüber zu machen, woher fernerhin die
Felle kommen sollten, die umzuschlagen der Brühl gewohnt war?

Magere Strecken der Jäger

Als *Gawriil Loginowitsch Pribylow* (gest. 1796) im Bering-Meer jene Inselgruppe ent-
deckte, die heute seinen Namen trägt, schätzte er in einem Brief an *Katharina II.* die
Zahl der vorhandenen Seals auf zwei Millionen. Nach langwieriger Kreuzfahrt war er
auf das Sommerquartier der wertvollen Pelztiere gestoßen, und der Anblick, der sich
ihm auf dem etwa 470 km² großen Areal bot, stellte alle Erwartungen in den Schatten.
Einmal den Lebensgewohnheiten der Tiere auf die Spur gekommen, konnten die Jäger
reiche Beute halten, und der Alaska-Seal machte den russischen Rauchwarenmarkt
bald ebenso bekannt wie der sibirische Zobel.

122

Rußland trat Alaska 1867 für 7,2 Millionen Dollar an die USA ab. Die Sealherde auf den Pribylow-Inseln, die von nun an Pribilof-Islands hießen, zählte Bestandsaufnahmen zufolge zwei Millionen Tiere. Die russische Pelzgesellschaft in Alaska hatte hinterlassen, was sie dereinst übernommen, ein wesentliches Verdienst von *Alexander Baronow*, der die Pelzgesellschaft ab 1790 leitete und die Hege als Teil der Jagd verstand. Nach dem beendeten Bürgerkrieg wollte das Weiße Haus rasch zu Geld kommen und verpachtete die Seals-Jagd. Damit die Ansprüche des Staates in Erinnerung blieben, durfte jedoch kein Vertrag länger als 20 Jahre gelten – ein unmöglicher Plan. Der erste Pächter wurde 1870 eingesetzt, der zweite 1890; dann gab es nichts mehr zu verpachten: In nur vier Jahrzehnten war die Herde bis auf 110 000 Seals dezimiert. Pacht- und Jagdverbot kamen fast zu spät.

Zar *Boris Godunow* war an Österreich verschuldet, und weil er kein Geld hatte, schickte er 1594 statt klingender Münze 40 360 Zobelfelle nach Wien. Das entsprach nicht einmal dem Jahresertrag, wurden doch Mitte des 17. Jahrhunderts allein über die Zollstelle Obdor jährlich 70 000 Zobel exportiert. Der Born schien unversiegbar zu sein, aber der Schein trügte. Von 1900 bis 1913 kamen jährlich 27 900 Zobel zur Strecke, 5000 im wichtigsten Revier, was der jährlichen Strecke von etwa 18 Jägern zweihundert Jahre zuvor entsprach. Aufgeschreckt untersagte die zaristische Regierung vom Februar 1913 bis Oktober 1916 die Jagd in den Zentralregionen.

Eigens für die Internationale Pelz-Fachausstellung (IPA) in Leipzig 1930 fertigte der Leipziger Maler Willi Geiger (1878 bis 1971) ein Kolossalgemälde zum Thema »Welt der Pelze« an.

»Jagd auf Pelztiere« aus dem Kolossalgemälde von Willi Geiger.

Auf Hokkaido, dem japanischen Hauptfangplatz, wurden 1919 nur noch 214 Zobel erlegt. Um zu retten, was zu retten war, verbot die Regierung Japans die Jagd auf Zobel.

Auch bei anderen Pelztierarten ging das Aufkommen infolge des über Jahrhunderte hinweg betriebenen Raubbaus zurück, wie bei Chinchilla und Otter. Die Londoner Auktion bot 1899 noch 391 970 Chinchilla an, 1910 dagegen nur 18 767. Auf dem Brühl spottete man, bei *Richard Gloeck* gingen die Chinchilla nie aus. Von einer Reise in die Anden hatte der Fellhändler 1912 einige lebende Chinchilla mitgebracht, die jedoch als Haustiere Schwierigkeiten bereiteten: den Holzkäfig durchnagten sie, und im dichtmaschigen Drahtgehege verursachten sie nachts großen Lärm. Doch *Gloeck* meinte, er könne sich unmöglich von seinem Mitbringsel trennen, ginge doch dem Brühl sonst der Gesprächsstoff aus. Sein letztes (Haus-)Chinchilla starb nach 17 Jahren an Altersschwäche.

Im Fellhandel ging es natürlich weniger amüsant zu. *Gloeck* beherrschte den Leipziger Chinchilla-Markt fast monopolartig. Er hatte in den 90er Jahren des vergangenen Jahrhunderts über die Firma *Felix Faure* aus Le Havre seine ersten Chinchilla bezogen. *Faure* wurde 1895 Präsident von Frankreich, und *Gloeck* blieb dem einflußreichen Partner auf der Spur, richtete in Paris eine Niederlage ein, kaufte aber auch direkt in Amerika. 1900 setzte er 300 000 Chinchilla um. Damit konnte er sich – wenigstens zeitweise – mit der mächtigen *Hudson's Bay Company* durchaus messen. 1914 verkaufte er nur noch 4 000 Chinchilla und 1925 seine letzten: aus dem Lager. Der Markt war zusammengebrochen, von den einst auf »viele Millionen« geschätzten Chinchilla nur ein kläglicher Rest verblieben. Die lateinamerikanischen Länder erließen 1920 endlich Schutzbestimmungen. Auf den Weltmarkt gelangten 1928 noch 500 Chinchilla, aber nicht auf den Brühl.

Für Otterfelle war der Umschlagplatz London bekannter als Leipzig. Anfang des 19. Jahrhunderts bot die Londoner Auktion jährlich etwa 20 000 Felle an, oft auch mehr, von 1881 bis 1885 im Jahresdurchschnitt 5835, zwischen 1886 und 1890 noch 3567. Dann war es um den Markt geschehen: Von 1913 bis 1920 sah die Londoner Auktion jährlich noch sechs (!) Ottern, allerdings auch auf Grund der Kriegsereignisse.

Einige Fellarten wurden jedoch um 1900 zumindest aus heutiger Sicht noch völlig vernachlässigt. Kanin fiel beispielsweise in Australien in großen Mengen an, wurde aber weder auf dem Brühl noch in London gehandelt. Ungefähr 3 % des Weltaufkommens gelangten in den Handel. Graue Hasen gab es auf dem Markt für 20 Pfennige, Transportkosten und Handelsspanne abgerechnet, mochte die Prämie für den Jäger 10 Pfennige ausmachen. So nimmt es nicht wunder, daß der Rauchwarenmarkt jährlich nur etwa 2 Millionen Hasen umzusetzen vermochte. Der Rotfuchs galt jahrhundertelang als Pelzträger, der nicht das Pulver wert sei. Im Mittelalter war er gar keine Handelsware gewesen. Dann wurde er in bescheidenem Maße als Vorleger oder Pelzfutter genutzt, und um 1900 brachte er es auf den Auktionen (bei einem Jahresaufkommen von 460 000 Stück) auf sechs Mark je Stück. Während Überlegungen angestellt wurden, wie ein Rückgriff auf Hase, Kanin und Fuchs erfolgen könne, lief die Nachfrage dem Angebot auf dem Pelzmarkt davon.

Noble Zobel

Auf die Pelzmode, die zur Pariser Weltausstellung 1900 gezeigt wurde, hatte der Markt begeistert reagiert. Bald träumte so manche Frau von einem Zobelmantel, natürlich einem sehr langen, aber zu dessen Herstellung benötigte der Kürschner 80 gut sortierte Felle. Die Mode weckte Wünsche, die angesichts des niedrigen Zobelaufkommens selbst für finanzkräftige Kunden unerfüllbar bleiben mußten.

Der Preis für ein einziges Zobelfell kletterte von 1900 bis 1918 auf 1500 Rubel. Im Vergleich zu 1868 lagen 1928 die Preise bei 1100 %.

Das Wiener Modehaus *Panizek & Rainer* lieferte 1914 einen Zobelmantel aus für 24 000 Dollar. Nach dem damaligen Kurs waren dies rund 100 000 Mark.

Chinchilla setzte der Preisexplosion die Krone auf: im Vergleich zu 1868 waren die Preise 1928 5900 % höher. Man konnte 1900 auf dem Weltmarkt ein Chinchillafell für 20 Mark kaufen, einen Chinchilla-»Bastard« sogar für 4 Mark. Ab 1914 lag der Stückpreis schon bei 155 Mark. 1930 zahlte man für einen Chinchilla-Mantel 150 000 Mark.

Bei Nerz stieg der Preis bis 1928 gegenüber 1868 auf »nur« 300 %, aber zumindest für die deutsche Rauchwarenwirtschaft konnte das kein Trost sein. Der letzte Nerz in freier Wildbahn wurde 1926 auf heimatlichen Fluren erlegt, und für Importe waren Devisen rar geworden.

Ein Teil der riesigen, bemalten Wandfläche in der Messehalle mit der Darstellung:
Pelz als »Tribut der Schönheit«.

Trotz ihres Riesenerfolges auf der Pariser Weltausstellung fanden sich für Zobel-,
Chinchilla- und Nerzmäntel kaum Käufer.

Dank veränderter Technologie kamen unterbewertete Fellarten zu Ehren, etwa
Fuchs, mit Einführung der Alaskafarbe in Leipzig. Als Paris nach 1900 das (Fuchs-)Kollier kreierte, gefertigt aus »Virginischem Rotfuchs«, wurde Reineke gefragt – und teuer.
Der Preis für Rotfuchs stieg bis 1928 gegenüber 1868 auf 1800 %, übertrumpft nur durch
die Preiserhöhungen bei Chinchilla.

Neue Maßstäbe setzte die Kunst der Veredler. Es gelang u. a., Zobel auf Opossum
oder auch Nerz zu färben. Den Kunden sagten die veredelten Felle zu, waren sie doch
formschön, kaum vom Edelfell zu unterscheiden und – bezahlbar. Der Pelz zählte nicht
mehr zu den ausgesprochenen Luxusgütern, selbst wenn er Ausdruck eines gehobenen
Lebensstandards blieb.

Der Übergang vom Miniaturpelz zum materialaufwendigen Mantel oder Kostüm für
einen relativ großen Kundenkreis ließ aber schließlich auch veredelte Ware knapp werden.

Angesichts der Diskrepanz zwischen Fellaufkommen und -bedarf blieb nur ein Ausweg: die Zucht von Pelztieren. Über Jahrtausende hinweg aber war das Jagdwesen alleiniger Fellieferant gewesen, und es fiel schwer, sich von alten Vorstellungen zu lösen.

Die Musterfarm in Hirschegg-Riezlern

Im Londoner Zoo fiel bereits 1860 ein Wurf Silberfüchse. Damals kamen die Rauchwarenhändler noch leicht zu Ware und kauften ungern Felle von Zootieren; man war der Ansicht, die Qualität lasse zu wünschen übrig. Einige Jahrzehnte später änderte sich diese Meinung: *Charles Dalton* aus Kanada bot 1900 ein in einer Farm erzeugtes Silberfuchsfell auf dem Markt an, wofür er die beachtliche Summe von 1880 Dollar erhielt. Ein anderes Fell brachte ihm sogar 2000 Dollar; der Käufer veräußerte es für 2900 Dollar – umgerechnet 11 600 Mark. Gemeinsam mit seinem Freund *Robert Oulton* hatte *Dalton* 1894 nach vielen Fehlschlägen auf einem zu den Prinz-Eduard-Inseln gehörenden Eiland erstmals einen Wurf Silberfüchse aufgezogen und damit die Silberfuchszucht begründet. Von der Güte farmerzeugter Felle überzeugten sich die Fachleute vom Brühl in London persönlich, und um die Preise wußten sie ebenfalls. Nur von der Zucht hatte man wenig Ahnung.

Aus München meldete sich der Zuchtexperte, *Prof. Reinhold Demoll*. Er dachte an Gründung einer Zentralstelle für Pelztierzucht. Die bayerische Regierung hatte ihm zwar eine Finanzhilfe zugebilligt, doch blieb das Geld aus. *Demoll*, den Kopf voller Ideen, aber ohne Mittel, hoffte im Häute- und Lederverband (Sitz München) Unterstützung zu finden. Der Verband aber versprach sich aus der Pelztierzucht keinen Nutzen. Er arbeitete jedoch eng mit den Leipziger Zurichtern zusammen, und *Theo Erlanger*, Vorstandsmitglied, riet *Demoll*, sich mit dem Brühl in Verbindung zu setzen. Die Meinungen dort waren geteilt. Viele zögerten, sei es aus Geldmangel, fehlender Risikobereitschaft oder Furcht vor zusätzlicher Belastung. Der Verband kam zu keinem anderen Entschluß, als den Mitgliedern die Entscheidung zu überlassen. Einige fanden sich, die *Demoll* unterstützen wollten. So wurde 1920 die Deutsche Versuchszüchterei edler Pelztiere GmbH mit Sitz in Leipzig (nach vorübergehender Eintragung in München) ins Leben gerufen. Fünf der sechs Gründungsmitglieder kamen vom Brühl: *M. Bromberg & Co., Nachf.; Friedrich Erler, Otto Erler, Heinrich Lomer* und *Theodor Thorer*. Die Einlage eines jeden belief sich auf 30 000 Mark. Gedacht war zunächst an eine Farm mit zwei Zuchtpaaren. *Demoll* übernahm die Konzipierung der Anlage und den Erwerb des erforderlichen Gebietes.

Die Wahl des Standortes bestimmten zwei Überlegungen: die Farm sollte in einer vom Tourismus verschonten Gegend liegen, um störende äußere Einflüsse auszuschalten, und in einem schneesicheren Gebiet, weil die Fellqualität von der Winterkälte beeinflußt wird. Leipzig schied damit als ungeeignet aus. *Demoll*, interessiert, die Versuchsfarm in seiner Nähe zu haben, dachte an den Raum München, aber der Währungsverfall durchkreuzte seine Pläne. Potentielle Landverkäufer sprangen ab, bevor der Notar bemüht werden konnte. So sah sich *Demoll* in Österreich um. Im Vergleich zur Mark war der Schilling stabil, österreichische Landbesitzer daher verkaufsbereiter als deutsche. Geeignetes Gelände fand sich schließlich im Walsertal, in Hirschegg-Riezlern, zwar in Österreich gelegen, doch aus verkehrstechnischen Gründen zum deutschen Zollbezirk gehörig. Die nächstgelegene Bahnstation Oberstdorf war im vierstündigen Fußmarsch zu erreichen.

Weil die Suche nach einem geeigneten Areal viel Zeit erforderte, warf der Währungsverfall alle Kalkulationen über den Haufen. Da kein Gesellschafter Neigung zur Kapi-
talaufstockung verspürte, wurde die Zahl der Gründer auf zehn, dann auf 25 erhöht.

Im ersten Jahr blieben Zuchterfolge aus. Das enttäuschte um so mehr, weil es sich um
bereits domestizierte Zuchtfüchse handelte. *Dalton* hatte seine Farm mit Tieren aus
freier Wildbahn aufgebaut und mit Rückschlägen rechnen müssen. Die Zuchtpaare in
Hirschegg-Riezlern litten unter Rachitis und unter einer unerklärlichen Schwäche, obwohl aus Sorge um die kostbaren Tiere hochwertiges Futter wie Rindfleisch, Milch und
Eier verabreicht wurde. Endlich, am 16. April 1923, fiel der erste Wurf; die deutsche Silberfuchszucht hatte Geburtstag.

In den nächsten zwei Jahren lieferten die Silberfüchse des Walsertals ausreichend
Nachkommen. Für Hirschegg-Riezlern kam mit 1925 ein Erfolgsjahr. Innerhalb eines
reichlichen Monats fielen fünf Würfe mit zusammen 22 Welpen. Füchse in freier Wild-
bahn bringen zwar in der Regel mehr Nachkommen, doch unter den Bedingungen einer
Farm galten 4,4 Welpen je Wurf als gutes Ergebnis. Noch etwas anderes war bemerkens-
wert: von sechs Fähen blieb nur eine leer. Die kanadischen Züchter rechneten mit einer
Versagerquote von 25 bis 30 %; im Walsertal lag sie bei nur 17 %. Dies war jedoch ein
Zufallsergebnis; eine wissenschaftliche Basis gab es noch nicht.

Um jedoch den hohen Fellbedarf aus eigener Produktion zu decken, hätten sich die
Leute vom Brühl einige hundert Farmen zulegen müssen, doch nichts lag ihnen ferner
als dies.

Partner von Züchtern und Forschern

Das Züchten von Pelztieren im großen Stil wollten die Leute vom Brühl nicht auch noch
übernehmen. *Prof. Demoll* gründete vorsorglich am 11. Mai 1925 eine Deutsche Pelztierzüchter-Vereinigung (Sitz München). Die Wahl des Namens verriet ein Programm. Es gab
seinerzeit nur vier Silberfuchsfarmen; neun kamen im Verlaufe des Jahres hinzu. Die Zahl
der Verbände, in denen sich die Farmer organisieren konnten, belief sich inzwischen auf
sieben. Auch in Leipzig war (Juli 1925) ein »Verband für Silberfuchszucht und verwandte
Gebiete« aus der Taufe gehoben worden. Allein in Berlin ließen sich drei einschlägige Vereine registrieren, einer von ihnen, der »Reichsverband Deutscher Silberfuchs- und Edelpelztierzüchter«, hatte seine Geschäftsstelle in Leipzig. Die Vereinsmeierei wurde viel be-
lächelt, besonders in Kanada, wo ein Nationalverband die Züchter erfaßte.

Von 1926 an kamen beide – die Rauchwarenhändler vom Brühl und die Vereine – auf
ihre Rechnung: die Edelpelztierfarmen schossen förmlich aus der Erde. Die meisten
orientierten sich auf Silberfüchse, doch 1926 setzte auch die Zucht von Nerzen, Sumpf-
bibern, Steinmardern und Skunks ein. Um das Risiko zu mindern, züchteten viele Farmer mit mehreren Pelztierarten. Die Behörden brauchten Jahre um zu begreifen, daß
ein neues Gewerbe im Kommen war. Erst ab 1931 erschien es in den Statistiken als ei-

gene Rubrik. Bis dahin wurden Pelztiere in der Position 125 b des Warenverzeichnisses zusammen mit »Elefanten, Löwen und sonstigen Menagerietieren« erfaßt. Nach der Reichsstatistik von 1931, der ersten zuverlässigen Angabe, bestanden 467 Farmen mit 8593 Silberfüchsen; bis 1937 erhöhte sich die Zahl der Farmen auf 544, die der Zuchtfüchse auf 19 863.

Die Pelztierzucht wurde besonders intensiv in Preußen und Hannover betrieben. Zu den Farmer-Neulingen gehörten viele Adlige, denen dieses Gewerbe wohl als standesgemäß erschien: reiche Bürger, die eine Parzelle kauften, sich Zuchtpaare zulegten und deren Betreuung Arbeitern überließen; aber auch Siedler, die von ihrem bescheidenen Obst- und Gemüsegarten einige Quadratmeter für ein Gehege abzweigten. Die wenigsten fragten danach, ob ihr Areal klimatisch günstig und ruhig lag. In der Zahl derer, die nichts von Züchtung verstanden und nur auf rasches Geldverdienen aus waren, drohte die Schar der soliden Züchter unterzugehen. Man interessierte sich für (hohe) Welpenzahlen, die (mitunter vierstelligen) Fellpreise und errechnete sich ein fünf-, sechs- oder gar siebenstelliges Jahreseinkommen. Die hohen Preise für Zuchtpaare beeindruckten angesichts der zu erwartenden Gewinne kaum, und Expertenberichte über leerbleibende Fähen, Krankheiten, Futterkosten usw. langweilten. Lieber las man in den Illustrierten sensationell aufgemachte Artikel über Erfolgsfarmer. In den Redaktionsstuben – gerade der auflagenstarken Presse – war bekannt, was der Abonnent lesen wollte, und an Reportern, deren Verantwortungsbewußtsein im gleichen Maße sank wie das Zeilenhonorar stieg, herrschte kein Mangel. So offerierte *Carl Rondholz* in der »Berliner Illustrierte Zeitung« in einer Artikelserie den Farmer-Aspiranten unbekümmert: »Die Silberfuchszucht ist jetzt auch in Deutschland kein gewagtes Unternehmen mehr, sondern eine sichere Geldanlage und einfacher als die Zucht unserer meisten Haustiere, darunter der Schweine, Rinder, Pferde.« *Rondholz* wußte auch, »daß in der Silberfuchs-

Sortimentslager der Firma Theodor Thorer (1926).

129

zucht sofort und überall Gewinne von 50 bis 100 % erzielt« würden. Solche Artikel, von keiner Sachkenntnis diktiert, erschienen oft. Entsprechend formuliert waren die Schlagzeilen: »Ein Silberfuchsfell ist Gold wert!« – »Silberfüchse bringen Goldfüchse« – »Das Millionenunternehmen«.

Selbst wenn so manchen Farmers Träume zerrinnen sollten, erwartete die Händler vom Brühl in einigen Jahren doch ein größeres Fellangebot. Vorab entstand mit jeder neuen Farm ein Bedarf an Zuchttieren. So brachte ein Paar Silberfüchse 1925 etwa 8000 RM, 1930 etwa 5000 bis 6000 RM. Aus Kanada importierte Zuchtpaare kosteten sogar 8000 bis 12000 RM. Einige Züchter boten bei einem Aufschlag von 25 bis 50 % eine Garantie für vier Jungtiere Nachzucht an; im Extremfall kostete dann ein Zuchtpaar 16000 RM.

Der Brühl zahlte 1925 für ein Silberfuchsfell je nach Qualität 400 bis 1500 RM. Verständlicherweise verkauften die Züchter der enormen Preisunterschiede halber lieber Zuchttiere als Felle. Der Rauchwarenmarkt aber befand sich Zwängen weniger ausgesetzt als um 1920, wurde doch Silberfuchszucht inzwischen in zwölf Ländern betrieben, und Import war wieder möglich. Für Mitte der 30er Jahre war dann bei Silberfuchsfellen mit 20000 Stück je Saison allein aus heimischer Produktion zu rechnen, dem Vierfachen des Weltangebots vor dem ersten Weltkrieg.

Eins stimmte nachdenklich: was die noch unerfahrenen, allerlei Versuchen ausgesetzten Farmer an Rauchwaren zu liefern versprachen, würde hohen Ansprüchen kaum genügen. Dabei konnte die Zucht die Qualität der Felle systematischer beeinflussen als das Jagdwesen, sie mußte nur in die rechten Bahnen gelenkt werden.

Dem verschrieb sich die am 9. April 1926 gegründete und von *Walter Krausse* geleitete Reichszentrale für Pelztier- und Rauchwarenforschung (RZ) in Leipzig. Die RZ, die Wissenschaftler, Züchter und Händler vereinte, war im wesentlichen das Werk derer vom Brühl, die wieder einmal Weitsicht an den Tag legten. Nach Artikel 2 der Satzung oblag der RZ die »Förderung und Forschung der Hege, Haltung und Zucht von Pelztieren sowie von Untersuchungen über Pelztierfelle und deren Verwertung«. Die Reichszentrale bot auch den Züchtern eine kostenlose juristische Beratung an. Diese Rechtsstelle sollte eine wirksame Hilfe für die Züchter sein, die Land und Tiere kauften, sich um Versicherungsschutz bemühten und allerlei Bestimmungen der Bauaufsicht und des Veterinärwesens beachten mußten. Aber nur selten wandte sich jemand an diese Rechtsstelle, obgleich man merkwürdige Geschäftspraktiken zu Gehör bekam. So bestellte ein Farmer auf einer Postkarte in Amerika ein Paar Silberfüchse zum Preis von 11000 RM. Den Juristen grauste im nachhinein!

Zuspruch fand die Zuchtberatung. Bereits am 1. Juni 1926 hatte die RZ eine Forschungsstelle für Pelztierkunde geschaffen mit *Heinrich Prell* als Leiter. *Prell* war Professor der Forstakademie Tharandt und Berater der Versuchszüchterei in Hirschegg-Riezlern. Auf Vereinbarung zwischen RZ und Landesregierung wurde die Forschungsstelle dem Zoologischen Institut der Forstakademie angegliedert. Auf diese Weise konnte die Forschungskapazität des Instituts für die Belange der Pelztierzucht genutzt werden. Die Beratung der Farmer war nicht die Hauptaufgabe, sie war eher dem Service zugehörig. Viele Züchter aber hatten offenbar darauf gewartet, daß sich ihnen eine hilfreiche Hand bot. *Prell* wurde mit Zuschriften überschüttet, von denen manche freilich eine erschrek-

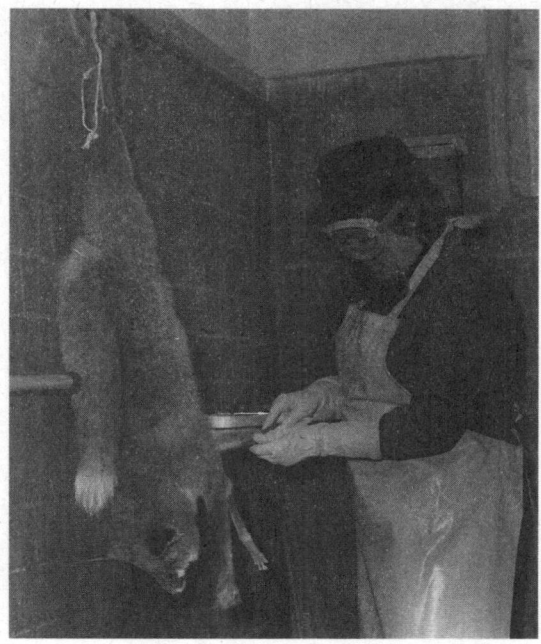

Sachkundiges Abbalgen eines Rotfuchses. Nach den heutigen Seuchenschutzbestimmungen
kommt das Fell anschließend für mindestens vier Wochen zur Spezialbehandlung
und dann erst auf den Markt. In der DDR fallen jährlich etwa 46 000 Fuchsfelle an.

kende Ahnungslosigkeit der Schreiber offenbarten. So lautete ein Brief: »Ich habe irgendwo gelesen, daß ein Silberfuchs während dreier Tage im Jahre die höchste Pelzent-
wicklung zeigt; welche drei Tage sind das?«

Prell konzipierte im Auftrage der RZ die Zuchtordnung. Einer seiner Mitarbeiter, *Dr.
Wolfgang Stichel*, übernahm die Führung des Zuchtbuches. Die Forschungsstelle verfügte zwar über die wissenschaftlichen Kräfte, nur war sie angewiesen auf die freiwillige
Zuarbeit der Züchter, während ein Züchterverband seinen Mitgliedern Disziplin abver-
langen konnte. So wurde am 1. Mai 1927 die Zuchtbuchstelle zu einer unabhängigen
Einrichtung des Reichsverbandes Deutscher Silberfuchs- und Edelpelztierzüchter (weiterhin RZ) erklärt und nach Leipzig verlegt.

Früher noch als die Universität Leipzig orientierte die RZ auf eine praxisnahe Pelztierforschung. Nach Auflösung der Tierärztlichen Hochschule Dresden war die Universität 1923 um eine Veterinärmedizinische Fakultät erweitert worden, doch von zehn
ordentlichen Professoren und drei außerordentlichen befaßte sich nicht einer mit Pelztierkrankheiten oder -zucht. Das stieß natürlich am Brühl auf wenig Verständnis, zumal
sich die Forstakademie Tharandt, aber auch die benachbarte hallesche Universität beispielhaft engagierten. Letztere leistete Hervorragendes in der Karakul-Forschung und
lehrte von 1927 an »Edelpelztierzucht«. In Leipzig wurde erst zehn Jahre nach Gründung der Versuchszüchterei für Silberfüchse und vier Jahre nach Ausdehnung der Pelz-

tierzucht auf Nerze, Sumpfbiber usw. 1930 am Tierseucheninstitut eine Abteilung für Parasitenkunde und Pelztierkrankheiten aufgebaut. Zu dieser Zeit gab es außerhalb Sachsens bereits den Fachtierarzt für Pelztiere. *Robert Zieske* aus Passau war der erste. Die RZ machte kein Hehl aus der Unzufriedenheit über das nur zögernde Eingehen der Universität auf die Belange der Pelzstadt, andererseits lobte sie die wertvolle Arbeit einzelner Wissenschaftler im Beirat. Die gleiche Funktion, die *Prof. Prell* in Tharandt innehatte, führte in Leipzig *Prof. Curt Sprehn* aus (er ging 1934 aus persönlichen Gründen nach Ankara). Es mangelte auch nicht an der Bereitschaft der Institute, gelegentliche oder kontinuierliche Laboruntersuchungen vorzunehmen. So ging das Pathologische Institut ab 1928 den Klagen der Züchter nach, Farmfüchse litten an Schwächezuständen. Wie sich zeigte, waren 59 % der in großer Zahl untersuchten Tiere von Schädlingen und Coccidien befallen und nicht – wie die Farmer befürchteten – von einer unerklärlichen Seuche. Zur Unerfahrenheit der Züchter gesellte sich leider oft das Bestreben, an Tierarztkosten zu sparen. Von Leipziger Wissenschaftlern ging auch mancher hilfreiche Hinweis für eine ökonomische Fütterung aus. Anfangs erhielten die Tiere von den Züchtern meist hochwertiges Futter, und ging dann das Geld zur Neige, wurden sie auf Schmalkost gesetzt, was sich natürlich negativ in der Entwicklung auswirkte. Um die Aufstellung eines ausreichenden Speisenplanes machte sich neben *Sprehn* vor allem *Prof. Johannes Richter* verdient.

Insbesondere aber war es die Öffentlichkeitsarbeit, die die RZ und Wissenschaftler zusammenführte. Man ergänzte sich; die Wissenschaftler suchten eine Publikationsmöglichkeit – die RZ bot sie. Neun Jahre lang gab sie eine Zeitschrift heraus, die »Deutsche Pelztierzucht« (ab 1926 »Die Pelztierzucht«), dann erlag diese der Konkurrenz von *Demoll* »Der deutsche Pelztierzüchter«, München. Mit ihren Schriftenreihen war die RZ erfolgreicher. In unregelmäßigen Abständen brachte sie die »Mitteilungen der Reichs-Zentrale für Pelztier- und Rauchwarenforschung« heraus. Sie waren gedacht zur Verbreitung neuer wissenschaftlicher Kenntnisse und wandten sich vornehmlich an Spezialisten, Lehrer und Zuchtleiter. In dieser Reihe erschien u. a. von *Martin Förster* »Die Berufskrankheiten im Rauchwarengewerbe«.

Mehr den Praktiker ansprechen sollten die »Arbeiten (Schriften) der Reichs-Zentrale für Pelztier- und Rauchwarenforschung«. Zu den Stammautoren gehörten *Prell, Demoll, Schöps* und *Sprehn*.

Früher noch als die Leipziger Universität bot die RZ der Forschung ein Experimentierfeld mit einer Versuchsfarm für Silberfüchse im Connewitzer Wald an. Das Areal stellte der Rat der Stadt zur Verfügung; er versprach sich dabei eine zusätzliche Attraktion für den Hirschpark. Die räumliche Nähe der Farm war zwar von Vorteil, aber die Einbindung in ein Naherholungsgebiet auch mit mancherlei Nachteilen versehen: das ständige Kommen und Gehen der Ausflügler ließ die Tiere nicht zur Ruhe kommen. Die veterinärmedizinische Fakultät baute sich später in Dölitz eine eigene Versuchsanstalt auf.

Die Idee, über Ausstellungen für die Pelztierzucht zu werben, ging von Kanada aus. London stellte 1926 am Rande der Auktion 69 Silberfüchse zur Schau. Berlin folgte 1928, wo 120 Silberfüchse, aber auch 40 Nerze u. a. gezeigt wurden. Mit Verbreitung der

Nutria oder Sumpfbiber werden ähnlich wie der Nerz gezüchtet. Nach der Betriebszählung von 1937 gab es damals in Deutschland 577 Nutriafarmen mit 7300 Zuchttieren; der jährliche Ertrag lag bei etwa 100000 Fellen.

Zucht bot sich dann auch ein internationaler Vergleich an. Die erste Internationale Pelztierschau richtete 1929 Paris aus. An einen deutschen Züchter fiel dabei der »Große Preis des Championates«. Ein Jahr später bot sich mit der Internationalen Pelz-Fachausstellung (IPA) auch Leipzig die Möglichkeit, eine große Pelztierschau zu arrangieren.

Die Ausstellungen ließen erkennen, daß die deutsche Silberfuchszucht internationalen Vergleichen standhalten konnte und zumindest in Europa als beispielgebend galt.

In bescheidenem Maße ließen sich deutsche Zuchttiere sogar exportieren. So kaufte bereits 1927 die UdSSR 75 Silberfüchse, und sie zählte auch fernerhin zu den wichtigsten Abnehmern. Für den guten Ruf der deutschen Pelztierzucht sprach auch, daß die UdSSR ab Januar 1928 *Dr. Fritz Schmidt* eine Stellung als Zuchtleiter anbot. *Schmidt* war Leipziger, erst Leiter des Lektorats Zoologie im F. A. Brockhaus Verlag, dann Zuchtleiter in Hirschegg-Riezlern. In der UdSSR übernahm er die Leitung einer seit langem bestehenden Farm bei Archangelsk, wurde aber bald mit dem Aufbau einer Großfarm in Puschkino bei Moskau und der Ausbildung von Zuchtleitern beauftragt. In Zusammenarbeit mit *Prof. B. Manteufel* vom Moskauer Zoo gelang ihm der erstmalige Zuchterfolg beim Zobel. Die Farm in Puschkino brachte es mit seiner Hilfe auf insgesamt 36 Zobel aus dieser Zucht.

Die künftigen Zuchtleiter absolvierten in Puschkino eine zweijährige Lehrzeit. Daß die Ausbildung »viel strenger und intensiver gehandhabt« wurde als in Deutschland, beeindruckte *Schmidt* sehr. Nach sechsjährigem Wirken in der UdSSR kehrte er 1934 nach Deutschland zurück, eifrig, doch erfolglos die Gründung einer Zuchtleiterschule propagierend.

Der Brühl registrierte erfreut: die von ihm angeregte Pelztierzucht hatte Erfolg gehabt. Um sich einen Überblick über das Resultat zu verschaffen, veranstalteten die drei Leipziger Auktionsunternehmen im Januar 1931 im Krystallpalast eine spezielle Versteigerung deutscher Silberfuchsfelle. Angeboten wurden etwa 1700 Silberfuchsfelle (neben 175 Nerzen, 35 Blau- und 20 Kreuzfüchsen). Eigentlich konnten Farmer wie Auktionator zufrieden sein: fast alle Felle fanden Abnehmer, und das bedeutete im Krisenjahr 1931 viel! Doch es handelte sich beim Angebot nur um »schwache Mittelware«. Der Brühl reagierte hart. Die Forderung wurde so formuliert: »Nur mit besten Zuchttieren züchten! ... Jede Zucht in erster Linie und unbedingt scharf auf die Produktion erstklassiger Felle einstellen! Vor allem aber künftig keine minderwertigen oder knapp halbwertigen Felle mehr auf den Markt« bringen. Qualität der Felle, das war und ist eine jahrhundertealte und immer wieder aktuelle Forderung an die Kürschner.

Auf der zweiten deutschen Silberfuchsauktion 1932 kamen 2534 Felle zur Versteigerung (dazu 472 Blau-, 58 Kreuzfüchse und 1000 Nerze). Abgesetzt wurde nahezu alles, aber die Preise hielten sich in engen Grenzen. »Schwarze Silberfüchse« brachten 30 bis 84 RM, vollsilbrige 59 bis 280 RM. Immerhin mußte man die Krisenzeit berücksichtigen. Mancher Farmer hatte sich mit der Silberfuchszucht mehr ausgerechnet, doch das Ziel war grundsätzlich erreicht: es gab wieder Silberfüchse auf dem Rauchwarenmarkt!

Auktionsplatz von Weltgeltung

Umfangreicher Auktionskalender

Höchstens als Sonderangebot zählte die Versteigerung von Silberfüchsen. Was sich in der Weimarer Republik im Leipziger Auktionswesen vollzog, setzte manchen in Erstaunen. Es schien, als falle der Brühl von einem Extrem ins andere. Früher hatte sich eine Auktion nicht durchzusetzen vermocht, jetzt folgte eine Auktion der anderen.

Staatlicher Weisung zufolge war am 11. November 1915 in der Neuen Börse nach jahrzehntelanger Pause wieder eine ersehnte »Leipziger Rauchwarenauktion« durchgeführt worden. In den USA veranstaltete St. Louis etwa zur gleichen Zeit ebenfalls eine Rauchwarenauktion; New York folgte am 25. Januar 1916 diesem Beispiel.

London ließ aus politischen Erwägungen während des ersten Weltkrieges keine Auktion ausfallen. Trotzdem war eine Umstrukturierung des internationalen Auktionswesens nach Kriegsende vorauszusehen. St. Louis und New York suchten dem kriegführenden England den Handel mit amerikanischen Rauchwaren zu entreißen, und Leipzig sammelte Erfahrungen, um Londons Platz in Europa einzunehmen.

Die Rauchwarenhändler vom Brühl verhielten sich reserviert. Sie waren gewohnt, an der Themse einzukaufen, und wollten »nach dem Krieg wieder nach London gehen«, wie die Zeitschrift »Der Kürschner« 1916 zum großen Verdruß chauvinistischer Kreise schrieb.

Weil Felle knapp waren, durfte die Auktion in der Neuen Börse eines Zuspruchs trotz allem sicher sein. Die Zurichtereien konnten nicht annähernd mehr ausgelastet werden. »Die meisten Kollegen ... Zurichter sind zurzeit in der Eisenbranche« tätig, stellte »Der Kürschner« 1915 fest. Zudem war manche Kürschnerbank wegen Rekrutierung der Zurichter verwaist, und so blieb es auch bis zum Kriegsende. Die Kürschner mußten die Soldaten mit Tornistern aus Kanin oder die Fliegeroffiziere und U-Boot-Kommandanten mit Pelzen aus Schaffellen versorgen – soweit Felle zur Verfügung standen.

Die Rauchwaren-Ostermesse 1915 »war schwach besucht wie nie zuvor. Ausländer aus den neutralen Ländern kamen fast gar nicht ..., Skandinavier, die sonst auch ihre Rohware zur Messe brachten, fehlten vollständig ... Der Verlauf der Messe« entsprach »nicht der geringsten Erwartung eines halbwegs der Zeit angepaßten Geschäftsganges.« Aber – und das brachte nicht nur die Kürschner in Harnisch – nach den offiziellen Berichten erinnerte trotz des Krieges alles an die besten Zeiten. Es sei »noch nie zu einer Messe ein derart schönfärbendes Bild von den beteiligten Interessenten und Zeitungen entrollt worden«, schrieb »Der Kürschner« am 1. Mai 1915 erzürnt. Den Kommentatoren sei völlig entgangen, daß zu den Ausstellern keine einzige bekannte Firma des Brühl

»Neue Börse« am Hallischen Tor in Leipzig, erbaut 1884 bis 1886 von Enger und Weichardt, ausgebombt 1943, beliebte Ausrichtungsstätte der Leipziger Rauchwarenauktion.

zählte. Die Stimmung in der Branche wurde auf den Ämtern als gedrückt bis gereizt beurteilt. All diese negativen Eindrücke sollten mit der Ausrichtung einer Auktion verwischt werden. Und es blieb nicht nur bei dieser einen Versteigerung.

Im letzten Kriegsjahr kam trotz der widrigen Umstände ein gewisses System ins Leipziger Auktionswesen. Den empfindlichen Mangel an frischer Ware sollte die Versteigerung verwischen, was freilich nicht gelang, die Behörden aber keineswegs davon abhielt, weitere Auktionen, besonders gegen Ende des Krieges, zu veranstalten.

Die *Kriegsfell AG* versteigerte am 16. August 1918:

955 931 Kanin (bunt)
188 431 Kanin (einfarbig)
294 508 Wildkanin
  92 190 Hasen
    3 500 Konfektionierte Pelzwaren.

Darunter befand sich auch ausländische Ware, requiriert in Rußland, Belgien und Frankreich. Über Zwangsbewirtschaftung gingen vom heimischen Aufkommen der *Kriegsfell AG* jährlich etwa 15 Millionen Felle allein von den Kleintierhaltern zu, wobei es untersagt war, andere denn »leichtledrige zu Farbzwecken ausgesuchte Kürschnerware« zu versteigern.

Neben der *Kriegsfell AG* gab es auch ein privates Versteigerungsunternehmen, die *Geverko* (Gesellschaft Gerhard & Hey für Rauchwaren-Versteigerung und Kommission). Auf der Auktion vom 26. bis 28. August 1918 bot sie 1200 Lose an, darunter 260 mit konfektionierter Produktion. Im Oktober 1918 lud *Geverko* wiederum zu einer Versteigerung ein.

Für Kanin entfiel die Zwangsbewirtschaftung am 1. Dezember 1918. Die Preise sanken um 80 %, und als Mittel zum Absatz kam eine Auktion wie gelegen. Später wurden weitere Fellarten freigegeben, doch anders als bei Kanin schnellten hier die Preise in die Höhe. Für einen Maulwurf wurden 30 Mark gezahlt (1914 nur 30 Pfennige), für einen Baummarder 3000 Mark (1914 nur 40 Mark), für den heimischen Rotfuchs 800 bis 1000 Mark (1914 von 5 bis 20 Mark).

Zumindest bis Februar 1920 drängten die US-amerikanischen Rauchwarenhändler auf den Leipziger Markt, und allein ihrethalben lohnte sich die Veranstaltung einer Auktion.

Das von der *Kriegsfell AG* eingeführte Einschreibverfahren, mit dem jeder an der Auktion Beteiligte sein Angebot vorher schriftlich abzugeben hatte, galt als umstritten. Auf der Versteigerung selbst erfolgte nur der Zuschlag für das höchste Gebot; der Kunde konnte also nur einmal ins Geschehen eingreifen, und die Preise entsprachen weit eher dem Zufall als den Gesetzen des Marktes. Leipzig rückte 1919 vom Einschreibverfahren ab, rare Artikel ausgenommen. Die Auktionen trugen nun öffentlichen Charakter und standen unter Leitung eines vereidigten Auktionators (*Georg Albrecht;* ab 1923 auch *Otto Büttner).*

Ein Leipziger Rauchwarenlager (1925); errichtet zwischen 1870 und 1880.
Dürftige Lichtquellen und Platznot waren typisch für die Zweckbauten dieser Jahre.
Alles spielte sich an der Fensterfront ab.

Der Auktionskalender im ersten Quartal 1932 wies die Termine aus:

14. Januar	Ravag	17. bis 19. Februar	Ramico
20. bis 21. Januar	Ravag	23. bis 25. Februar	Norsia
26. bis 28. Januar	Norsia	3. März	Furtransit
4. bis 5. Februar	Furtransit	17. bis 19. März	Ravag
17. bis 19. Februar	Ravag	23. bis 24. März	Ramico

Während der Saison gab es jede Woche eine Versteigerung. Zwischen den beiden Weltkriegen, in nur zwei Jahrzehnten, kam der Brühl auf 506 Auktionen. Die anderen Neulinge im Auktionswesen, St. Louis und New York, begnügten sich mit jährlich zwei.

> *Wie wird der Kunde dieses Jahr bestellen?*
> *Nerz, Murmel, Feh, in Schuppenfellen?*
> *Gespannt erwarte ich den Drahtbescheid*
> *und reiß' vor Neugier auf die Äuglein weit.*
> *(Puschkin, Eugen Onegin)*

Mochte der Schein auch trügen: für den Brühl war die Auktion im Grunde nur eine Ver-
kaufsart von vielen. Die Rauchwaren-Ostermesse hatte nach wie vor hohen Stellenwert, und auch der Freiverkauf wurde keineswegs gering geschätzt. Anders als auf den
übrigen Auktionsplätzen beherrschte auf dem Brühl kein gigantisches Unternehmen
den Markt – und damit die Versteigerung; es gab einige große Rauchwarenhandlungen
und Hunderte kleiner, eine Zersplitterung, die sich im Auktionswesen fortsetzte. Auf einem weniger bedeutenden Umschlagplatz hätten sich mehrere Versteigerungen schwerlich als lebensfähig erwiesen, in Leipzig war das möglich, aber nur dank der Spezialisierung. Führend im Auktionswesen waren folgende Unternehmen:
1. *Geverko:* (Sitz Richard-Wagner-Straße 9.) Im Angebot dominierten Konfektionsware
und (seit 1924) südwestafrikanische Persianer. Ausgerichtet wurden jährlich bis zu zehn
Auktionen, vornehmlich in der Neuen Börse.
2. *Mucrena:* (Sitz Bitterfelder Straße 7–11.) Ließ Rauchwaren in großen Mengen in
Leipzig veredeln (*Erler*) und versteigerte von 1920 an, meist im Restaurant des Neuen
Theaters. Das Lager befand sich ursprünglich Katzbachstraße/Ecke Wittenberger
Straße, dann errichtete *Mucrena* in der Gohliser Straße 42 ein großes Magazin mit einer
Grundfläche von 6000 m². Die Firma verfügte über eine eigene Druckerei, in der die Ka-
taloge hergestellt wurden, und eine Zeitung – »Mitteilungen der Mucrena« – ein drei-
sprachig, erst monatlich, dann halbmonatlich erscheinendes Informationsblatt mit einer
Auflage von 5000 Exemplaren. Nur *Mucrena* gab eine eigene Zeitung heraus. Das Unternehmen ging 1932 in den Besitz der *Ramico* über.
3. *Ramico:* (Rauchwaren- und Edelpelzversteigerung Milz & Co.) Als Auktionsraum
wurde ebenfalls das Restaurant des Neuen Theaters genutzt. Das Lager der *Ramico* befand sich in der Berliner Straße 9. Angeboten wurden hauptsächlich Füchse und Persianer.

Besichtigungsraum der Auktionsgesellschaft Mucrena in der Gohliser Str. 42
(Aufnahme von 1925). Auktionen der Mucrena fanden meist im Neuen Theater statt.

4. *Norsia:* (Nordische Silberfuchs-Auktion *Milz & Co.*) Das auf skandinavische Pro-
dukte spezialisierte Unternehmen war räumlich und personell mit *Ramico* vereint.
5. *Ravag* (Rauchwaren-Versteigerungs-AG). Größte Auktionsfirma Leipzigs. Sie hatte
Lager in der Lagerhofstráße, Ladegasse 4, und nutzte in der Regel den Krystallpalast als
Auktionsraum. Ihr Angebot konzentrierte sich auf »deutsche Wildwaren und Rohfelle«.
Auf den Auktionen 1933 wurden 8 691 598 Felle umgesetzt, so u. a.:

4 218 086 Hauskanin
546 765 Wildkanin
370 119 Hasen
69 836 Rotfüchse
19 432 Blau-, Silber- und Weißfüchse
61 077 Persianer
575 138 Zickel
115 743 Iltisse.

Die *Ravag,* die schon 1932 ihre 100. Auktion feiern konnte, machte sich auch einen Namen durch Sonderversteigerungen, vor allem von Kanin. Von ihr kam die Initiative zur
ersten Auktion deutscher Silberfuchsfelle (1931), der einzigen gemeinsamen Veranstaltung Leipziger Auktionsfirmen (*Ravag, Mucrena* und *Rauchwaren-Lagerhaus-AG*).
6. *Rauchwaren-Lagerhaus-AG:* (*Furtransit*). Während alle bisher erwähnten Firmen
sich in den Händen einiger weniger Händler befanden, war die *Rauchwaren-Lagerhaus-
AG* ein Gemeinschaftsunternehmen von mehr als 40 Händlern vom Brühl mit *Alfred*

Geschäftshof der Firma Gaudig & Blum, Brühl 34–40, zwischen den beiden Weltkriegen, eine Rauchwarenhandlung, die als eine der modernsten und größten galt.

Selter (M. Blomberg & Co. Nachf.) als Vorsitzenden des Aufsichtsrates. Bei Betriebsgründung dachte niemand an Auktionen.

Daß die vom Staat im März 1917 ins Leben gerufene *Kriegsfell AG* ihren Sitz in Berlin haben sollte, hatte zu Protesten in Leipzig geführt. Die Regierung wies den Einspruch mit der Begründung zurück, Berlin verfüge über die erforderlichen Räumlichkeiten, Leipzig dagegen nicht. Daraufhin gründeten die Brühler Großfirmen im April 1917 auf Vorschlag von *F. W. Dodel (Gaudig & Blum)* die *Rauchwaren-Lagerhaus GmbH* (später AG), die einen Speicher in der Katzbachstraße 7 (jetzt Haferkornstraße) im Stadtteil Eutritzsch kaufte und der *Kriegsfell AG* zur Verfügung stellte. Nach deren Liquidation 1919 wurden die Magazine für die Stapelung »ausfuhrverbotener Waren« genutzt und unter »*Furtransit*« geführt. Den Ton gab eigentlich der Zoll an. Seinem Status nach war das Lagerhaus »Ausland«. Es sollte noch viel Zeit verstreichen, bevor die *Furtransit* mit ihrer allmonatlichen Edelpelz-Tierfell-Versteigerung begann, also in den Kreis der Auktionsfirmen trat. Der Sonderstatus des Lagerhauses hatte inzwischen einen Wandel erfahren. Durch Verfügung des Finanzministeriums wurde es 1924 »als steuerbegünstigtes

Lager für aus dem Ausland eingeführte Rauchwaren und Borsten« zugelassen. In der Praxis hieß das: »Man kann im Ausland Waren kaufen, sie ans Lagerhaus schicken, sortieren und bündeln lassen und umsatzsteuerfrei weiterverkaufen«. Jeder Einkauf im Lagerhaus wurde gleichgesetzt mit einem Einkauf im Ausland.

Das eigentliche Verdienst des Lagerhauses bestand in der Förderung des Handels mit russischen Rauchwaren. Die in Berlin eingerichtete Handelsvertretung der Sowjetunion unterhielt im Lagerhaus in der Katzbachstraße eine Niederlassung, die u. a. Auktionen veranstaltete, bekannt geworden als sogenannte Russenauktionen.

Die »Russenauktionen«

»Die Zobel sind wieder da!« hieß es im Spätsommer 1921. Noch lagen sie wohlverwahrt in den Lagerhallen des Hauptbahnhofes, offiziell nicht avisiert, aber die Leipziger Spediteure wußten auch ohne Frachtbrief um Herkunft und Inhalt einer Rauchwarensendung: Grellrote Leinwandpacken kamen aus der Türkei, bunt bemalte Kisten aus Rußland, und das Frachtgut war Zobel. Fuchsfelle versandte Rußland in Körben, Persianer- und Fohlenfelle in Bastverpackung, Zobel jedoch in diesen gutgesicherten Kisten. Der preußischen Staatsbahn waren 1911 zwei solche Kisten abhanden gekommen, nur 20 bzw. 26 kg schwer, doch das Gewicht korrespondierte nicht mit ihrem Wert: er betrug 30 655 bzw. 41 180 Mark. Da nach umfangreichen Recherchen Diebstahl am wahrscheinlichsten schien, wurden die Gerichte bemüht, am Ende sogar das Reichsgericht. Galten Zobel im Sinne der Berner Eisenbahn-Konvention als »kostbare Fracht«? Die höchste richterliche Instanz in Deutschland entschied sich dafür und bestand auf entsprechenden Sicherheitsvorkehrungen. Um das Alarmsystem bei Zobelkisten wanden sich bald Legenden. Von einigen Eingeweihten abgesehen, wußte niemand so recht, wie es funktionierte. Unsachgemäße oder gewaltsame Öffnung löste einen Sirenenton aus.

Jedenfalls nach achtjähriger Pause wurde der zum Brühl »zurückgefundene« Zobel in Fachkreisen als ein die Wiederbelebung des Osthandels verkündender Bote begrüßt. In der Aussicht auf einen Neubeginn steckten Optimismus und wohl auch Genugtuung.

Die Minister der Weimarer Republik zauderten. Manche setzten auf den baldigen Zusammenbruch der Sowjetmacht, andere meinten, man werde Verdruß mit den Westmächten bekommen. Während das Kabinett in Unschlüssigkeit verharrte, sondierte Leipzig das Moskauer Feld.

Etwa 60 bis 70 Händler, Industrielle, Bankiers und Kommunalpolitiker aus Sachsen zeigten sich entschlossen, den Osthandel wieder zu beleben. Den ersten Schritt – darin war man sich einig – konnte nur Leipzig vollziehen, entweder der Brühl oder die Messe. Der Brühl gedachte *Paul Hollender* oder *Ariowitsch* als Abgesandten in die Sowjetunion zu schicken. Die Handelskammern aber gaben dem Messeamt den Vorzug. In denen vom Brühl werde man nur Firmenvertreter sehen; sollten sich in Moskau die Türen für Leipzig öffnen, dann eher für einen Vertreter des Messeamtes.

Anfang 1919 gewährte *L. B. Krassin,* Mitglied des Obersten Volkswirtschaftsrates, dem Mittler des Leipziger Messeamtes eine lange Unterredung, keine verfänglichen Fragen nach Vollmachten stellend. *Krassin* sollte für lange Zeit die wichtigste Kontaktperson in Moskau bleiben.

Am 6. Mai 1921, zwei Monate später als Großbritannien, entschloß sich die Reichsregierung endlich zur Unterzeichnung eines Handelsabkommens mit Moskau. Sowjet-Rußland durfte u. a. eine Handelsvertretung in Berlin einrichten und gemischte Gesellschaften ins Leben rufen. Zur Herbstmesse 1921 war die Handelsvertretung nur mit einem »Messebüro« in der Emilienstraße 15 präsent. Ermutigt durch reges Interesse, sagte sie jedoch für 1922 eine direkte Messebeteiligung zu. *Maxim Gorkis* Frau trug die Verantwortung. Noch 1921, am 28. September, kam es zur ersten sowjetischen Rauchwarenauktion im Großen Saal der Kongreßhalle, die von *Dodel,* dem Vorstand der *Rauchwaren-Lagerhaus AG,* eröffnet wurde.

Was niemand angesichts der politischen Verhältnisse und der überstürzten Vorbereitung zu hoffen wagte: es fanden sich 500 Käufer aus allen mit Rauchwaren handelnden Ländern ein. »Seit Kriegsbeginn hat der Leipziger Markt noch niemals wieder eine derart große Anzahl Ausländer zu verzeichnen gehabt als jetzt zu dieser Auktion«, triumphierte die Fachpresse. »Man spricht von 75 großen französischen Häusern ... Außerdem sah man viele Engländer, Italiener, Tschechoslowaken, österreichische Besucher sowie auch Griechen, Türken und einige Amerikaner. Es war ein völlig internationales Bild.« Stündlich fuhr ein gut besetzter Bus in die Katzbachstraße 7 zum Besichtigungslager der Felle. Kolinskys brachten 420 bis 450 Mark, Biber 2150 bis 3100 Mark, Baummarder 2400 Mark, Rotfüchse 540 bis 710 Mark, sibirische Füchse bis 2200 Mark. Die Zobel freilich zog die Handelsvertretung zurück. Der Umsatz der ersten Auktion fiel mit 250 000 Mark eigentlich mager aus, doch weder Besucher noch Veranstalter nahmen daran Anstoß. Man hatte sich abgetastet.

Den kommerziellen Vorteil genoß Leipzig. Es »hat die große Anzahl der ausländischen Besucher auch außerordentlich fördernd auf das Leipziger freihändige Geschäft eingewirkt, da die Auktionsinteressenten teils in außerordentlich großem Umfange auch am hiesigen Platze freihändige Einkäufe vornahmen«, registrierte »Der Rauchwarenmarkt« am 4. Oktober 1921 sehr zufrieden.

Daß auf dem Brühl mehr als auf der Auktion erworben wurde, wie manche behaupteten, mag eine Übertreibung gewesen sein, doch hatte die euphorische Stimmung des Fachorgans schon seine Berechtigung: die Fäden zu Händlern aus aller Welt wurden neu geknüpft, und so führte die Auktion den sowjetischen wie den deutschen Markt aus der Isolierung. Daß es eine Fortsetzung geben würde, betrachtete jeder als selbstverständlich.

Völlig überraschend zog die Polizei kurz vor der Eröffnung der zweiten Auktion die Genehmigung aller sowjetischen Exponate zurück. Annähernd 600 Einkäufer aus Europa und Nordamerika hatten sich eingefunden, unschlüssig, ob sie wieder abreisen oder abwarten sollten. Allmählich sickerte durch, die Kopenhagener Russisk Handelscompagni AS habe am 17. März 1922, drei Tage vor dem geplanten Auktionsbeginn, beim Gericht eine vorläufige Verfügung erwirkt, »weil eine deutsche Gesellschaft im Namen der russischen Regierung Ware, die Eigentum anderer sei, zur Auktion bringe«. Noch

Gebäude der 1917 von 40 Rauchwarenhändlern des Brühl gegründeten Rauchwaren-Lagerhaus AG in Eutritzsch, Katzbachstraße 7 (heute Haferkornstraße).
Sitz bis 1935 der Leipziger Niederlassung der Handelsvertretung der UdSSR in Deutschland; Zentralstelle der sogenannten Russenauktionen.

hatte keiner ein Schaulos zu sehen bekommen, und woher die dänische Firma ihre Information schöpfte, blieb im dunkeln. Niemand wollte glauben, daß ein lokales Gericht unter so fadenscheinigen Gründen eine internationale Veranstaltung sprengen könne.

Da keine diplomatischen Beziehungen bestanden (erst im September 1922 sollte *Ulrich Brockdorff-Rantzau* als erster deutscher Botschafter seine Arbeit aufnehmen), leitete Sowjet-Rußland die fällige Demarche über einen Kurier ein. Geduld, Zeit und Geld der in Leipzig festsitzenden Händler ließen sich schwer einschätzen. Sollte Berlin eine Entscheidung verzögern, mußte die Veranstaltung platzen. Dann aber war um die Resonanz späterer Veranstaltungen zu fürchten.

Das Protestschreiben der sowjetischen Regierung landete auf dem Schreibtisch des Außenministers, *Walter v. Rathenau.* Vier Wochen vor der Weltwirtschaftskonferenz in Genua und einer Begegnung mit dem sowjetischen Außenminister *Georgi Wassiljewitsch Tschitscherin* kam ihm die Leipziger Affäre ungelegen. Da ein lokales Gericht zu entscheiden hatte, konnten sich die Berliner Behörden heraushalten. Ein Wink von *Rathenau* genügte. Von heute auf morgen legte das Landgericht Leipzig den Verhandlungstermin fest. Die dänische Handelskompagni ließ sich durch Justizrat *Dr. Drucker,* einem der bekanntesten und teuersten Leipziger Anwälte, vertreten. Die eidesstattliche schriftliche Versicherung der klagenden Partei, ein Teil der für die Auktion angelieferten Felle sei ihr Eigentum, fand jedoch keine Beachtung. Das Landgericht Leipzig sah »das Eigentumsrecht der russischen Regierung an der Ware als nachgewiesen« an, hob die einstweilige Verfügung auf und bürdete der klagenden Partei die Kosten des Verfahrens auf. In der Urteilsbegründung hieß es: »Durch Verordnung des Volkskommissars der russischen Republik von 1919« habe die Sowjetunion einen »monopolisierten Pelzhandel ... Egal was vorher wem gehörte, es ist enteignet ..., die Klage gegenstandslos«.

143

Annonce von 1929 für die Versteigerung russischer Rauchwaren.

Selten fällte ein Landgericht ein Urteil von solch politischer Brisanz. Die rechtsorientierte Presse fiel dann auch prompt über die Leipziger Richter her: sie hätten das staatliche Außenhandelsmonopol der Sowjetunion akzeptiert! Das hatten sie in der Tat. Eine Annahme der Klage des dänischen Handelshauses aber wäre eine Einmischung in die Angelegenheiten der UdSSR und dem Brühl abträglich gewesen.

Die Reichsregierung hüllte sich in Schweigen und billigte damit de facto den Urteilsspruch. Vier Wochen später akzeptierte sie mit dem deutsch-sowjetischen Vertrag von Rapallo am 16. April ausdrücklich den Verzicht auf Entschädigung für Nationalisierungsmaßnahmen. Unschwer ist aber im Entscheid des Landgerichts eine Weisung der Regierung oder wenigstens *Rathenaus* erkennbar.

Die zweite »Russenauktion« war gerettet. Sie begann mit einer Woche Verspätung am 29. März 1922 im Vereinshaus Schulstraße 5. Da der Zeitplan durcheinandergeraten war, mußten die Organisatoren improvisieren. Für eine Auktion waren die Räumlichkeiten des Vereinshauses ungeeignet, andere aber so schnell nicht zu finden. Dafür entschädigte das Angebot: 1500 Zobel, 25000 Persianer, 5000 Fohlen, je 10000 Weiß- und Rotfüchse, 8000 Skunks, 9700 Nerze, 80000 Hasen, 49000 (Ganz-)Feh usw., angesichts der Nachkriegsverhältnisse eine ausgezeichnete Offerte. Bei gesunkener Kaufkraft lag mit vier Mill. Mark der Umsatz 16mal höher als im Jahr zuvor.

Daß Waren im Werte von 400 Mill. Mark unter den Hammer gekommen sein sollen, basiert auf einem Irrtum. Die Weltrohfellproduktion des besten Vorkriegsjahres erreichte nur 410 Mill. Mark.

Mit der zweiten »Russenauktion« verknüpften sowohl der Brühl als auch der Veranstalter große Hoffnungen: der Brühl als Umschlagplatz für sowjetische Rauchwaren und das sowjetische Rauchwarengeschäft als Ankurbelung des Handels. Hatten doch Krieg, Bürgerkrieg und Interventionskriege die Jagd in Sowjet-Rußland fast zum Erliegen gebracht. Nur 4,5 Mill. Felle fielen 1921 gegenüber 21 Mill. Fellen früherer Jahre an, doch in der Saison 1923/24 wurden schon wieder 70 % der einst üblichen Erträge erzielt. Der Drang zum Markt vergrößerte sich.

Im September 1922 veranstaltete Sowjet-Rußland schon eine weitere Auktion. Stellte man sich auf zwei Versteigerungen jährlich ein? Der weltweite Währungsverfall, der in Deutschland zu einer Inflation beispiellosen Maßes ausartete, stand einem solchen Vorhaben entgegen, und so blieb es 1923 bei einer Versteigerung im September. Der Leipziger Transportarbeiterstreik Ende August traf diese weniger als die Herbstmesse, auf die sich vermutlich *Majakowskis* Gedicht »Solidarität« bezog. Er hat es leider nicht datiert.

> Die Messe rast,
> 　　　überstürzt,
> 　　　　　übertreibt sich.
> Leipzig ist toll
> 　　　Im Rummel fliegt Leipzig.
> Nur der Bahnhofsplatz lärmt nicht.
> 　　　Der Bahnhofsvorplatz schweigt.
> Der Bahnhof feiert.
> 　　　Der Frachtdienst streikt.
> Heut sagten Verlader und Scheuerleute:
> »Na, schön, ihr Herren!
> 　　　Denn bummeln wir heute.«
> Nur selten Krakeel.
> 　　　Und Geklopf zuweilen.
> Wenn Streikposten
> 　　　nämlich
> 　　　　　Streikbrecher verkeilen.
> Unternehmer knirschen
> 　　　mit schäumendem Munde
> »Die Gewerkschaftsbrüder
> 　　　richten uns zugrunde!«
> Doch plötzlich
> 　　　belebt sie
> 　　　　　ein hämisches Hoffen:
> sowjetische Rauchwaren
> 　　　sind eingetroffen.
> Da lacht
> 　　　die schnurrbartstreichende Gruppe:

»Jetzt löffelt

   die selbsteingebrockte

     Suppe!

Ihr Russen,

   wer lädt sie euch aus, eure Felle?

Eine gute Lehre für künftige Fälle!«

Die Leipziger Messe

   vergnügt sich,

     betäubt sich.

Da plötzlich

   ihr Bürger,

     gibts Aufsehn in Leipzig.

Speckhälse recken sich:

     Außergewöhnlich!

Das Streikkomitee

   erscheint

     persönlich!

Es greift

   mit Begeisterung

     hemdsärmelig zu –

Das Eisenbahnlagerhaus

     leert sich im Nu.

Zur Messe ziehn Damen.

   Die Messe beweibt sich.

Man bestaunt die Sowjetpelze in Leipzig.

Die Arbeiter-Eintracht

   besiegt

     alle Würger.

Sie trotzt auch

   dem streikabwürgenden

     Bürger.

     (Wladimir Majakowski)

Ab 1924 plante die UdSSR sowohl im Frühjahr als auch im Herbst eine Auktion. Es kam jedoch anders: Alles war für die Versteigerung im Mai 1924 vorbereitet – das Versteigerungslokal gemietet, die Werbung längst abgeschlossen, das Gros der Lose bereits auf Lager. Plötzlich durchkreuzte der »Berliner Zwischenfall« alles. In die Räume der sowjetischen Handelsvertretung war am 3. Mai Polizei eingedrungen, angeblich auf der Suche nach einem gewissen *Botzenhardt*. Sie durchsuchte die Zimmer, Schränke und sogar die Schreibtischfächer. Nach der entgegen diplomatischen Gepflogenheiten vorgenommenen Hausdurchsuchung erfolgte als »Krönung« der Aktion die Festnahme einiger Mitarbeiter. Daraufhin berief die UdSSR ihren Vertreter nach Moskau, stellte alle Beziehungen zu deutschen Firmen ein und sagte die Leipziger Rauchwarenauktion ab.

Beigelegt wurde der Konflikt erst am 29. Juli 1924. Die Reichsregierung distanzierte sich vom Vorgehen der Berliner Polizei (die schwerlich auf eigene Faust gehandelt haben dürfte), bedauerte offiziell den Vorfall und ersetzte alle Sachschäden.

Vom Brühl sprach niemand. Für 14,09 Mill. Rubel hatte er 1923/24 Rauchwaren aus der UdSSR bezogen, 1924/25 nur wenig mehr als die Hälfte: 7,58 Mill. Rubel. Mit Beilegung des »Berliner Zwischenfalls« konnte wenigstens noch größerer Schaden verhindert werden. Die Regierungen waren übereingekommen, dort anzufangen, wo man aufgehört habe. Im September 1924 erlebte Leipzig die vierte »Russenauktion«, im März 1925 die fünfte, im September 1925 die sechste. Vorerst blieb es bei jährlich zwei Auktionen.

Mit dem Krystallpalast in der Wintergartenstraße war endlich ein geeignetes Auktionslokal, mit *Georg Albrecht* der Stamm-Auktionator gefunden worden. Das Depot befand sich weiterhin in den Räumen der *Rauchwaren-Lagerhaus AG,* bei der bis 1933 die Fäden im Osthandel zusammenliefen. Offizieller Ausrichter der »Russenauktionen« aber war die Handelsvertretung der UdSSR in Berlin. Aus praktischen Gründen richtete diese in Leipzig eine Niederlassung ein, zu der außer dem Lager ein Büro in der Ritterstraße 30/36 und ein Klub in der Frankfurter Straße 10 (heute Friedrich-Ludwig-Jahn-Allee) gehörten. Hierzu gesellten sich um 1929 Filialen von *Derop, Derutra, Zentrosojus* und *Selskosojus.*

Als Spiritus rector galt (ab 1927) *Dr. Boris Belenki.* Er war in Berlin als stellvertretender Leiter der Handelsvertretung akkreditiert, zuständig für Rauchwaren und am Brühl besser aufgehoben als Unter den Linden. Er sprach außer Russisch sowohl Deutsch als auch Englisch; außerdem beherrschte er brauchbar das Französische, Polnische und Jid-

Am 8. September 1925 »Russenauktion« im Krystallpalast.
Im Präsidium auch Auktionator Georg Albrecht (4. v. r.).

Eine »Russenauktion« um 1929, gut besucht wie alle Auktionen der UdSSR.

dische. Alles andere denn ein Sklave diplomatischer Protokolle, verkehrte er denkbar ungezwungen mit den Händlern aus aller Welt, denen er vor allem durch rauchwarenkundliche Kenntnisse imponierte. In Sekundenschnelle konnte er ein nie zuvor gesehenes Los zuverlässig taxieren, mochten es Nerze, Zobel, Persianer, Füchse, Marder, Iltisse oder Feh sein; nur bei Kanin und Nutria streckte er die Waffen; damit handelte er nicht – noch nicht. Von *Belenki* wird noch weiter berichtet. Fünf der zwölf Beschäftigten in der Leipziger Niederlassung waren deutsche Staatsbürger – vier eingestellt als Arbeiter, *Heinrich Heppner* als Leiter des Magazins. Sie sahen sich mancherlei Schikanen der lokalen Behörden ausgesetzt, angefeindet durch nationalistische Verbände. In Berlin, dem Sitz vieler Missionen, arbeitete eine größere Zahl Deutscher in Auslandsvertretungen, in Leipzig dagegen nur wenige, und die in der UdSSR-Niederlassung Tätigen hatten keinen schützenden Status. Es gab Kreise, die in den drei Zweizimmer-Büros und dem Magazin nichts anderes zu sehen vermochten als »bolschewistische Stützpunkte der kommunistischen Bewegung«, die »aufs Schärfste bekämpft werden« mußten. So jedenfalls schrieb die Dresdner Handelskammer, die 1919 mit auf Normalisierung des Osthandels drängte, ans Außenministerium. Am Brühl wurde gewitzelt, gespottet, Dresden neide Leipzig eine ausländische Niederlassung, die in der Residenz Sachsens fehle, doch die Polizei nahm die »billige« Denunziation ernst, ermittelte monatelang gegen die sowjetischen Büros, besonders gegen die dort beschäftigten Deutschen, mußte aber am 17. April 1925 Berlin gegenüber einräumen, es hätten sich keine Anhaltspunkte für eine politische Subversion ergeben; das Rauchwaren-Lagerhaus widme sich ausschließlich kommerziellen Belangen. Das Handelsklima aber war erst einmal umwölkt. Die Sowjetunion beschwerte sich in Berlin »wegen Ermittlungen« gegen ihre Niederlassung und »Bedrängung der deutschen Mitarbeiter«. Das sorgte vorab für Ruhe.

Die besten Auktionen waren die der Jahre 1927/29, und das hatte Leipzig eigentlich der britischen Politik zu danken, die ähnliche Torheiten in der Ostpolitik beging wie Deutschland 1924. Die UdSSR quittierte einen Überfall auf die sowjetische Handelsgesellschaft *ARCOS* in London mit Abbruch der diplomatischen Beziehungen und der Abkehr vom Rauchwarenhandel mit England. Da die UdSSR nur zwei Auktionen beschickte, die Londoner und die Leipziger, konnte letztere mit einem außergewöhnlich regen Zuspruch rechnen. Allein aus den USA kamen zur Versteigerung im Herbst 1927 Vertreter von 56 Firmen; statt an die Themse fuhren die Einkäufer an die Pleiße. Der Umsatz lag bei 2,9 Mill. Dollar, im März 1928 bei 4 Mill. Dollar, im März 1929 bei 3,6 Mill. Dollar. Dann besann sich die Downing Street: Im Herbst 1929 stellten die UdSSR und Großbritannien wieder diplomatische Beziehungen her; und 1930 konnte die Londoner Auktion erneut offiziell mit sowjetischen Rauchwaren aufwarten. Die kurzsichtige britische Politik hatte Leipzig immerhin zu einigen lukrativen Jahren verholfen.

Umsätze des sowjetischen Rauchwarenexports auf Auktionen (Angaben in 1000 Rubel):

	1924/25	1925/26	1926/27	1927/28	1928/29	1929/30	1930/31
in Leipzig	2945	3227	9106	13375	11740	6055	5575
in London	7620	10579	14866	8123	12639	8665	6789
Anteil der Auktionen am Umsatz in %	15	18	27	24	31	23	24

Zwei Schlußfolgerungen lagen nahe:

1. daß es offenbar außerhalb sowjetischer Absichten lag, sich auf eine bestimmte Auktion festzulegen. Nun bestand zwischen den Besuchern der Londoner Auktion und der Leipziger »Russenauktion« kein gar so gewaltiger Unterschied, sah man doch überall die gleichen Gesichter. Mit Rücksicht auf die Speditionskosten kaufte der deutsche Händler natürlich lieber in Leipzig, der englische lieber in London. Im Grunde aber zwangen beide Märkte durch politische Unberechenbarkeit die UdSSR zur Verteilung des Risikos;

2. zeigt die sowjetische Statistik, daß diese attraktiven Auktionen nicht jene überragende Rolle im sowjetischen Außenhandel spielten, wie gern behauptet wird. In keinem Jahr vermochten sie auch nur ein Drittel des Exports zu realisieren. Sie sind wohl eher über- als unterbewertet worden.

Aus Leipziger Sicht stellte sich manches anders dar. Dazu schrieben die »Leipziger Neueste Nachrichten« vom 7. September 1927: »Die Auktion bringt Transportgewinn für die Reichsbahn, Kommissionsgewinn für die Leipziger Kommissionäre, Handelsgewinn für die Leipziger Selbstkäufer, Veredlungsgewinn für die Zurichtereien und Färbereien des Bezirkes Leipzig ... Zins und Provisionsgewinn für die Banken ... Die ›Russen-Auktionen‹ verstärken das internationale Ansehen des Leipziger Rauchwarenmarktes, der sich heute mitten im Wiederaufbau seiner Vorkriegsposition auf dem Weltmarkt befindet. Die ausländischen Interessenten, die zu den Auktionen kommen, bringen erfahrungsgemäß auch eine Geschäftsbelebung am Markt ganz im allgemeinen mit sich ... New York setzte sich mit seiner gewaltigen Kapitalkraft an die Spitze des Geschäfts, und auch London tat sein möglichstes, um Leipzig auszuschalten. Fast schien es, als sollte Leipzig für den Weltpelzhandel erledigt sein. Man sprach geradezu von einer ›Abwanderung‹. Daß diese Befürchtungen sich nicht erfüllt haben, daß vielmehr Leipzig gerade in den letzten vier Jahren tüchtig wieder emporgekommen ist, verdanken wir vor allem der glücklichen Erfassung günstiger Gelegenheiten durch den Leipziger Rauchwarenhandel. In erster Linie ist die Tatsache zu nennen, wie der Brühl unter ganz veränderten Bedingungen seine Beziehungen zu Rußland wieder aufgenommen hat.«

Deutsche Pelzmodenschau

Am 4. und 5. April 1921 wurde im Leipziger Krystallpalast die erste Deutsche Pelzmodenschau gezeigt. Ausrichter waren der Verein Deutscher Kürschner und der Verband der Deutschen Modenindustrie. Die künstlerische Leitung lag in den Händen von *Erich Gruner.*

Die Presse zeigte sich voll des Lobes. Lenkte der Reiz des Neuen den Autoren die Feder? Er beeinflußte vielleicht die Länge der Beiträge, den Inhalt kaum. Die Deutsche Pelzmodenschau kam an; sie war die Attraktion der Rauchwaren-Ostermesse von 1921. Die Ausrichter sahen in der Pelzmodenschau nichts weiter als ein Experiment, schwankend zwischen Hoffnungen und Skepsis. Erst durch den regen Zuspruch ermutigt, faßten sie den Entschluß, fortan jährlich eine Deutsche Pelzmodenschau auszurichten.

Es hatte jedoch wieder einmal Einwände gegeben, vor allem gegen den Ausstellungsort. Eine Pelzmodenschau fände überall ihr Publikum, hieß es namentlich in Berlin und München; »Leipzig reiße alles an sich.« – Mit der Rauchwaren-Ostermesse gekoppelt versprach eine Pelzmodenschau aber internationale Resonanz. Andererseits meldeten auch die im allgemeinen ausstellungsfreudigen Kürschner Bedenken an: Seit vier Jahrzehnten bestände die Neuheitenausstellung, und für zwei Veranstaltungen reiche nicht die Kraft. Am meisten verunsicherte die Veranstalter aber die drückende Überlegenheit der französischen und belgischen Pelzmode. Aus Furcht, bei Vergleichen mit Paris und Brüssel ins Hintertreffen zu geraten, war auch bis dahin keine nationale Pelzmodenschau riskiert worden. Das aber hatte die Vorbehalte gegen die heimische Produktion nur begünstigt; wer sich vor einem Vergleich scheute, mußte seine Gründe haben.

Was die erste Deutsche Pelzmodenschau zu bieten vermochte, übertraf alle Erwartungen; augenscheinlich ist das Leistungsvermögen der Pelzwirtschaft allgemein unterschätzt worden. Jedenfalls war das Eis gebrochen, die erste Modenschau warb bereits für die zweite.

Die Deutsche Pelzmodenschau gereichte Produktion wie Handel gleichermaßen zum Vorteil. Den Produzenten sollte »Gelegenheit gegeben sein, die eigenen Arbeiten in gleichzeitigem Nebeneinander mit fremden, gleichartigen Schöpfungen überprüfen zu können«, ließen die Ausrichter verlauten. Sie machten kein Hehl daraus, daß ihnen we-

Pelzmode um 1930.

nig an betont absatzorientierten Ausstellern lag, um so mehr an solchen, die in einen Wettstreit und Gedankenaustausch zu treten bereit waren. Die Veranstaltung sollte in erster Linie der Modenentwicklung dienen.

Um dieser Aufgabe gerecht werden zu können, bedurfte es eines repräsentativen Angebots. Es verstrichen einige Jahre, bevor sich das gewünschte Profil abzeichnete. Das resultierte auch aus Interessengegensätzen, in die sich die einladenden Verbände verstrickt sahen. An 500 Modelle war ursprünglich gedacht, um möglichst viele Anregungen zu bekommen. Für die Vorführung eines Modells nur eine Minute gerechnet, hätte dies die Gäste länger als 8 Stunden gebunden. Selbst eine thematische Gliederung bei Vorführungen in verschiedenen Räumen versprach keine Bewältigung des Zeitproblems. So wurden schließlich 200 bis 250 Modelle als angemessen verstanden. Daraus erwuchsen wieder finanzielle Probleme. Die erste Pelzmodenschau kostete 155000 Mark. Für eine Eintrittskarte hatte der Besucher zwar 10 Mark zu zahlen, aber allzu groß durften die Vorführungsräume nicht sein, um gute Sicht auf allen Plätzen garantieren zu können. Also mußten die Aussteller das Geld bringen. Die Teilnehmergebühren betrugen 600 Mark und berechtigten zur Vorführung von zwei Modellen. Für jedes weitere Modell waren 300 Mark zu zahlen. Um die Kürschner nicht zu verärgern, wurde ihnen ein Vorzugspreis eingeräumt: Für sie betrug die Grundgebühr 300 Mark, jedes das Limit (zwei Modelle) überschreitende Exponat kostete 200 Mark. In welchem Maße die finanzielle Belastung den Zuspruch der Produzenten beeinflußte, ist Jahrzehnte später schwer zu beurteilen.

Für die erste Deutsche Modenschau meldeten 37 Großbetriebe und 28 Kürschner; die

Beteiligung zwischen 1921 und 1938 lag im Durchschnitt bei 40 Konfektionären und 32 Kürschnern. Das Handwerk blieb somit unterrepräsentiert. Vertreten waren auffallend regelmäßig ganz bestimmte Kürschnereien, während sich das Gros der Kürschner scheute, auch nur einen Versuch zu unternehmen, eigene Arbeiten »auf den Laufsteg zu schicken«. Die bereits eingeführte Neuheitenausstellung sah sich derartigen Schwierigkeiten weit weniger ausgesetzt.

Zu den verdienstvollen Bestrebungen der Ausrichter gehörte das Bemühen, nicht nur exklusive Modelle auf der Deutschen Pelzmodenschau zu zeigen. »Es sollen durchaus nicht nur Modelle aus hochwertigen Fellen (Chinchilla, Zobel, Nerz, Hermelin usw.) zur Vorführung gelangen«, hieß es in den Zulassungsbestimmungen. »Es sind vielmehr auch schlichte, einfache Modelle, die die neue Linie zeigen und für die ... Kundschaft tragbar sind, erwünscht.« Daß dieser Appell Jahr für Jahr wiederholt werden mußte, stimmt nachdenklich. Erst Ausgang der 20er Jahre entsprach auch die Art der Exponate den Vorstellungen der Ausrichter.

Die Einkäufer schätzten an der Deutschen Pelzmodenschau vor allem die Vergleichsmöglichkeit. Sie hatten bis dahin Kontakt eigentlich nur zu einigen wenigen Firmen, oft nur zu zwei oder drei. Zwischen den Betriebsbesuchen lagen Zwangspausen, manchmal auch von einigen wenigen Monaten, und sie ließen eben gewonnene Eindrücke schon wieder verblassen. Leipzig aber demonstrierte im Verlaufe von nur zwei Tagen die Leistungsfähigkeit der Branche.

Zu Recht galt die Deutsche Pelzmodenschau als seriös. Sie ließ die vorgeführten Modelle ohne zusätzlichen Schaueffekt direkt auf das Publikum wirken. Damit unterschied sie sich wohltuend von anderen Modenschauen, etwa der des Berliners *Heinrich Rade,* der zur Ostermesse 1922 die 60 000 Zuschauer auf der Pferderennbahn im Scheibenholz überraschte. In der Fachzeitschrift »Der Rauchwarenmarkt« wird berichtet: »Nach dem dritten Rennen ... erschien plötzlich in einem kostbaren, echten Chinchillamantel gehüllt, eine schlanke, stattliche Dame und überreichte dem Sieger des Rennens einen großen Blumenstrauß. Im Gefolge der Chinchilladame erschienen nun ungefähr 20 andere schöne Gestalten, welche in buntem Reigen kostbare Pelzmäntel vorführten«, an die 250. *Rade* konnte sich freuen über den »Besucherrekord«. Das Publikum aber wollte eigentlich ein Pferderennen sehen, keine Modenschau, und von keinem einzigen Platz in diesem riesigen Oval war zu erkennen, ob die Mannequins einen »echten Chinchillamantel« trugen oder Kanin. *Rades* Einlagen zielten auf eine pure Effekthascherei ab. Niemand wunderte sich darüber: solche Shows waren an der Tagesordnung.

Auf der Deutschen Pelzmodenschau war der erste Tag »offen«, d. h. ein Tag des Publikums, es sollte einen Einblick gewinnen, was Kürschnereien und Pelzkonfektion zu leisten vermochten. Am zweiten Tag wurden die besten Kollektionen durch eine Jury ermittelt. München belegte 1921 den ersten Platz, Berlin den zweiten, Leipzig den dritten. Mancher hatte sich die Reihenfolge anders vorgestellt, aber ermutigt oder enttäuscht – man setzte auf die nächste Modenschau. Die Deutsche Pelzmodenschau war natürlich viel zu sehr ein Kind ihrer Zeit, um auf einen Unterhaltungsteil verzichten zu können. Er wurde aber von der eigentlichen Modenschau getrennt und war durchaus originell. Eine Revue mußte es sein, eine möglichst farbenprächtige. »Pelzmodenschau in Utopia«

Eine Pelzkuriosität, von M. Oppenheim im Foto festgehalten: »Die Pelztasse«.

wurde 1928 gezeigt, »Der Kronenzobel« 1929. Die Texte sind längst in Vergessenheit geraten. Der Zuschnitt auf die Branche aber verdient Beachtung. Sie war bemüht, das kulturelle Leben direkt zu beeinflussen. Als Künstler wurden Leipziger Bühnenlieblinge der 20er Jahre verpflichtet – *Therese Witt* von der Operette, *Rudi Gfaller* von der Sprechbühne.

Für die Stadt der Pelze brachte die Deutsche Pelzmodenschau eine Zäsur. Von der Modenschau gingen Impulse aus. Sie wirkte anspornend, umsatzfördernd und geschmackbildend. Sie bereicherte Leipzig um eine weitere Attraktion.

Die Deutsche Kürschner-Schule

Ihr Name wechselte des öfteren: geplant wurde sie als »Höhere Kürschner-Schule«, gegründet als »Deutsche Kürschner-Schule«, lange geführt als »Meisterschule des deutschen Kürschnerhandwerks« und schließlich wieder »Deutsche Kürschner-Schule« genannt. Ihr Ruf blieb immer gleich gut. Absolvent der Deutschen Kürschner-Schule zu sein, kam einer Empfehlung gleich. Sie galt als »gewerbliche Schule« oder »freiwillige Fachschule«. Mit diesen profanen Bezeichnungen waren einige durchaus praktische Konsequenzen verbunden. Damit wurde der Unterschied zur Berufsschule betont, deren Lehrer besoldet und die die angehenden Kürschner zu absolvieren gesetzlich verpflichtet waren. Der Besuch der gewerblichen Schule hingegen erfolgte freiwillig, auf eigene Kosten und (ursprünglich) ohne staatlichen Abschluß. Der Rat der Stadt übernahm nur die Aufsichtspflicht, keine materielle Verantwortung. Die Schule war weitgehend auf sich gestellt, aber das hieß auch »vollkommen freie Wahl der Lehrkräfte, Freiheit in der Gestaltung der Lehrpläne und der Lehrmethoden«.

Im Herbst 1926 gründeten Rauchwarenhandel, Kürschnereien und Veredlungsbetriebe eine Arbeitsgemeinschaft, um sich der beruflichen Fortbildung anzunehmen. Die »Deutsche Kürschner-Zeitschrift« schrieb 1927, das »Hauptanliegen sei es, einen Nachwuchs heranzuziehen, der im Handel neben kaufmännischen Fähigkeiten entsprechend tiefgrün-

dige Fachkenntnisse verbürgt, ... der im Färberei- und Zurichtebetrieb neben hand-
werksgemäßem Können und fachmännischem Wissen auch entsprechend Forschung in gut
eingerichteten Laboratorien betreibt und in der Rauchwarenbranche, wie in anderen Indu-
strien schon längst, Wissenschaft und Gewerk Hand in Hand zu immer höherem Können
auswirken läßt, und der schließlich im Kürschnereigewerbe die alte, gute deutsche Hand-
werkskunst ... wieder zu alter Tüchtigkeit und künstlerischer Fertigkeit entwickelt«.

Der Rauchwarenhandel hatte zu wenig Händler mit Spezialkenntnissen, der Veredl-
ungsbereich gegenüber früher einen geringeren Anteil Fachkräfte, und die Kürschner
sahen sich ständig mit neuen Veredlungen und raschen Veränderungen der Mode kon-
frontiert; das während der Lehre erworbene Wissen reichte für den Beruf nicht mehr aus.

Für eine überregionale Weiterbildungseinrichtung der gesamten Branche aber hätte
es staatlicher Hilfe bedurft. Die Kürschner, die am Ende der Produktionskette standen
und etwa aller fünf Jahre mit einem Modewandel rechnen mußten, unterlagen besonderen Zwängen. Sie hatten aber in Obermeister *Walter Maerz* einen konsequenten Streiter
für die Einrichtung einer Fortbildungsschule.

Eröffnet wurde die Deutsche Kürschner-Schule am 15. März 1928. Sie übernahm es,
so stand es im Amtlichen Katalog der IPA 1930: »die im Kürschnergewerbe vorhandenen reichen Erfahrungen einer möglichst großen Anzahl von Kürschnern (zu) übermitteln. Außer dieser Vertiefung und der Vervollkommnung des praktischen Könnens und
Wissens soll der Kürschner auch eine kaufmännische Ausbildung in dem Umfang erhalten, wie es heute für ... jeden selbständigen Gewerbetreibenden erforderlich ist. Darüber hinaus sollen die Schüler der Deutschen Kürschnerschule auch in diejenigen wissenschaftlichen Gebiete eingeführt werden, mit denen ihr Beruf sie in Berührung
bringt; auf diese Weise soll ihre Allgemeinbildung vom Berufe aus erweitert werden.«

Der Anfang war schwer. Für den Übergang stellte die Reichszentrale für Pelztier- und
Rauchwarenforschung einige Räume in ihrem Haus in der Zentralstraße 3 zur Verfügung, bis 1932 in der vierten Etage von »Schwabes Hof«, Richard- Wagner-Straße 9,
zwei große Werkstatträume und ein Hörsaal bezogen werden konnten. Durch die Nähe
des Brühls war der Standort der Schule ideal. Schon ein Gang über den Hof führte die
Kursanten ins Zentrum des Ein- und Verkaufs der Rohware. Die Räume hatten nur einen Nachteil: sie waren zu klein. So zog die Schule schließlich 1939 in die frühere Servier-
sche Schule, Sebastian-Bach-Straße 9, um. Von Lehrerzimmer und Klubraum abgesehen, standen drei Klassenräume, ein Hörsaal mit 150 Plätzen, drei Werkräume, zwei
Kürschnerwerkstätten und ein Maschinenraum zur Verfügung. Das Gebäude fiel am 4.
Dezember 1943 einem Bombenangriff zum Opfer.

Schon die wiederholte Erweiterung läßt den Zuspruch erkennen, den die Deutsche
Kürschner-Schule fand. Es gelang ihr, jenes Profil zu finden, das den Wünschen und Er-
fordernissen entsprach: Fellverarbeitung, Schnittzeichnen, Kostümkunde usw. Nur eine
grundsätzliche Korrektur war vonnöten: 1935 mußten die Lehrgänge von drei auf drei-
einhalb Monate verlängert werden, weil es sich als zweckmäßig erwiesen hatte, den
theoretischen Unterricht durch zwei Wochen praktischer Arbeit zu ergänzen. Zum gut
durchdachten Programm fanden sich Lehrkräfte, die es realisieren konnten und – dazu
willens waren.

Walter Maerz (1883 bis 1967), Obermeister des Leipziger Kürschnerhandwerks, 1927.

In ihren besten Zeiten verfügte die Deutsche Kürschner-Schule über zwölf Lehrkräfte, vorwiegend Praktiker. *Georg Miersemann,* Werkstattleiter bei *Maerz,* übernahm das Fach Fellverarbeitung. Ihm war die Idee zu verdanken, »durch Schrägumschneiden das Umschneiden und Auslassen in einem Arbeitsgang zu vereinen«, noch auf der Feier aus Anlaß des 25. Jahrestages der Schulgründung ausdrücklich gewürdigt. *Josef Flamm,* Absolvent der Deutschen Kürschner-Schule, erinnerte sich nach 40 Jahren noch daran, wie *Miersemann* das Fuchsumschneiden zu einem zweifelligen Fuchscape praktizierte. Nicht immer hatten es die Lehrer leicht mit ihren Schülern, die allesamt keine Neulinge waren. *Hofmann,* erster Fachlehrer, bekam manche spöttische Bemerkung zu hören, weil er die Haarlängen zu messen pflegte, und das auch noch pedantisch genau. Unverdrossen hielt er an seinem Verfahren fest, bis die Lachlust seiner Hörer sich legte und einem Nachdenken über Sinn und Zweck dieser Methode Platz machte. Die Schnittmuster-Aufstellung lehrte *Otto Dönnicke,* auf diesem Gebiet führend und weithin als Mitarbeiter von Fachzeitschriften bekannt. Für die kaufmännischen Fächer ließ sich *Prof. Richard König* von der Handelshochschule gewinnen. Er war der Sohn eines Kürschners und mit der Branche eng verbunden geblieben. Pelztierkunde unterrichteten *Prof. Dr. Max Schneider,* Direktor des Leipziger Zoo, und *Dr. Heinrich Dathe,* Direktorialassistent bei *Schneider,* heute Leiter des Tierparks Berlin. Bei der Gewinnung von Lehrkräften gereichte es der Deutschen Kürschner-Schule zum Vorteil, in einer Stadt der Pelze und der Wissenschaft ihren Sitz zu haben.

Jeder Lehrgang besuchte das Pelzmuseum, die Reichszentrale für Pelztier- und Rauchwaren-Forschung, verschiedene Veredlungsbetriebe und die Zuchtstation für Karakulschafe in Halle. Voraussetzung für die Zulassung waren eine abgeschlossene Lehre und eine mindestens zweijährige Berufspraxis. Eine weitere Begrenzung ergab sich aus der Kapazität der Schule und – den Kosten für den Hörer. Es waren nicht die Gebühren, die ernsthaft belastend wirkten, sondern die Verdienstausfälle. Später besaß die Schule einen Hilfsfonds: Zur Verfügung standen dafür jährlich etwa 100 RM. Bemerkenswert an diesem Fonds war immerhin eines: er wurde gespeist aus freiwilligen Spenden ehemaliger Schüler. Diese Bindung an die Leipziger Lehranstalt sprach für sich.

Unter den Hörern dominierten die Meistersöhne. Nur Anfang der 30er Jahre lag deren Anteil lediglich bei einem Drittel. Dabei spielte die Arbeitslosigkeit eine Rolle; jeder zweite Schüler war damals ohne Anstellung.

Die Deutsche Kürschner-Schule absolvierten zwischen 1928 und 1939 562 Hörer:

Jahr	Hörer	Jahr	Hörer
1928	24	1934	37
1929	26	1935	41
1930	50	1936	48
1931	59	1937	59
1932	47	1938	60
1933	35	1939	76

(nur 13 Absolventen stammten 1939 aus Leipzig und Umgebung)

Die Deutsche Kürschner-Schule führte jedenfalls ihren Namen zu Recht, sie war nie eine lokale Einrichtung, sondern immer eine landesweit orientierte, was keine andere deutsche Kürschner-Schule für sich in Anspruch nehmen konnte. Das Ansehen des Brühls dürfte zur Attraktivität wesentlich beigetragen haben, zumindest in den ersten Jahren. Das Renommee der Pelzstadt war aber 1939 nicht mehr mit dem von 1928 vergleichbar. Wenn sich die Deutsche Kürschner-Schule dennoch eines wachsenden Zuspruchs erfreute, verdankte sie das ausschließlich ihrer guten Fachausbildung.

Unter den Absolventen vor 1939 befanden sich noch 68 Ausländer. Am stärksten vertreten waren die Schweiz (13), Norwegen (12), Schweden (9) und Polen (8). Es folgten Rumänien (5), ČSR (5), Italien (3), Österreich (2) und die Niederlande (2). Mit je einem Absolventen waren die Sowjetunion, Lettland, Litauen, Griechenland, Chile, Frankreich, Danzig, Luxemburg und Jugoslawien beteiligt.

Die Leipziger »Schule« war zum Inbegriff solider Ausbildung im Kürschnerhandwerk des In- und Auslands geworden. Die Deutsche Kürschner-Schule, schrieb *Alois Stollbrock,* ein Absolvent, hat sich »zu einer Lehranstalt gebildet, die in ihrer Art einzig in der Welt dasteht. Nirgendwo finden wir eine organisatorisch so mustergültig aufgebaute und mit so reichem Wissensgebiet ausgestattete Schule in Fachkreisen«.

Das Pelzmuseum

Die »Deutsche Kürschner-Zeitschrift« kündigte 1927 die Schaffung eines Pelzmuseums an, eines »Spezialmuseums für Pelztier- und Rauchwarenkunde, mit Sitz in Leipzig«. Es folgte eine detaillierte Erläuterung der Konzeption, auf die hier nicht näher eingegangen werden soll. Vorgesehen waren zwei Abteilungen mit etwa 20 Unterabteilungen; die Realisierung dieses Vorhabens hätte den Bau eines Museumskomplexes zur Folge gehabt.

Mit Gründung des Pelzmuseums erfüllte sich ein uralter Traum der Rauchwarenwirtschaft. Es war vor allem der Wunsch, Traditionen der Rauchwarenbranche zu erhalten, zu bewahren, zu pflegen – und außerdem der Pelzstadt Leipzig einen weiteren pelzorientierten Anziehungspunkt zu geben.

Für die Zeit vor dem ersten Weltkrieg paßten Museumspläne überhaupt nicht zur Politik des Brühl. Mit Bildung der Reichszentrale 1926 aber kam der Gedanke auf, in Leipzig ein »Haus der Pelze« zu errichten, das Sitz sein sollte nicht nur der Reichszentrale, sondern auch der Fachverbände, der Fachpresse, der Kürschner-Schule, der Bibliothek, des Archivs und – des Pelzmuseums. Es war also früher im Gespräch als die IPA.

Im November 1927 rief die Reichszentrale zur Mitarbeit auf. Im Museum sollte alles vereinigt werden, »was Beziehung zum Pelz und zur Rauchwarenwirtschaft hat.« Gebeten wurde um (kostenlose) Überlassung historisch wertvoller Maschinen, Zurichterei- und Färbereiartikel, Handwerkszeug, roher Felle, Jagdgeräte, Bilder, Modelle, Bücher, Zeitschriften usw. Mit dem Ergebnis der Aktion war die Reichszentrale durchaus zufrieden. Allerdings gab es Häufungen, vor allen Dingen bei einigen Fellarten, und Lücken, hauptsächlich bei Arbeitsgeräten aus früheren Zeiten. Um die Vervollständigung brauchte sich niemand weiter Gedanken zu machen: inzwischen waren die Vorbereitungen für die IPA angelaufen. Das für sie zusammenzutragende Material versprach für museale Zwecke eine geradezu ideale Basis.

Nachdem die IPA ihre Tore geschlossen hatte, kam die Arbeitsgemeinschaft der deutschen Pelzwirtschaft am 17. März 1931 überein, einen Museumsverein ins Leben zu rufen. Er sollte sich der IPA-Exponate sowie der früher eingegangenen Geschenke annehmen und sie aufbereiten. Ein provisorisches Unterkommen fand das so entstandene Museum im Haus der Reichszentrale in der Zentralstraße 3.

Erst Jahre später, am 31. Januar 1939, bezog das inzwischen den Kinderschuhen entwachsene Museum die II. Etage der früheren Servièrschen Schule, Sebastian-Bach-Straße 9. Der Rat der Stadt hatte sich des Museums angenommen. mit dem Umzug verbunden war eine Statusänderung: von nun an galt die eigentlich von den Leuten vom Brühl geschaffene Einrichtung als »Städtisches Pelzfachmuseum«, verwaltet von der Reichszentrale für Pelztier- und Rauchwarenforschung. Daß Bibliothek, Archiv und Deutsche Kürschnerschule sich im gleichen Haus befanden, war ein glücklicher Umstand.

Im Pelzfachmuseum lebte die IPA fort, verkleinert zwar, aber eindrucksvoll. Pelztierzucht und Rauchwarenkunde waren die tragenden Säulen. Gezeigt wurden beispielsweise Modelle von Farmanlagen. Die Fellsammlung galt als einmalig. Außer Rohfellen standen auch zugerichtete und gefärbte Felle zur Verfügung, von Marder bis Chinchilla. Tierkundliche Malereien gehörten ebenso zu den Exponaten wie eine reichhaltige Schädel- und Skelettsammlung oder Jagdgeräte. Der Gunst des Publikums besonders erfreute sich die Schau »Pelzmode im Wandel der Zeiten«. Das Pelzmuseum in Leipzig war weltweit das einzige seiner Art; im Dezember 1943 fiel es einem Bombenangriff zum Opfer, nur weniges konnte aus Schutt und Asche geborgen werden.

Internationale Pelz-Fachausstellung (IPA) 1930

Die Herausforderung

BEI einer überraschend einberufenen Pressekonferenz kündigte 1926 *Dr. Schick,* Direktor des Berliner Messeamtes, für August eine »großzügige deutsche Pelz-Fachausstellung in der Berliner Funkhalle« an. Das Programm »stehe im großen und ganzen bereits fest«, und »die Ausstellungsmesse« dürfte »von außerordentlicher Bedeutung für die Pelzbranche werden«. Einer der Journalisten vermerkte: »In einem richtigen Vorgefühl, daß eine größere Pelzzentrale Deutschlands eine derartige Veranstaltung als ein Konkurrenzunternehmen auffassen könnte, betonte Herr *Dr. Schick* ... daß diese Messe keinesfalls eine Konkurrenz der Leipziger Pelzmesse darstellen solle.« In Leipzig war man anderer Meinung.

Am 16. Juni 1926 trafen sich beim Direktor des Leipziger Messeamtes führende Vertreter der Stadt und des Brühl. Auf der Tagesordnung stand: »Über Abwehrbestrebungen gegen die Berliner Pläne«. Ob Berlin auf eine »Fachausstellung«, eine »Messe« oder eine »Ausstellungsmesse« aus war, blieb vorläufig unklar, »die Absicht sei zweifellos, die Leipziger Pelzwarenmesse nach Berlin zu ziehen«. In der Diskussion entkräftete man dieses Vorhaben jedoch mit der Meinung: eine deutsche Pelz-Fachausstellung innerhalb von drei Monaten auszurichten, dürfte schwerfallen, ja bei Ignorierung Leipzigs unmöglich sein. Das Argument wirkte beruhigend. Man ging in der Überzeugung auseinander, es sei am besten, sich in Schweigen zu hüllen und abzuwarten. Nach dieser Devise handelte der Brühl schon einmal.

Um die junge Pelzmode publik zu machen, reflektierte das Kürschnerhandwerk bereits vor 1914 auf eine Ausstellung, doch der Rauchwarenhandel zögerte. Es sei nicht einzusehen, warum er mit soviel finanziellem Aufwand seine Weltgeltung demonstrieren solle, um die ohnehin jeder wisse. Nach dem ersten Weltkrieg verbot sich eine Ausstellung von selbst. Die Weimarer Republik lehnte nach dem verlorenen Krieg – die Staatskassen waren leer – jede Unterstützung ab. Welches Pelzland hätte sich zudem, kaum nach Verhallen des Kanonendonners, an einer Ausstellung in Deutschland beteiligen können? Ab 1921 hatten die Kürschner ihre Pelzmodenschau, und es schien, sie seien geneigt, ihren eigenen Weg zu gehen.

Der Gedanke, eine Ausstellung für die gesamte Branche zu arrangieren, tauchte jedoch immer wieder auf, und es bedurfte nur eines Anstoßes, wie Berlin ihn gegeben, um die alte Diskussion aufflammen zu lassen. Monatelang verfolgte die Presse das Thema, ergriff sie Partei gegen oder für Berlin, kontra oder pro Leipzig, aber immer zugunsten einer Ausstellung. Für Berlin plädierte energisch 1926 die Textil-Zeitung. Auch »Der Rauchwarenmarkt« wünschte eine solche Veranstaltung in Berlin. »Wenn mit der Ausstellung Wirkungen für die deutsche Pelzindustrie erzielt werden sollen, dann kann sie nirgendwo anders veranstaltet werden als in Berlin, denn an welchem Orte kann man den in- und ausländischen Besuchern mehr und vor allem Anziehenderes bieten als in des Reiches Metropole – Berlin.« Für Leipzig rührte besonders »Die Pelzkonfektion« die Werbetrommel, deren Redakteur, *A. Querido,* sich als nimmermüder Streiter erwies. Die Lokalpresse sekundierte verständlicherweise. »Wo bleibt die internationale Pelzausstellung in Leipzig?« überschrieben die »Neuesten Nachrichten« ihren Beitrag vom 10. Oktober 1926.

Beschlossene Sache

Der Monat August 1926 war längst verstrichen und Berlin »die großzügige deutsche Pelz-Fachausstellung« schuldig geblieben, als am 25. Oktober Vertreter des Rauchwarenhandels, des Messeamtes und der Stadt im Leipziger Rathaus ihre Gespräche vom Juni fortsetzten – wenigstens formal. Auf der Tagesordnung stand nicht »Abwehr der Berliner Pläne« (obgleich mit deren Neuauflage gerechnet wurde), sondern Ausrichtung einer internationalen Pelzschau in – Leipzig. Anders als im Juni trat man, gewiß nicht unbeeindruckt von der Pressekampagne, offensiv auf.

Aus der kleinen Beratung wurde die erste IPA-Konferenz. Ein Mini-Ausschuß *(Dodel, Hollender, Köhler, Selter)* sollte die notwendigen Schritte zur Vorbereitung der Ausstellung einleiten und einen Hauptorganisator in Vorschlag bringen. Zwei Tage vor der turnusmäßigen Mitgliederversammlung des Reichsverbandes der Deutschen Rauchwarenfirmen trat der Ausschuß am 22. November 1926 zu einer Sitzung zusammen. Ohne Vorsitzenden! Keiner wollte dieses Amt, das gleichbedeutend mit der IPA-Präsidentschaft werden konnte, übernehmen. Die Versammelten stimmten in einer Auffassung überein: ohne Jäger, Pelztierzüchter, Zurichter, Färber, Kürschner, Konfektionäre, Maschinenbauer usw. ist eine Ausstellung undurchführbar, und das Naheliegendste sei, erst einmal die Meinung des eigenen Verbandes zu erkunden. Die Mitgliederversammlung am 26. November 1926 verstand die Ausstellung schon als beschlossene Sache und hielt nur Zeitpunkt und Ort für diskussionswürdig. Man einigte sich auf 1929 und »erklärte einstimmig, daß als einziger Platz für eine Fach-Ausstellung der gesamten Rauchwaren- und Pelzgewerbe-Zweige nur Leipzig in Frage kommen kann«. Der Ausschuß wurde autorisiert, eine Konzeption zu erarbeiten, sich nach einem geeigneten Ausstellungsgelände umzusehen und die Verhandlungen mit den anderen Fachverbänden zu führen. Mit Rücksicht auf die noch zu werbenden übrigen Träger der IPA ließ sich kein förmlicher Gründungsausschuß oder gar ein IPA-Büro ins Leben rufen, denn dies hätte mißverstanden werden und die Verhandlungen erschweren können. Bei Vorlage des Programms zwang das, Schwierigkeiten zu überbrücken.

Ursprünglich wollte man nur jenen einiges Material in die Hand geben, die für die IPA warben. Die Konzeption wurde als Denkschrift deklariert und am 17. November

1927 auf einer Pressekonferenz an vierzig in- und ausländische Korrespondenten übergeben. Stadtrat *Leiske* führte die Regie, weil sich noch immer kein IPA-Präsident gefunden hatte. Die Würfel waren für die IPA gefallen. Ohne Prestigeverlust für Leipzig gab es nun kein Zurück mehr.

Zweck der Ausstellung sei »die anschauliche Übersicht all dessen, was Pelzverwendung im Haushalt der Natur und der Menschheit bedeuten«. Man wolle der Öffentlichkeit zeigen, »wie der Pelz, den sie trägt, entsteht, welche Mühe es bereitet, bevor aus den vielen kleinen Pelztieren Sibiriens oder Alaskas, der Steppen Asiens oder der Urwälder Amerikas ein moderner Pelz wird«, Freude »erwecken und vertiefen am edelsten Bekleidungswerk« und einen Beitrag zur »wirtschaftlichen Kräftigung der Branche« leisten. Von einer dreifachen Mission war die Rede, einer kultur-, wirtschafts- und verkehrspolitischen. Eine vierte wäre hinzuzufügen: die Selbstdarstellung. Das Wort Repräsentation wurde bewußt umgangen. Arbeit, Handel, Wissenschaft und Kunst sollten anders als auf den immer mehr vor allem der Werbung zugetanen Weltausstellungen das Primat haben. Dies war auch ein Grund, warum die später aufkommende Bezeichnung »Weltausstellung für das Pelzfach« (WEPA) wieder durch die 1927 schon gebrauchte »IPA«, Internationale Pelz-Fachausstellung, ersetzt wurde.

Die Denkschrift enthielt detaillierte Angaben über die vorgesehenen Abteilungen. Eigentlich stellte sie ein perfektes »Drehbuch« dar. Bis zur Ausstellung sollten noch Jahre vergehen, und manche Vorstellungen wandelten sich, doch die Konzeption überdauerte mit Ausnahme unbedeutender Korrekturen. Es gab lediglich zwei Ergänzungen, und sie blieben umstritten: Das Land Sachsen, ein wichtiger Geldgeber, wollte die Moritzburger Trophäensammlung untergebracht wissen; *Dr. Erich Klien,* der Mittelsmann, ein leidenschaftlicher Jäger, ließ sich davon nicht abbringen. Schließlich willigte man ein. Wie kaum anders zu erwarten, gab es eine Kettenreaktion: Mecklenburg wollte Sachsen nicht nachstehen, ebensowenig Thüringen, und was Sachsen zugebilligt, konnte anderen nicht abgeschlagen werden. Auch die Niederlande, die Schweiz und Japan wollten sich nur beteiligen, wenn Trophäen ausgestellt würden; Ungarn und Österreich stellten solche Bedingungen nicht, sahen aber eine Trophäenschau als selbstverständlich an. Nur zwei Länder, Frankreich und die UdSSR, lehnten eine Trophäenschau ab. Der Rauchwarenhandel hatte lange Zeit Bedenken: so prächtig sich die Geweihe der »Kapitalen« auch ausnehmen mochten, auf einer Pelzausstellung mußten sie deplaziert wirken. Schließlich einigte man sich, die Ausstellung als »Internationale Pelz-Fachausstellung mit Internationaler Jagdausstellung« auszuschreiben. Für den Rauchwarenhandel aber blieb sie die IPA! Um die Proportionen zu wahren, mußte jedoch eine der Trophäensammlung adäquate Jagdschau aufgebaut werden, was mit Hilfe der Universität Rostock gelingen sollte. Damit waren schon zwei Hallen vergeben.

Die zweite Konzeptionskorrektur betraf die vorgesehene Pelztierschau. Sie wuchs unter der Hand zu einem IPA-Zoo aus. Gedacht war ursprünglich nur an einige Schafe, Karakulschafe, die der sowjetische Aussteller avisiert hatte. Die heimischen Pelztierzüchter, auf Export orientiert, wollten jedoch keinesfalls nachstehen. Die beiden Fachberater, *Prof. Preller* aus Tharandt und *Dr. Johannes Gebbing,* Direktor des Leipziger Zoo, waren entschiedene Gegner der Ausstellung von Pelztieren im Sommerkleid, doch der

Besucher wegen konnte die Ausstellung nur in den Sommermonaten durchgeführt werden. Um die Pelztierzüchter nicht von ihrem Kommen abzuhalten, wurden ihre Wünsche akzeptiert. Auf Verlangen der Zoologen sollten die ausgestellten Tiere (Schafe ausgenommen) im Verlaufe der 17wöchigen Ausstellung wiederholt ausgetauscht werden, um nicht müde zu wirken. Soweit den Akten zu entnehmen ist, geschah das nie.

Bei der Wahl des Ausstellungsgeländes gingen die Auffassungen auseinander: Brühl oder Technische Messe? Beide Standorte schienen gleich werbewirksam zu sein. Bei der ersten Variante wäre der Brühl in eine Art Freilandmuseum umgewandelt worden. Für die Aussteller hätten die Messepaläste und Museen der Innenstadt zur Verfügung gestanden, für Modenschauen und Tagungen der Krystallpalast und die Kongreßhalle, für die Pelztierschau der nahegelegene Zoo.

Um möglichst hohe Besucherzahlen zu erreichen, sollte aber die IPA über die Herbstmesse hinaus geöffnet bleiben. Damit zerschlug sich der kostengünstige Plan, in der Innenstadt auszustellen: zur Herbstmesse benötigte das Messeamt die Messepaläste selbst, das Gelände der Technischen Messe dagegen nicht. So bot sich die zweite Variante an. Für sie sprach, daß die Hallen am Fuße des Völkerschlachtdenkmals durchweg Neubauten waren, und vom Glanz des modernsten deutschen Ausstellungsgeländes würden somit auch einige Strahlen auf die IPA fallen.

In dem Ringen um eine historische oder moderne Anlage trug letztere den Sieg davon. Um jedoch nicht völlig auf die Historie verzichten zu müssen, wurde ein alter Brühl-Hof auf dem Gelände der Technischen Messe nachgestaltet. Auch entstanden ein Kino, ein Zoo, ein Vergnügungspark.

Grund zur Beunruhigung gab es in einem Punkt: die sieben Verbände, als Träger der IPA vorgesehen, vermochten sich noch immer nicht zu einigen. Als wirklich ausstellungsfreudig zeigten sich nur die Pelztierzüchter und Kürschner. Selbst der Leipziger Rauchwarenhandel, von dem die Initiative ausging, hatte Sorgen. Die kleinen und mittleren Unternehmen, also die Mehrheit der Mitglieder des Reichsverbandes, zögerten wegen der Kosten für eine Ausstellung, die »ohne sichtbaren Nutzen und Augenblickserfolg« sein werde. Die Umsätze waren 1925 gegenüber dem Vorjahr um 30 bis 40 % zurückgegangen, und dies wirkte nach. Daß die Gewinnung der auswärtigen Rauchwarenhändler, vor allem der Berliner, schwierig sein würde, lag nach den Ereignissen von 1926 auf der Hand: Berlin hatte die Absicht zur Durchführung einer eigenen Ausstellung nicht aufgegeben. Die Verhandlungen zogen sich endlos hin. *Paul Hollender* hielt mehrere Vorträge, um die Vorbehalte gegen Leipzig aus der Welt zu räumen, und *Paul Larisch,* eine Autorität auf dem Berliner Markt, sekundierte ihm. Schließlich sagte der Berliner Verband – als letzter – seine Hilfe für die IPA zu.

Die sieben Fachverbände gründeten einen »Verein für die Durchführung der Ausstellung«, riefen im Oktober 1928 mit Sitz im Brühl Hausnummer 70 das IPA-Büro ins Leben und einigten sich auf *Paul Hollender* als IPA-Präsident. Als weiterer Kandidat stand *Richard Gloeck* zur Diskussion. Zwei Jahre lag die erste IPA-Sitzung nun zurück! Trotz der in der Zwischenzeit geleisteten Arbeit war wegen der Zwistigkeiten innerhalb der Branche der Zeitplan völlig durcheinandergeraten und eine Verschiebung des Ausstellungstermins um ein Jahr unvermeidbar. Die Konsequenzen vermochte niemand zu ah-

Die Rauchwarenhandlung S. Aron. Karren standen zum Felltransport bereit.

nen: 1929 hätte die IPA in einer Zeit wirtschaftlicher Prosperität stattgefunden, verlegt auf 1930 geriet sie in den Sog der mit den Kursstürzen an der New Yorker Börse einsetzenden Wirtschaftskrise.

Auf diplomatischem Wege wurden 71 »Pelzländer« gebeten, sich an der IPA zu beteiligen. Einige ausgesprochen Leipzig-feindliche Artikel in der englischen Presse ließen die Befürchtung aufkommen, der britische Rauchwarenhandel werde sich ausschließen. Daß die Beiträge aus der Feder neidischer deutscher Autoren stammten, wurde erst später bekannt. Beruhigend wirkte die wohlwollende Haltung der einflußreichen Fachzeitschrift »The British Fur Trade«. Das Blatt schrieb im April 1928 u. a.: »Wir werden unsererseits dieses große internationale Ereignis zu unterstützen versuchen. Wir würden die erste internationale Pelzhandelsausstellung und den Kongreß lieber in London gesehen haben, wo er auch stattfinden müßte – ganz zweifelsohne. Der Londoner Handel scheint jedoch die Verantwortung für ein solches Unternehmen nicht auf sich nehmen zu wollen. Leipzig tut es, und nach unserer Meinung muß der ganze Pelzhandel sich vereinigen, um sie zu einem riesenhaften Erfolg zu gestalten. Die erste Internationale Ausstellung wird das Prestige der Pelzindustrie der Welt erhöhen oder vermindern, je nachdem, ob sie ein Erfolg oder ein Fehlschlag wird.«

Beeinflußt wurde die britische Haltung gewiß durch die Zusage Moskaus. Als London die Einladung annahm, schwanden alle Vorbehalte. Wo sich der deutsche, sowjetische und englische Rauchwarenhandel ein Stelldichein gaben, wollten andere »Pelzländer« nicht fehlen.

Teilnahme-Länder an der Internationalen Pelz-Fachausstellung mit Internationaler Jagdausstellung:

Land	Einzel-aussteller	Kollektiv-stände	Jagdaus-stellung
Afghanistan	–	1	–
Argentinien	6	–	–
Brasilien *)	7	–	–
ČSR	1	–	ja
Dänemark	1	–	ja **)
Deutschland	152	6	ja
Finnland	10	1	ja
Frankreich	25	1	ja ***)
Großbritannien	9	2	–
Indien	–	1	–
Italien *)	17	1	–
Japan	–	–	ja
Kanada *)	2	1	–
Niederlande	10	1	ja
Österreich	–	1	ja
Persien (Iran)	–	1	–
Polen	11	1	ja
Rumänien	15	1	ja
Schweden	11	1	ja
Schweiz	–	–	ja
Spanien *)	–	1	ja
Ungarn	5	1	ja **)
UdSSR	–	1	–
USA	3	1	–
	285	24	11 (3)

  *)   Erfaßt nach den Anmeldungen
 **)   eigene Sonderausstellung
***)   Sonderstand mit Tapisserien, Gobelins, Gravuren usw.: keine Trophäen

Die größte Ausstellungsfläche belegte mit 2000 m² in der Halle und 500 m² Freigelände die UdSSR. Sie beteiligte sich an einer internationalen Ausstellung zum ersten Mal! Frankreich und Großbritannien belegten je 1000 m² in der Halle, die USA sogar 4000 m², aber sie reduzierten auf 400 m², da einige Aussteller nach dem Börsensturz in Schwierigkeiten gerieten und absagten.

Am 23. Dezember 1929 mietete das IPA-Büro auf dem Messegelände ein Areal von 400 000 m² – dazu gehörten fünf Hallen mit einer überdachten Fläche von 32 442 m² (17 500 m² reine Standfläche) und 30 000 m² Freigelände für Tiergehege, Kioske und Vergnügungspark. Dafür hatte die IPA vertragsgemäß ein einmaliges Entgelt in Höhe von 250 000 RM zu entrichten (vgl. Abschnitt »... über Geld wird nicht gesprochen«).

Viel Lob für glanzvolle Leistungsschau

Siebzehn Wochen lang – vom 31. Mai bis 30. September 1930 – hielt die IPA ihre Pforten geöffnet. Es fanden sich weniger Besucher ein als erwartet. Teils mochte es am unfreundlichen Sommer liegen, der niemand zu Ausflügen verlockte, teils an den Folgen der Wirtschaftskrise: auch die Herbstmesse zählte fast 60 000 Gäste weniger als sonst. Doch waren Branchenfremde und Experten des Lobes voll über die IPA. Sie fanden sie gelungen, seriös und publikumswirksam. Kaum einer anderen Ausstellung wurde je soviel Beifall gezollt. Die IPA verdankte diese Wertschätzung der perfekten Organisation und dem Ideenreichtum, aber auch der mit großen finanziellen Mitteln verbundenen Ausstattung, die inmitten der sich ausweitenden Arbeitslosigkeit und Krise nicht unwidersprochen hingenommen wurde.

Das Publikum honorierte besonders die Originalität. Den größten Zuspruch fanden die Stände der Zurichter, Färber, Kürschner, Ausstellungen des Bereiches Kunst, das Freigehege und die Jagdwirtschaft. Jede Phase der Veredlung konnte von den Besuchern in der Praxis verfolgt werden. Mochten die Eindrücke auch unvollständig und mit den Arbeitsbedingungen in den kleinen Zurichtereien oder Färbereien in teils verwinkelten Hinterhöfen nicht zu vergleichen sein, so sahen die Zuschauer auf jeden Fall die Technik im Einsatz und erhielten Einblick in den Produktionsablauf. Im Wechsel verlegten die Beschäftigten der Leipziger Veredlungsbetriebe ihren Arbeitsplatz auf die IPA, und es wurde vom kostbarsten Persianer bis zum einfachen Kanin zugerichtet und gefärbt.

Die Kürschner hatten eine eigene Werkstatt aufgebaut, um die Arbeitsgänge bei der Herstellung eines Mantels oder einer Mütze zu demonstrieren. Den langen Weg zur modernen Pelzbekleidung veranschaulichte eine von dem damals noch wenig bekannten Leipziger Schriftsteller *Valerian Tornius* (1883 bis 1970) gemeinsam mit dem Bildhauer *Rudolf Saudek* aufgebaute Schau »Pelzmode im Wandel der Jahrhunderte«. Eine Figurengruppe zeigte u. a. die Schaube (pelzgefütterter Überrock) des erstarkenden Bürgertums, den schweren Mantel und den zierlichen Muff des Rokoko, den Herrenpelz des Biedermeier, die Modetorheiten in Pelz der Krinolinenzeit.

Die naturgetreue Nachbildung des Alten Brühl galt als die Attraktion der IPA! »Der rote Ochse«, die »Drei Schwäne«, ein Speditions- und Packhof, die alte Steinpflasterung – nichts war vergessen worden. Es fehlte auch nicht das berühmte Fellbündel, das Aushängeschild des Leipziger Rauchwarenhändlers.

Und es gab etwa 3000 Felle aller Arten zu sehen. Selbst erfahrene Vertreter der Branche räumten ein, darunter wären solche, die sie bisher noch nicht in die Hand bekommen oder auf Stapel- oder Auktionsplätzen gesehen hätten. Junge Kürschner und Zurichter aus den verschiedensten deutschen Städten, aber auch aus Belgien, Österreich und Ungarn, opferten Urlaub und Ersparnisse, um die IPA, besonders aber den Stand des Brühl, aufzusuchen.

Die Kunstausstellung war für kleinere Besucherkreise das erklärte Ziel, und sie sollten es nicht bereuen. In der Staatenhalle wie an Sonderständen gab es Aussagen über das pelztragende Tier in der Kunst. Die UdSSR konzentrierte sich auf die Volkskunst,

Originalgetreu nachgestalteter »alter Brühlhof« – eine Attraktion auf der Internationalen
Pelz-Fachausstellung (IPA) 1930 in Leipzig.

auf Arbeiten der »Akademie des Nordens«; Schweden zeigte erstmals in Deutschland
Gemälde von *Bruno Liljefors;* Frankreich die berühmten Handarbeiten und Tapisserien;
Rumänien brachte aus dem Museum Bukarest ein riesiges Diorama mit. Die deutsche
Ausstellung strebte die Darstellung »von Pelztier und Pelzwerk in der Kunst aller Zeiten
und Völker« an. Leihgaben der Museen von Dresden, Kassel, Berlin, München ermög-
lichten eine Konzentration der Meisterwerke zum Thema Pelz, wie »Das Pelzchen«
(Peter Paul Rubens), »Pelzstilleben« *(Wenzel Hollar),* »Saskia« *(Rembrandt van Rijn),*
»Torgauer Jagd« *(Lucas Cranach)* oder »Wermsdorfer Jagd« *(Ferdinand Rayski).* Auch
zeitgenössische Künstler bat man, entsprechende Arbeiten vorzulegen: 540 Exponate
gingen ein, mehr als gezeigt werden konnten. Eine Jury hatte 287 Werke ausgewählt,
darunter 74 Plastiken, u. a. die »Seebärengruppe« *(Edith Ter Meer),* die ein IPA-»Schla-
ger« wurde. Eigens für die IPA hatte der Leipziger Maler *Prof. Willi Geiger* vier Kolossalgemälde geschaffen, die »Welt des Pelzes« symbolisierend.

Auf dem Freigelände sprach der Besucherandrang für sich. Allein die sowjetische
Ausstellung zeigte 400 Tiere, darunter eine Herde Karakulschafe. Vorgestellt wurden
alle kleinen Pelztiere, deren Fell von der Rauchwarenwirtschaft genutzt wird (die großen Pelzträger mußten aus Sicherheitsgründen die Gastfreundschaft vom Leipziger Zoo
in Anspruch nehmen).

Was das Freigelände nicht zu bieten vermochte, den Einblick in den Lebensraum der
Tiere, vermittelte die Ausstellung Jagdwirtschaft mit großflächigen Panoramen. Unter
dem Motto: »Die ökonomische Bedeutung der deutschen Jagd« behandelte das Zoolo-

166

gische Institut Rostock Fragen, die die Pelzwirtschaft interessierten, wie Methoden der Jagd, Hege, Streckenergebnisse. Die zu Beginn schon umstrittene Trophäenschau stand dagegen etwas im Schatten.

Daß auf der IPA erstmals die wertvollsten deutschen Trophäen der letzten hundert Jahre gezeigt wurden, blieb auch durch die ungenügende Werbekampagne der Ausstellungsleitung, die die Internationale Jagdausstellung als eine Art Stiefkind betrachtete, weitgehend unbeachtet. Bei historischer Wertung der Ausstellung muß festgestellt werden, daß Leipzig 1930 nicht nur die größte Pelzschau, sondern auch die bis dahin größte Jagd- und Trophäenschau auf deutschem Boden ausrichtete.

Vor allem die Zeitungsberichte spiegeln die Meinung der IPA-Besucher wider: »Es war ein Pilgerzug der internationalen Rauchwarenwelt nach dem Pelzmekka«, schrieb *H. Kaplan,* ein führender englischer Technical Manager. »Und es war dort Gelegenheit, u. a. das hohe Leistungsvermögen der weltberühmten Rauchwarenveredlung, der Leipziger Zurichtung und der Leipziger Färberei, erneut bestätigt zu sehen.« »Eine wundervolle Darbietung«, meinte *C. L. Clapham* in »The British Fur Trade«, »und ich bin sicher, daß jeder, der die Ausstellung besucht, zugeben wird, daß nicht ausgestellt zu haben, unseren Interessen geschadet hätte«. *J. H. Prat* äußerte in »Fourrures et Pelleterie«: »Ich behaupte nicht, daß die Ausstellung eine Darbietung, die allein dastehend ist, sei, aber offen gesagt: was hat man als Fachmann hier alles zu sehen und zu lernen.«

Es herrschte Meinungsübereinstimmung: Noch nie kam die Welt der Pelze so vortrefflich zur Geltung wie auf der IPA!

Am Rande der Ausstellung fand vom 22. bis 29. Juni 1930 ein Weltpelzkongreß statt. Der Gedanke, eine internationale Organisation der Rauchwarenwirtschaft ins Leben zu rufen, war älteren Datums, und die Ausstellung, die Vertreter aller Pelzländer zusammenführte, bot nunmehr eine willkommene Gelegenheit, den so lange diskutierten Plan zu realisieren. An der Konferenz beteiligten sich 150 Gäste aus 25 Ländern. Von den Ausstellern der IPA folgte allein die UdSSR der Einladung nicht, da der zu gründende Verband, an dessen Spitze *Paul Hollender* trat, seinem Charakter nach ein Unternehmerverband war. Die vom Kongreß behandelten Themen orientierten auf Vertreterfragen, Schiedsgerichte, eine internationale Auskunftei über Kreditwürdigkeit u. ä., doch kamen auch viele allgemeininteressierenden Probleme zur Sprache wie Abstimmung der Auktionstermine, Schuß- und Fangzeiten, Ausbildung des Nachwuchses, Berufskrankheiten, Zölle, Sortimentsbeschreibung.

Die historische Bedeutung der IPA lag wohl im folgenden:

1. Die IPA war vergleichbar mit einem »Aussichtsturm«, von dessen Warte das Leistungsvermögen und die Bedeutung der Rauchwarenwirtschaft überblickt werden konnten , eine umfassende Darstellung der ganzen Branche mit all ihren spezifischen Merkmalen.

2. Die IPA stellte den bislang bedeutendsten Beitrag dar zur wissenschaftlichen Aufbereitung der Geschichte der Rauchwarenwirtschaft. Das gesammelte Material bildete den Fundus des Pelz-Fachmuseums, das dann leider zu den Kriegsverlusten gezählt werden mußte.

3. Die IPA wurde für 17 Wochen zu einer Lehrschau nicht nur für den Nachwuchs, son-

Paul Hollender (1883 bis 1950):
Präsident der Internationalen Pelz-Fachausstellung (IPA) 1930.

dern für alle in der Branche Tätigen. Was oft nur aus Büchern über verwandte Arbeitsgebiete oder Verfahrensweisen in anderen Ländern bekannt war, konnte am Objekt studiert, im Gespräch mit dem Kollegen von »nebenan« und angrenzenden Fachgebieten vertieft werden.

4. Die IPA war eine Werbung für die Pelzbekleidung. Die marktwirtschaftliche Bedeutung mochte schwer fixierbar sein, doch sie galt als spürbar. Die IPA nahm Einfluß auf die Einstellung breiter Kreise zum Pelz. Aufklärende und marktvorbereitende Funktion der Ausstellung griffen somit ineinander.

... über Geld wird nicht gesprochen

Die Leipziger Messe- und Ausstellungs-AG, Hausherr auf dem Messegelände, setzte als Hallenmiete einen Pauschalbetrag von 250 000 RM fest, sicherte sich jedoch – gewissermaßen für alle Fälle – außerdem die Beteiligung an einem eventuellen Gewinn: 30 % bei 1 bis 150 000 RM Überschuß, 25 % bei 150 000 bis 250 000 RM und 20 % bei mehr als 250 000 RM. Auf diese Zusatzklausel hätte die in Sachen Ausstellung erfahrene, selbst auf Zuschüsse angewiesene Messe verzichten können, bekam doch dem Vernehmen nach das IPA-Büro »die Tür nicht hinter sich zu, weil unbezahlte Rechnungen herausquollen« *(Richard Gloeck).*

Es war schon eine vertrackte Angelegenheit: das IPA-Drehbuch fand volle Zustimmung bei den Verantwortlichen. Vom Kaufmännischen verstanden die IPA-Chefs als Leiter großer Unternehmen etwas, doch sollte sich ihre Finanzplanung in diesem Falle als gar zu kühn erweisen!

Die IPA entsprach dem Selbstbewußtsein des erneut zur Geltung gelangten Brühls, dem an einer Ausstellung lag, wie die Branche sie noch nie erlebt hatte. Neben mangelnder Ausstellungspraxis verdrängte eine Portion Selbstüberschätzung das Kostendenken. Ein Schriftsteller *(J. Adler)* brachte das Drehbuch ohne Kostenanalyse in die Endfassung. Es wurde akzeptiert, gedruckt und als Werbematerial verschickt. (Geld wird sich schon finden!)

Anfang 1929 berieten die Stadtverordneten über einen Garantiekredit von 250 000 RM für die IPA. Nach vorliegender Kalkulation rechnete das IPA-Büro mit 900 000 RM Einnahmen, 1 080 000 RM Ausgaben und einem Defizit von 180 000 RM.

Wie auf Bestellung erschienen in den bürgerlichen Zeitungen mehrspaltige Artikel, die die Stadtverordneten ermutigen sollten. »Es ist noch nicht einmal gewiß, ob sie (die 250 000 RM) seitens der IPA voll abgehoben werden müssen«, meinte die »Kürschner-Zeitung«. »Dagegen ist kaum zu befürchten, daß auch nur ein Teil des Geldes nicht wieder in den Stadtsäckel zurückwandern würde. Die IPA wirtschaftet nach bester Brühl-Tradition sehr vorsichtig und paßt ihre Ausgaben streng den voraussichtlichen Einnahmen an.« Die »Neuesten Nachrichten« schrieben am 16. April 1929: »Bei einem Stadthaushalt, der die 200-Millionen-Grenze weit überschreitet, wäre die Ausgabe einer Viertelmillion für einen anerkannt gemeinnützigen Zweck selbst dann nicht zu hoch, wenn sie à fonds perdu erfolgte. Das wird aber hier nicht einmal verlangt. Es geht um ›Zuschuß‹ . . ., der zunächst darlehensartigen Charakter hat, also aus dem Überschuß der ›IPA‹-Einnahmen über die ›IPA‹-Ausgaben zurückzuzahlen ist. Nur insoweit als der Überschuß zur Rückzahlung nicht ausreicht, fällt eine Rückzahlung weg.« Das Stadtparlament teilte die Zuversicht der Medien keineswegs. Wenn auch aus unterschiedlichen Motiven, lehnten linke wie rechte Parteien Unterstützung für die IPA unter vier Gesichtspunkten ab:

1. Wegen Verstoßes gegen Devisen- und Steuerbestimmungen war 1928 der Rauchwarenhändler *David Biedermann,* die »Graue Eminenz des Brühls«, verhaftet worden. Wie verlautet, sollte es sich um einen siebenstelligen Betrag handeln, ein Prozeß aber war unterdrückt worden. *Biedermann* kam auf freien Fuß und setzte sich unverzüglich nach Nizza ab. Sein Vermögen, auf 80 Millionen RM geschätzt, hatte er rechtzeitig ins Ausland transferiert und so einem Zugriff entzogen. Unter der Affäre *Biedermann* litt das Ansehen des gesamten Brühls, noch mehr das des Oberbürgermeisters *Dr. Karl Rothe.* Gegen ihn hatte die Stadtverordnetenversammlung 1924 in einer anderen Sache bereits ein – 1928 niedergeschlagenes – Untersuchungsverfahren eingeleitet. (Der mit 16 Mill. RM Betriebskapital arbeitende städtische Großmarkt hatte acht Jahre lang weder abgerechnet noch ein Konto bei der Stadt geführt.) Die IPA beantragte also den Kredit zu einem Zeitpunkt, wo das Vertrauen in das Finanzgebaren des Brühls und des Rates erschüttert war.

2. Die Rauchwarenwirtschaft hatte 1928 Waren im Wert von 700 Mill. RM umgeschlagen und einen Exportüberschuß von 97,5 Mill. RM erzielt. Damit galt die Eigenfinanzierung der IPA als zumutbar, eine Auffassung, die übrigens von der Reichsregierung geteilt wurde.

3. Die rechten Parteien lehnten aus blindem Antisemitismus und -kommunismus jegli-

»Elsa, die Gräfin«. Auch Otto Dix (1891 bis 1969), von den Nazis 1933 verfehmt,
zollte dem Reiz des Pelzes Tribut.

che Hilfe für den Brühl ab, da sie zur »Hilfe für das jüdische Kapital« werde, besonders
aber eine Unterstützung der IPA »nur der schönen Augen der Sowjetrepublik halber«
inszeniert werde.

4. Der Antrag auf Gewährung eines Garantiekredits wurde als verbrämte Bitte um einen Zuschuß verstanden.

Einmal an diesem Punkt angelangt, wurde die Vorlage näher betrachtet. Das IPA-
Büro beschäftigte u. a. bereits Architekten, Werbefachleute, Dekorateure, Gartenge-
stalter usw. Man rechnete mit 200 Personen für zwei Jahre; kalkulierte man je Beschäftigten monatlich nur 200 RM, ergaben sich allein 960 000 RM Lohnkosten. Daß die Hallenmiete eine Viertelmillion RM betragen würde, war bereits bekannt. Das IPA-Büro
hatte ferner vier Kolossalgemälde in Auftrag gegeben, plante einen Empfang für die
Prominenz, einen Welt-Pelzkongreß, kaufte Baumaterial, errichtete einen Kleinzoo,
der allein 150 000 RM kosten sollte … Die Ausgaben aber waren auf der Vorlage mit
reichlich einer Million RM ausgewiesen. Da mußten sich die Kalkulatoren schon die
Frage gefallen lassen, ob sie das Einmaleins verlernt hätten.

Zweite Berechnung des IPA-Büros vom 10. Mai 1929:

Einnahmen (in RM)		Ausgaben (in RM)	
Miete	800 000	Hallenmiete	250 000
Kioske usw.	300 000	Büropersonal	300 000
Lotterie	20 000	Büromiete	10 000
Katalogverkauf	15 000	Hallendekoration	400 000
Reklameflächen ·	50 000	Werbung	400 000
Umlagen	50 000	Gartengestaltung	100 000
Eintrittsgelder		Vergnügungspark	100 000
700 000 Besucher		Beleuchtung	50 000
je 1,50 RM	1 050 000	Diverses	975 000
Schüler/Vereine	100 000		
Dauerkarten je 15 RM	100 000		
Vergnügungspark	100 000		
gesamt	2 585 000 RM	gesamt	2 585 000 RM

Fünf Tage später, am 15. Mai 1929, gewährte der Rat der Stadt der IPA den gewünschten Garantiekredit, auf den die neue Kalkulation keinen Einfluß hatte; sie wurde nicht einmal in die Stadtverordnetenvorlagen aufgenommen. Der Grund war ein anderer: Die Landesregierung Sachsen versprach der IPA einen Zuschuß von 100 000 RM unter der Voraussetzung, Leipzig gewähre einen Garantiekredit in zumindest gleicher Höhe. Diese Klausel war verfänglich, denn damit blieb es Leipzig vorbehalten, über das Schicksal der Ausstellung zu entscheiden. Die Front der Verweigerer geriet ins Wanken, ohne daß die Einwände schwanden. Mit dem Argument, die IPA solle nicht an der Stadt scheitern, wechselte die SPD schließlich die Front, und ihre Stimmen sowie die der Konservativen reichten für die Kreditbewilligung.

»Bei dieser Summe wird es nicht bleiben«, schrieb die »Sächsische Arbeiter-Zeitung« vom 17. April 1929: »Stadt und Staat übernehmen todsicher später auch das gesamte Defizit.«

In der Tat blieb es nicht bei 250 000 RM. Einmal an der Finanzierung der IPA beteiligt, erließ ihr der Rat der Stadt am 30. Mai 1929 die Steuern. Da keine Verpflichtung bestand, die verkauften Eintrittskarten abzurechnen, wurde beim Ausstellungsschluß die Zahl der IPA-Besucher an keiner Stelle verläßlich ausgewiesen. Den Vergnügungspark, zwischen der Messehalle X und der Straße des 18. Oktober gelegen, durfte jeder kostenlos nutzen. Am 22. Januar 1930 gewährte die Stadt noch Zwischendarlehen von 1 Mill. RM und unmittelbar vor Eröffnung der Ausstellung einen Zuschuß von 150 000 RM. Das IPA-Büro strahlte einen ungebrochenen Optimismus aus. Es versprach, 60 000 RM wöchentlich aus der Besucherkasse abzuzweigen: 1,02 Mill. RM während der 17 Ausstellungswochen! Am Ende aber fielen die Einnahmen niedriger, die Ausgaben höher als erwartet aus. Der Sommer 1930 sollte aus meteorologischer Sicht kein »Ausstellungssommer« werden; nur ein wirklich schönes Wochenende gab es im Juli/August – mit 32 000 Besuchern –, ansonsten triumphierten Schauer, Regen und Wind, und die Besucherkasse füllte sich nicht wie erwartet. Mit 1,35 Mill. RM waren die Eintrittsgelder auch eindeutig zu hoch kalkuliert. Die Annahme, daß jeder erwachsene Leipziger und auch die

»Julius Finn, Rauchwaren und Commission« (um 1920). Kommissionsgeschäfte nebenbei waren durchaus üblich. Zumindest in der Weimarer Republik hatten die Kommissionäre – Kommissäre, wie sie umgangssprachlich hießen – an den Umsätzen einen Anteil, der bis zu 80 % betrug.

Schüler die IPA besuchen, »ein großer Teil sich diese imposante Ausstellung ... auch zwei- und dreimal ansehen« werde, erwies sich als nicht real. Die Standmiete war ebenfalls zu hoch kalkuliert. Etwa 40 % der reinen Standfläche mußte kostenlos an die Bereiche Kunst und Wissenschaft abgegeben werden, um deren Beteiligung zu sichern. Ein Quadratmeter Bodenfläche in geschlossenen Hallen sollte den Aussteller je nach Lage 20 bis 50 RM kosten, in der Halle des Auslands generell je m² 50 RM. Die ausländischen Aussteller aber verlangten mit Rücksicht auf die Größe der gemieteten Fläche einen Nachlaß, so die USA, Großbritannien, Kanada und die UdSSR. Es gesellte sich bei den Einnahmen ein Abstrich zum anderen.

Am 1. Oktober 1930 wurde aus der »Erbmasse« der IPA versteigert, was sich versteigern ließ. Trotz allem war an eine Begleichung der Rechnungen nicht zu denken. Die Lieferanten verzichteten schließlich auf 20 % ihrer Forderungen: aus Verbundenheit mit der Stadt und dem Brühl schrieben sie die Verdienstspanne ab. Die Messe- und Ausstellungs-AG hatte überhaupt keinen Gewinnanteil. Statt 250 000 RM Mietgeld vereinnahmte sie nur 150 000 RM. Sie beugte sich zwar »dem Beschluß der Gewerken, nicht klagbar gegen die IPA« vorzugehen, verlangte aber eine »5 %ige Erhöhung ihres Mietanteils an den Bruttoeinnahmen des Städtischen Kaufhauses und Handelshofes«, beschränkter kommunaler Einrichtungen. Sie erwartete also, daß der »Ausfall von 100 000 RM durch Vereinbarungen mit der Stadt ausgeglichen werde«, was Oberbürgermeister *Carl Goerdeler* akzeptierte. Der Stadtverordnetenversammlung gelangte dies nicht zur Kenntnis. Sie sollte sich erst einmal damit abfinden, daß die städtischen Forderungen an die IPA, 62 675,83 RM für Straßenreinigung, Energie usw. abzuschreiben waren. Verloren waren nach Lage der Dinge alle früheren Zuwendungen in Höhe von 1,4 Mill. RM. Trotz allem blieben noch immer unbezahlte Rechnungen in Höhe von 720 000 RM. Das Land Sachsen sowie die Industrie- und Handelskammer Leipzig halfen zusammen mit 420 000 RM aus; die restlichen 300 000 RM mußte die Stadt übernehmen.

Somit kostete der Stadt Leipzig die IPA 1,7 Mill. RM direkt, einschließlich des Verzichts auf Bezahlung der städtischen Leistungen, des Steuererlasses und der Abfindung der Messe- und Ausstellungs-AG 2 Mill. RM. Infolge der allgemeinen Wirtschaftslage verzeichnete der Stadthaushalt Beginn 1931 das Rekorddefizit von 17,3 Mill. RM.

Abweichend von der Rauchwarenwirtschaft wertete man im Neuen Rathaus die IPA als kaufmännisch außerordentlich schlecht vorbereitet und durchgeführt, als eine »Nummer zu groß« und als »Pleiteausstellung«, so wurde es jedenfalls in den »Verhandlungen der Stadtverordneten zu Leipzig« 1930 und 1931 urkundlich verbürgt. Keine »Pelzmetropole« entwickelte je den Ehrgeiz, Leipzig nachzueifern. Eindeutig war es die Weltgeltung des Brühl, auf deren Grundlage eine IPA geboren wurde und überhaupt durchgeführt werden konnte.

Des Brühls schwärzeste Zeit

Vier schwere Schläge

AUM daß sich die Tore hinter der IPA geschlossen hatten, brach für den Brühl eine schwere Zeit an. Was am Ende der Talfahrt stehen sollte, ahnte keiner. Ein Rückschlag folgte dem anderen. Vier schwere Schläge waren für die weiteren Jahre des Brühl gravierend:

1. Infolge der Weltwirtschaftskrise wurde das Jahr 1931 zu einem »Pleitejahr«. Von den 50 umsatzstärksten Händlern gab jeder dritte auf; die Warenverluste lagen bei 40 bis 50 Mill. RM.

2. Durch den Rauchwarenhandel mit dem Osten hatte der Brühl dereinst Weltgeltung erlangt. Die Politik des faschistischen Deutschland entzog gerade dem Handel mit der UdSSR fast völlig den Nährboden.

3. Die jüdischen Händler mußten »Platz machen«. Auf welch schändliche Weise dies geschah, wird noch zu schildern sein. Auf die bis 1936 vertriebenen Juden war 1929 ein Umsatz von 93 Mill. RM entfallen. Ihre geschäftlichen Verbindungen nahmen die Emigranten mit nach England oder den USA, wo sie neue Unternehmen aufbauten.

4. Durch Bombeneinwirkung wurde das Rauchwarenviertel im zweiten Weltkrieg hart getroffen. Als 1945 endlich die Waffen schwiegen, gab es keinen Brühl mehr.

Das Ende der »Russenauktionen«

Die 34er »Russenauktion« brachte so gut wie keinen kommerziellen Erfolg. Das von der faschistischen Regierung verfügte Kontingent war schon zuvor ausgeschöpft, die Auktion eigentlich überflüssig. Wollte nur keiner sie absagen, oder hatte man auf Drittländer gesetzt? Von den großen Unternehmen kamen wenige Vertreter. Für viele Beobachter gab es kaum mehr einen Zweifel: das war die letzte »Russenauktion«!

Manche Rauchwarenhändler verdrängten Skepsis durch Hoffnung. Schließlich hatte das Jahr 1933 im deutsch-sowjetischen Rauchwarenhandel zu den guten gezählt: 52,5 % des sowjetischen Exports, 11 620 dt, gelangten auf den deutschen Markt – 17 425 dt waren es 1930. Insgesamt aber gab es eine erhebliche Rückentwicklung, die eindeutig politischen Hintergrund hatte.

Zwischen Ende 1930 und Mitte 1932 gab es Differenzen, die im Kern darin resultierten, daß die westeuropäische Rauchwarenwirtschaft (nicht nur die deutsche) in der Sowjetunion nur einen Lieferanten von Rohfellen sah. Frankreich, Belgien, Rumänien, die USA, alle boten auf dem Markt auch zugerichtete und gefärbte Felle an. Der UdSSR wollte man dies verwehren. Sie exportierte beispielsweise 1928 nach Deutschland zu 86,9 % rohe Felle. Das aber vertrug sich auf die Dauer nicht mit ihrer Wirtschaftspolitik. Die UdSSR suchte nach Wegen, auch die sozialistische Rauchwarenwirtschaft ökonomisch noch stärker für die Entwicklung der jungen Sowjetmacht zu nutzen.

Die UdSSR investierte zwischen 1924 und 1930 in die pelzverarbeitende Industrie mehr als 10 Mill. Rubel. Auf- oder umgebaut wurden zum Beispiel die »Leningrader Pelzbearbeitungsfabriken mit Färberei«, die »Moskauer Pelzbearbeitungsfabrik«, die »Karakul-Fabrik Omkus«, das »Tatarische Pelzkombinat« und die »Mufflon-Fabrik Astrachan«. 1924 produzierten 3614 Arbeiter für 7,7 Mill. Rubel, 1929/30 dagegen 9530 Arbeiter für 93,3 Mill. Rubel (nach Großhandelspreisen). Zur Veredlung gelangten inzwischen 20 % der Ernte, immerhin ein sichtbarer Wandel.

Um 1930 arbeiteten auch Leipziger Zurichter und Färber in sowjetischen Veredlungsbetrieben. Zu diesem Zeitpunkt war die erste Etappe des sowjetischen Programms realisiert, existierten bereits Zurichtereien, Färbereien und Konfektionsbetriebe. Die deutsche Fachpresse aber behauptete: »Deutsch-österreichische Spezialisten bauten russische Veredlung auf«. Dies schrieb »Der Rauchwarenmarkt« in Heft 4/1931, und das englische Blatt »Fur Record« wußte im Dezemberheft 1930 zu berichten, daß »Deutschland, insbesondere Leipzig, über die verführerisch hohen Löhne, die man den ihr entzogenen Fachleuten geboten hat, wenig erbaut ist«. Also Abwerbung durch verlockende Angebote? Die Massenarbeitslosigkeit in der deutschen Rauchwarenwirtschaft blieb einfach unberücksichtigt, und die Entlohnung in den sowjetischen Betrieben wurde falsch dargestellt. In »Der Rauchwarenmarkt« Nr. 28/1931 hieß es dazu in einer Stellungnahme der sowjetischen Seite: »Hunderte Bewerbungen arbeitsloser Pelzfacharbeiter aus Leipzig« gehen in Moskau ein. »Wir können von ihnen vielleicht 2 % berücksichtigen. Die Bezahlung ... ist nicht höher als die der russischen Arbeiter« und ... es sei »nicht einzusehen«, warum »der Westen ... seine Arbeitslosen nicht unterbringen« wolle. Trotzdem hielt sich der Vorwurf, die UdSSR werbe ab.

Die Rauchwarenwirtschaft, nicht nur die deutsche, beschwerte sich außerdem, die Sowjetunion arbeite mit »Dumpingpreisen«. Ende 1930, vor allem aber Anfang 1931, kam es zu Protestversammlungen der Rauchwarenhändler. Auf dem Londoner Meeting sprach auch ein Herr *Groner,* der Presseberichten zufolge betonte, daß »die drohende russische Gefahr die größte sei, die bisher den Pelzhandel betroffen habe«. Die Versammlung leitete der britischen Regierung eine Petition zu, in der behauptet wurde, die UdSSR verkaufe gefärbte Felle preiswerter als der Weltmarkt rohe. Zur Stützung dieser These wurde der Preis für einen Posten von 400 Stück Feh erwähnt. Natürlich ging es den Londoner Rauchwarenhändlern wie dem Leipziger Brühl um den eigenen Gewinn, der beeinträchtigt werden könnte. Nun bot aber die Sowjetunion auf jeder Auktion, der Londoner wie der Leipziger, an die 800 000 Stück Feh an, und der jährliche Absatz ging in die Millionen. Was in der Petition über den fraglichen Posten ausgeführt wurde, stimmte, aber die Schlußfolgerung war falsch. Das Stück Feh (roh) aus Belorußland wurde mit 18 bis 20 Cents gehandelt, das Stück Feh aus Tomsk mit 75 bis 78 Cents. Gefärbte Felle aus Belorußland waren demnach am Ende preiswerter als rohe aus Tomsk.

Rohfellager der Firma Theodor Thorer, Brühl 70/Ritterstraße 31/33,
einer der bekanntesten Betriebe für Rauchwarenhandel und -veredlung (Aufnahme von 1926).

Um Preisabweichungen in Abhängigkeit vom Herkunftsgebiet der Ware wußte eigentlich jeder Fachmann. Die sowjetische Außenwirtschaft aber registrierte 1931: »Eine ganze Reihe von Firmen, die vor dieser Kampagne mit russischen Rauchwaren nicht gehandelt haben, haben in London, Leipzig und anderen Zentren unsere Lager aufgesucht, um sich davon zu überzeugen, ob man nicht wirklich bei uns Rauchwaren in guter Qualität zum halben Preis kaufen könne.« Selbst Experten zeigten sich verunsichert.

In der Leipziger Katzbachstraße hatte sich schon 1929 die Verkaufsfirma IMPEX niedergelassen, deren Leitung in den Händen von *Grigori Butman* lag. Das Kaufmännische besorgte *Helly Rackwitz*. Sie leitete später, von 1933 bis 1938, die Firma *Pessis & Co* und zählte zu den wenigen Frauen, die in der Branche Fuß zu fassen vermochten. IMPEX (kein staatlicher Betrieb, sondern eine Einrichtung der Londoner Firma *Gebrüder Provatoroff)* vertrieb für die UdSSR preiswert Pelzmäntel, die nicht zum Sortiment der Kaufhäuser gehörten, doch gern gekauft wurden. Gegen das Auftreten von IMPEX empörten sich besonders verschiedene Kürschner. In Berlin kamen einige 1932 sogar zu einer Protestversammlung zusammen.

Die antisowjetische Kampagne nahm überregionalen Charakter an. Allerorts war zu hören, die UdSSR »werbe« Spezialisten ab und »stehle« durch eine »Dumpingpolitik« anderen die Arbeit. Selbst der Leipziger Pelzarbeiterkongreß der Föderation der Bekleidungsarbeiter verlangte 1931 unbedingt »Quoten für die Einfuhr russischer Fertigwaren«. Die Zeitschrift »Fur Record« (Dezemberheft 1930) meinte, »Moskau hat sich auf den klaren Standpunkt gestellt, nur mit denjenigen Ländern Geschäfte zu machen, die seinem Exporthandel keine Schwierigkeiten in den Weg legen ... und mit Boykott-Bestrebungen und Hochschutzzoll-Wünschen nicht viel auszurichten ist«. Die Warnung blieb unbeachtet.

Belgien und Frankreich gingen zu einem Lizenzverfahren über. Zwei Länder, Rumänien und Kanada, stellten sogar alle Rauchwarenimporte aus der UdSSR ein. Doch ausgerechnet das an Rauchwaren so reiche Kanada sollte zuerst in Schwierigkeiten geraten. Es führte aus der Sowjetunion traditionell fast nur Feh ein, immerhin für etwa 1/4 Mill. Dollar jährlich. Der Markt, der keinesfalls auf sibirische Fehe verzichten wollte, bezog jetzt illegal über Drittländer, was legal nicht mehr zu haben war. Prompt kletterten die Preise bis zu 300 % in die Höhe. Am 14. Dezember 1931 hob die Regierung schließlich stillschweigend die Einfuhrsperre (für Rohfelle) auf.

In Leipzig sorgte derweil ein anderes Ereignis für Gesprächsstoff: Leningrad richtete am 1. März 1931 die erste sowjetische Rauchwarenauktion aus. Daß einer der größten Fellieferanten der Welt – nach all den Schwierigkeiten, die dem Handel mit sowjetischen Rauchwaren bereitet wurde – eine eigene Auktion ins Leben rief, lag nahe.

An die Stelle mehrerer kleiner einschlägiger Arbeitsorganisationen war 1930 in der UdSSR das *Pushnoj Syndikat* getreten (seit 1934 Sojuspushnina) mit *Dr. Boris Belenki* an der Spitze, einem alten Bekannten der Leute vom Brühl.

Belenki holte sich *Otto Büttner* aus Leipzig nach Leningrad als Auktionator. Da *Büttner* des Russischen nicht mächtig war, wurde auf der Auktion deutsch gesprochen; auch der Katalog erschien in deutscher Sprache. Ob nun aus purer Neugier oder geschäftlichem Interesse, die kapitalkräftigen Leute vom Brühl statteten der von ihnen als Konkurrenz der Leipziger »Russenauktion« verstandenen Leningrader Auktion einen Besuch ab. Auch *Max Ariowitsch,* die »Graue Eminenz« des Brühl, fehlte nicht. *Paul Hollender* war als Präsident des Internationalen Verbandes der Pelzindustrie offizieller Gast der sowjetischen Regierung. Die übrigen Länder hielten sich merklich zurück. So fanden sich am Ende insgesamt nur 78 Einkäufer ein, gegenüber 416 im Monat darauf auf der Leipziger »Russenauktion«. Zu 98 % fand das Angebot zwar Abnehmer, doch das entsprach einem Umsatz von lediglich 2,3 Mill. RM. In Leipzig verkaufte die UdSSR fünf- bis zehnmal so viel.

In »Sowjetwirtschaft und Außenhandel« (Nr. 6/1931) hieß es dazu: »Mit der Veranstaltung der Leningrader Auktion gedachten wir nicht etwa unsere Auktionen in London und Leipzig einzustellen oder zu verkleinern, doch werden alle Schwierigkeiten, die uns in unserer Arbeit auf den Auslandsmärkten bereitet werden können, uns naturgemäß auf dem Wege einer Erweiterung der Sowjetauktionen und der Lagerverkäufe in der Sowjetunion auf Kosten unserer Auktionen und Verkäufe in Leipzig und London weiterdrängen. Was für ein Gewinn für den Londoner und Leipziger Markt dabei herausschaut, das mögen die Organisatoren und Inspiratoren der gegen unseren Export gerichteten Kampagne selber beantworten.«

Mit der Leningrader Auktion am 1. März 1931 begann ein neuer Zeitabschnitt der Auktionen: Es war die erste sozialistische Auktion im ersten sozialistischen Land der Welt, die eine Tradition heute führender Auktionen der Welt begründete!

So weit wie Rumänien oder Kanada ging Deutschland ohnehin in der Boykottpolitik nicht. Dazu war die Abhängigkeit von der sowjetischen Rohfellzufuhr viel zu groß. Anders als nach dem ersten Weltkrieg bezog aber der Brühl eine härtere Position als die Regierung. In Gesprächen mit *Hollender* bot *Dr. Belenki* 1930 und 1931 eine gemeinsame Verarbeitung zunächst der Persianerernte der UdSSR an. *Hollender* lehnte ab. Die

Reichsregierung dagegen suchte eine Kompromißregelung. In einem Sonderabkommen räumte sie der Sowjetunion am 4. Juni 1932 Zollfreiheit für zugerichtete und gefärbte Felle ein, gegen den Widerstand der deutschen Rauchwarenindustrie. Neun Monate später dachte diese realistischer. Ein Konsortium von neun Firmen, darunter *Hollender-Thorer,* vereinbarte am 25. Januar 1933 mit dem *Pushnoj Syndikat* für 1933 eine im Sommer zuvor noch undenkbare Regelung: Die Sowjetunion garantierte eine Rauchwarenlieferung im Wert von 10 Mill. RM, bedang sich aber einen Anteil zugerichteter Felle von 45 % aus; das deutsche Konsortium sicherte dafür einen 3-Mill.-Kredit zu. Eine Klausel des Vertrages verdiente dabei besondere Beachtung: 25 % der sowjetischen Lieferungen blieben der Leipziger »Russenauktion« vorbehalten. Das war auch das ganze Geheimnis, warum die Auktion und der Gesamtumsatz von 1933 trotz inzwischen erfolgten Machtantritts der Nazis einen Höhepunkt darstellten. Das Abkommen wurde für 1934 verlängert und mit einem Umsatz von 13,3 Mill. RM das Limit sogar überschritten. Leipzig erhielt immerhin noch 68 % der Importe aus der UdSSR, nur gingen diese an der »Russenauktion« schon vorbei. *Sojuspushnina* packte die Ware eigentlich nur aus, um sie unberührt wieder zu verfrachten. Die Annahme, es könnte die letzte Auktion gewesen sein, war nicht unbegründet.

Von der sowjetischen Vertretung in Leipzig blieb nach Machtantritt der Nazis nur das Rauchwaren-Lagerhaus samt Klub. Das Büro in der Ritterstraße mußte aufgegeben werden, ebenso das am Tröndlinring. Mit IMPEX hatten die Nazis kurzen Prozeß gemacht: sie verlängerten nicht die Aufenthaltserlaubnis von Direktor *Butman* und verweigerten einem neuen Leiter von IMPEX die Einreise. Da inzwischen der Stammbetrieb *Provatoroff* in London zusammengebrochen war, mußte die Zweigstelle liquidiert werden. Wegen »Verdachts auf kommunistische Propaganda« durchsuchten Polizei und SA am 1. April 1933 alle Räumlichkeiten des Rauchwaren-Lagerhauses und des sowjetischen Klubs. Dagegen protestierte die sowjetische Botschaft am 3. April beim Auswärtigen Amt. Trotzdem wurden nachträglich durch die Polizei die Tresore geöffnet und drei deutsche Mitarbeiter (*Caspar, Georgi* und *Ziegler)* verhaftet. »Leider bieten auch die im zweiten Bericht des Polizeipräsidiums Leipzig enthaltenen Angaben, insbesondere zur Motivierung der Durchsuchung der Räume der Handelsvertretung, keine ausreichende Handhabe, um den Protest der hiesigen Botschaft der UdSSR in überzeugender Weise zurückzuweisen«, klagte das Auswärtige Amt. Notgedrungen folgte eine formelle Entschuldigung der Reichsregierung. Die deutschen Mitarbeiter des Lagerhauses kamen wieder auf freien Fuß, allerdings erst im Juli 1933. Den »Russenauktionen« war im Grunde schon der Boden entzogen.

Überraschend kam es trotzdem am 14. September 1935 zu einer weiteren »Russenauktion« im Krystallpalast. Vorangegangen war eine Vereinbarung zwischen Deutschland und der UdSSR über sowjetische Rauchwarenlieferungen im Werte von 15 Mill. RM. Eine Klausel fehlte allerdings im Gegensatz zu 1932 im Vertrag: eine Sonderregelung für den Brühl. Die »Russenauktion« von 1935 sollte dann tatsächlich die letzte gewesen sein.

Am 29. Juni 1936 kam zwar ein neues Rauchwarenabkommen zwischen Deutschland und der UdSSR zustande, aber es enthielt keine konkreten Vereinbarungen. *Otto Bütt-*

ner, der weiter als Auktionator in Leningrad gewirkt hatte, erhielt 1936 keine Ausreise-erlaubnis mehr.

Die Auslandsabteilung samt dem Lagerhaus wurden im Februar 1937 von der UdSSR aufgelöst. Das Rohfellaufkommen setzte sie fortan fast ausschließlich im Lande um. Beteiligungen an der Londoner Auktion erfolgten nur sporadisch und mit bescheidenem Angebot. Es wurde also kein »Ersatz« für die Leipziger Auktion bei einem anderen Abnehmer gesucht. Mit einem Anteil von 52,8 % kam Verkäufen auf der Basis von Verträgen eine große Bedeutung zu. Da vertragliche Vereinbarungen vielfach über die Leningrader Auktion abgeschlossen wurden, lag deren Stellenwert höher, als auf den ersten Blick erscheinen mag. Sie setzte 1933 nur 27,5 % des Exports ab, 1935, als die »Russenauktion« in Leipzig de facto schon Vergangenheit war, 63,8 %, und 1936, nach endgültigem Abschied von der Leipziger Auktion, 86 %.

Von 1931, 1932 und 1934 abgesehen, kauften in Leningrad Rauchwarenhändler aus England und den USA ein. Auf Deutschland entfiel am Ende kaum mehr als auf Frankreich, dessen Interessen sich eigentlich nie auf den russisch-sowjetischen Markt konzentrierten.

Anteil der Länder, die auf der Leningrader Auktion kauften (in Prozenten):

Jahr	Deutschland	England	USA	Frankreich
März 1931	32,2	19,7	17,1	21,3
März 1932	28,9	38,5	3,9	26,4
August 1932	43,8	22,3	15,7	7,9
März 1933	25,0	27,4	15,8	13,8
Sept. 1934	62,4	18,1	7,1	?
März 1935	8,0	25,2	29,4	19,2
Juli 1935	18,1	19,2	35,3	7,7
März 1936	1,4	25,0	32,8	19,8
Juli 1936	12,4	21,2	35,9	11,7

Das Fazit dieser Jahre: Die sogenannten »Russenauktionen« sind keineswegs »ohne weiteres« eingestellt, sondern der UdSSR vor allem aus politischen Gründen unmöglich gemacht worden. Dies erschwerte den deutschen Einkäufern den Besuch der Leningrader Auktion zunehmend. Auch waren die maßgeblichen jüdischen Rauchwarenfirmen des Brühl in diesen Jahren diskriminiert und vertrieben worden; die noch ansässigen Rauchwarenhändler konnten durch die politischen Verhältnisse kaum noch unbelastet in die UdSSR reisen.

Zwei von drei Fellen gingen vor Ausbruch der Weltwirtschaftskrise (1929) auf dem Leipziger Markt durch jüdische Hände.

In der Messestadt lebten 14 135 Juden; das entsprach einem Anteil an der Leipziger Bevölkerung von 2,04 %. Zwei Drittel der erwerbstätigen Juden verdienten sich ihren Lebensunterhalt im Handel. In verschiedenen Wirtschaftszweigen waren sie zahlreicher vertreten als in der Rauchwarenbranche, aber wohl nirgends einflußreicher. Einschließlich der im Handelsregister selten erfaßten Ein-Mann-Unternehmen zählte die Rauchwarenbranche 1228 Betriebe, von denen 513, das sind 41,4 %, einen jüdischen Besitzer hatten. Bei differenzierter Betrachtung läßt sich deutlich eine Konzentration der Juden im Handel erkennen. Von 231 Kürschnern stellten sie 1929 nur 30, etwa 13 %, von 203 Veredlern 23, das sind 11,3 %, von 794 Rauchwarenhändlern jedoch 460, das sind 58 %. Insgesamt beschäftigten die jüdischen Rauchwarenhandlungen 2000 Personen, durchschnittlich also vier bis fünf. Der Kleinbetrieb überwog, und Großunternehmen wie die *Eitingon AG* stellten eine Ausnahme dar.

Der Einkommensteuer zufolge lag der Umsatz dieser jüdischen Firmen um 3 % über dem Anteil an den einschlägigen Betrieben, brachte doch *Eitingon* allein einen jährlichen Umsatz von 25 Mill. RM. »Der Rauchwarenmarkt« veröffentlichte im Mai 1933 eine amtliche Mitteilung unter der Überschrift: »Keine Eingriffe in den Rauchwarenhandel«. Im Text hieß es u. a.: ». . . daß jüdische Firmen der Rauchwarenbranche, die in Deutschland, hauptsächlich in Leipzig, ihren Sitze haben, keinerlei Eingriffe zu gewärtigen brauchen.«

Jedoch kurz vorher waren ihrer jüdischen Herkunft wegen selbst weltbekannte Persönlichkeiten aus ihren Ämtern verdrängt worden: *Bruno Walter* vom Dirigentenpult des Gewandhauses, der Ägyptologe *Georg Steindorff* vom Lehrstuhl an der Universität. Den jüdischen Geschäftsleuten hatten randalierende SA-Männer schon im Frühjahr 1933 unter den Augen der Polizei die Schaufenster eingeworfen. »Der Rauchwarenmarkt« sollte die Juden in der Branche beruhigen.

Während viele Intellektuelle Deutschland verließen, zögerten die Rauchwarenhändler noch. Die Beteuerungen der faschistischen Führungskräfte schienen der Logik keineswegs zu entbehren, denn eine Vertreibung der Juden mußte dem Brühl und damit der Stadt schweren Schaden zufügen. Das befürchteten in der Tat auch Ratsmitglieder wie Parteizentrale. *Gerhard Ritter* zufolge soll Oberbürgermeister *Carl Goerdeler* »persönlich die jüdischen Ladenbesitzer gegen plündernde SA-Leute geschützt« haben. Wie *Manfred Unger* an Hand des Schriftwechsels zwischen *Goerdeler* und der Nazi-Führung jedoch nachzuweisen vermochte, war dies eine Legende. *Goerdeler,* wegen seiner Verbindungen zu den Verschwörern des »20. Juli« 1944 hingerichtet, gewährte den Juden keineswegs Schutz, schon gar keinen persönlichen, aber um den Rauchwarenhandel sorgte er sich sehr wohl, und maßgebliche Kreise der NSDAP teilten offenbar seine Bedenken.

Im Glauben an eine Sonderstellung des Brühl verharrten die jüdischen Händler vorerst in Untätigkeit. Doch wurden sie bald ernüchtert durch die serienweise erscheinenden antisemitischen Verfügungen zwischen Juli und Dezember 1935: Juden durften

Max Ariowitsch (geboren 1880), die »Graue Eminenz« des Brühl.
Trat öffentlich selten in Erscheinung.
Entging der Rassenverfolgung durch die Nazis durch Emigration 1935.

städtische Einrichtungen wie Badeanstalten, Theater, Kinos, Bibliotheken usw. nicht mehr betreten; ihre eigenen Veranstaltungen mußten in diskriminierender Weise öffentlich ausdrücklich als jüdische ausgewiesen werden. Weiterer Repressalien gewärtig, verließen daraufhin viele jüdische Rauchwarenhändler Deutschland, besonders die kapitalkräftigen. *Max Ariowitsch,* einer der Mächtigen vom Brühl, selten öffentlich in Erscheinung tretend, 1934 zum letzten Male im Handelsregister erfaßt, ging nach New York, wo er zunächst sein englisches Unternehmen repräsentierte und nach 1945 Präsident der *Anglo-American Fur Merchants Corp.,* des zweitgrößten Unternehmens seiner Art, wurde. *Robert Ehrmann,* seit 1912 auf dem Brühl ansässig, errichtete in London die *Reciance Fur Co. Ltd.,* um schließlich zu *Eitingon* als Direktor überzuwechseln – zu *Eitingon-Schild* in New York. *Kurt Wachtel* rief in England die *Columbia Fur Ltd.* ins Leben.

Die Emigranten durften 10 RM ausführen, ihr gesamtes Vermögen verfiel der Beschlagnahme. Aber eines konnte man ihnen nicht nehmen: die geschäftlichen Verbindungen, und damit stärkten sie die anglo-amerikanische Konkurrenz. Wer wirtschaftlich nicht leistungsfähig war, wirkte indirekt; mit jedem Emigranten verlor der Brühl von seinem alten Ansehen in der Welt. Bis Ausgang des Jahres 1936 wanderten 113 jüdische Firmen ab, deren Umsatz sich 1929, wie schon erwähnt, auf 93 Mill. RM belief. *Eitingon* blieb zwar, aber das amerikanische Stammunternehmen orientierte sich auf New York und London, als Exilanten vom Brühl einflußreiche Stellungen erlangten, sogar ausschließlich. Leipzig fehlten alle Voraussetzungen, die mit Abwanderung der jüdischen Händler eingetretenen direkten und indirekten Verluste auszugleichen.

Mit der sogenannten Kristallnacht am 10. November 1938 begann der hemmungslose Terror gegen die jüdische Bevölkerung. Den »Leipziger Neuesten Nachrichten« vom 11. November 1938 zufolge stellten sich die Dinge so dar: »... es kam am Donnerstag auch in Leipzig zu spontanen Demonstrationen. Im Geschäftsleben machte sich hier das Judentum außerordentlich breit ... und übte nicht die Zurückhaltung, die von dem Gastvolk gefordert wird ... Männer, denen das herausfordernde Treiben der Juden schon längst ein Dorn im Auge war und deren Empörung ... zur Siedehitze gesteigert war, begannen Vergeltung auszuüben. In der Grimmaischen Straße, der Petersstraße und im Brühl, überall gingen Fensterscheiben in Trümmer«.

Von spontanen Aktionen konnte wohl keine Rede sein; überall in Deutschland gerieten in der »Kristallnacht« Synagogen in Brand. Das sah denn doch nach bestellter Brandstiftung aus. In Leipzig waren drei Kultstätten betroffen: die Synagoge in der Zentralstraße, die Familiensynagoge von *Ariowitsch* in der Färberstraße 11 und die Tiktiner Synagoge, Brühl 71. Der Gesamtschaden belief sich auf 40 000 RM. Die Summe erscheint gegenüber den genannten Ausgaben für die IPA »gering«, jedoch der deprimierende moralische Schaden ist unvorstellbar. Bei eingeschlagenen Fensterscheiben sowie persönlichen Diskriminierungen war es keineswegs geblieben. Nach der Kristallnacht legte der faschistische Staat den Juden Kontributionen von einer Milliarde RM auf.

Die Verhaftung von 270 Leipziger Juden erwähnten die »Leipziger Neuesten Nachrichten« gar nicht erst, hatte sich doch nach Meinung der Redaktion angeblich der Volkszorn nur mit ein paar Steinwürfen gegen Synagogen und harmlose Geschäftsauslagen Luft verschafft. Schon am 23. April 1938, Monate vor der Kristallnacht, hatte der Staat eine Vermögensanmeldung von Juden erzwungen; nur Stunden nach der Kristallnacht, am 12. November 1938, erschien die »Verordnung zur Ausschaltung der Juden aus dem deutschen Wirtschaftsleben«. Mit Wirkung vom 1. Januar 1939 durften sie kein Einzelhandelsgeschäft mehr betreiben, kein Handwerk ausüben, nicht als Vertreter tätig sein. Ihr Vermögen wurde »arisiert«, liquidiert oder »verwaltet«. In der »Deutschen Kürschner – Zeitschrift« von 1940 stand: »Der arische Erwerber« durfte »weder die jüdische Firmenbezeichnung verwenden noch einen Hinweis auf den jüdischen Vorbesitzer oder Gründer im Firmennamen und zur Werbung vornehmen«. Die Firma *Robert Ehrmann* führte beispielsweise *Johannes Schulze* unter seinem Namen weiter. Die jüdischen Unternehmen waren preisgünstig zu haben, auch wenn der Staat einen »Arisierungsgewinn« von 50 % forderte.

Für den Brühl ist nicht die »Arisierung« der jüdischen Betriebe, sondern deren Liquidierung typisch geworden, was den Niedergang des Rauchwarenhandels beschleunigte. Es gab auch Händler vom Brühl, die es ablehnten, sich an der »Arisierung« zu beteiligen. So schlug *Karl Georg Friedrich,* der letzte Leiter der Rauchwarenabteilung der *Eitingon AG,* die Übernahme des Betriebes aus. Er gründete 1938 eine eigene Firma.

In der Fachpresse erschien 1939 eine A–Z-Liste noch bestehender Rauchwarenhandlungen. Erfaßt wurden 342 Unternehmen, 452 weniger als 1929. Das Minus entsprach der Anzahl der früher existierenden jüdischen Betriebe (460). Die »Arisierung« einiger weniger größerer Firmen wurde statistisch ausgeglichen durch Aufgabe mehrerer kleiner Betriebe.

»Der Brühl ist judenrein«, frohlockte 1941 die »Deutsche Kürschner-Zeitschrift«. »Es gibt in seinem Bereich keine jüdischen Händler mehr. Es war nicht nötig, sämtliche Hintertreppenunternehmen aufrecht zu erhalten.« Auf solche Art wurde der Tatbestand beschönigt, daß so mancher Hof im Brühl halb leer stand.

Unter »Verwaltung« fielen eigentlich nur Immobilien von Ausländern wie *Ariowitsch,* der seit 1901 die britische Staatsangehörigkeit besaß. Er ließ Rauchwaren im Wert zwischen 5 und 6 Mill. RM, etwa den gleichen Betrag in Wertpapieren, drei Gebäude und einen 50 %igen Anteil an einem Mietshaus zurück. Seine Geschäftsräume im Brühl 71 hatte er gemietet; sie wurden mit Liquidierung der Firma gekündigt. Die Verwaltung des Vermögens übernahmen ein Anwalt und ein Grundstücksmakler. Jeder von ihnen bezog zwischen dem 2. Februar 1940 und dem 12. Dezember 1943 ein Honorar von 110 000 RM. Dann gab es nichts mehr zu verwalten; der Staat hatte das Magazin beschlagnahmt, die Ariowitsch-Stiftung 1942 aufgelöst, das Postscheckkonto am 29. Juni 1943 gelöscht. Im Grundbuch wurde *Ariowitsch* als Mitbesitzer des Hauses Ritterstraße 44/48 gestrichen und das Gebäude am 3. Mai 1943 einem Mittelsmann übergeben, der es an die bekannte Leipziger Familie *Oskar Seifert* verkaufte. Die Häuser Karl-Tauchnitz-Straße 14 und Ferdinand-Rhode-Straße fielen im Dezember 1943 einem Bombenangriff zum Opfer. Vom 12. Dezember 1943 an betreute *Dr. Gentzsch* das aus Schutt bestehende »feindliche Vermögen« gegen ein jährliches Honorar von 20 000 RM. Am Ende waren nur 4827 RM verfügbar, doch *Dr. Gentzsch* hatte – trotz seiner stattlichen Einnahmen ohne Gegenleistung – die Stirn, am 1. August 1947 unter Berufung auf seinen vom faschistischen Oberlandgericht bestätigten Honorarvertrag von *Max Ariowitsch* 20 000 RM nachzufordern.

Da die »Verordnung zur Ausschaltung der Juden aus dem deutschen Wirtschaftsleben« den Hausbesitz formal nicht berührte, konnte die *Eitingon AG* nach Liquidierung ihres Rauchwarenunternehmens noch als Hausverwaltung fortbestehen, bis 1941 die Streichung aller jüdischen Hausbesitzer im Grundbuch erfolgte. Die »Endlösung« war inzwischen in die entscheidende Phase getreten. Der Liquidierung der jüdischen Betriebe folgte 1938/39 die Vertreibung der Juden. Im Zuge der »Nürnberger Gesetze« wurde gerade in Leipzig vielen die deutsche Staatsangehörigkeit einfach aberkannt. Maßgebend bei der Zuordnung war das Geburtsland, für viele Leipziger Juden Polen. Für »Juden polnischer Nationalität« aber erschien bereits am 26. Oktober 1938 ein Aufenthaltsverbot, worauf unverzüglich etwa 5000 Juden über die polnische Grenze abgeschoben wurden. Im Mai 1939 mußten weitere »polnische Juden« Leipzig verlassen. Ihr Schicksal im einzelnen ist unbekannt; bis auf einige wenige dürften sie der Massenvernichtung während des zweiten Weltkriegs zum Opfer gefallen sein. Nach Leipzig kehrte nach Kriegsschluß ein einziger der 1938/39 deportierten Juden des Brühls zurück.

Im April 1939 entfiel für die in Leipzig verbliebenen Juden der Mieterschutz. Im Bereich Humboldtstraße – Packhofstraße – Keilstraße wurde im Oktober 1939 ein Ghetto eingerichtet und eine zwangsweise Einweisung verfügt.

Die Lebensbedingungen für die Juden wurden zunehmend problematischer. Durch eine Verfügung des Rates vom 1. August 1940 konnten sie zu Zwangsarbeiten herangezogen werden. Sie mußten Erdarbeiten verrichten, Müll beseitigen oder im Stadtforstamt aushelfen, vor allem bei Wegearbeiten. Je Stunde erhielten sie dafür 25 Pfennige, mitunter nur 10 Pfennige. Zu den Geschäften hatten sie nur befristeten Zugang. In Berlin war am 4. Juli 1940 die Einkaufszeit für Juden auf eine Stunde, von 16 bis 17 Uhr, beschränkt worden. Leipzig folgte sofort diesem unrühmlichen Beispiel und setzte die Einkaufszeit – Berlin noch übertreffend – auf eine halbe Stunde fest.

Ein Erlaß von 1941 verpflichtete Juden, Pelzwerk aller Art abzuliefern. Für einen dem Brühl in Lohn und Arbeit verbundenen Menschen bedeutete das vor allem eine psychologische, weniger eine materielle Belastung. Die Leute vom Brühl betrachteten Pelze nicht nur als Gebrauchsgegenstand, sondern als ein Stück Lebensinhalt.

Seit Vernichtung der Synagoge während der Kristallnacht stand Juden für Kulthandlungen nur die kleine Betstube in der Färberstraße 11 zur Verfügung. Das Haus samt der Synagoge gehörte *Ariowitsch*, der unter Ausnutzung seiner britischen Staatsangehörigkeit – 1938/39 hatte sie in den Augen des Staates noch Gewicht – den Gebäudekomplex gegen eine symbolische Miete von jährlich 24 RM an die jüdische Gemeinde von Leipzig abtrat. Diese investierte 1939 in die halbzerstörte Synagoge 30 000 RM. Zwischen 1939 und 1942 war die Färberstraße 11 das eigentliche Zentrum des Gemeindelebens. Angrenzend befand sich das jüdische Altersheim in der Auenstraße 14, die »Ariowitsch-Stiftung«, mit 86 Betten. Über den sozialen Charakter dieser Einrichtung konnte man geteilter Meinung sein. Eigentlich war es ein Heim für Begüterte mit einigen Betten für sozial schwachgestellte Gemeindemitglieder. Auenstraße 14 und Färberstraße 11 wurden jedenfalls für viele Juden eine Zufluchtsstätte. Am 19. September 1942 hielten sich hier 350 Personen auf. An eben diesem Tage beschlagnahmte die Gestapo das Gebäude für »geschäftliche Zwecke«. Alle Insassen wurden deportiert.

Am 21. Januar 1942 war von Leipzig der erste Transport jüdischer Bürger in die Vernichtungslager gegangen; es folgten bis 14. Februar 1945 acht weitere. Nur vom letzten (169 Personen) – er ging nach Theresienstadt – sind Überlebende nachweisbar. *Manfred Unger* gibt die Gesamtzahl der jüdischen Opfer in Leipzig mit 10 000 an.

Trauriges Fazit

Einer vom Brühl, *Friedrich Jäkel,* schrieb über die 30er Jahre in seinen Erinnerungen: »Die Stimmung am Brühl war und blieb gedrückt, weil es vor allem mit den Umsätzen immer schlechter wurde, es fehlte letzten Endes an Ware und der damit zusammenhängenden Arbeit ... Auf dem Brühl standen die Gruppen länger als sonst bei den üblichen Unterhaltungen.« Man klagte über den Mangel an Devisen, Beschränkungen bei Auslandsreisen, fehlende Kredite – ohne Kredite aber ließen sich Einkäufe kaum tätigen – und schwelgte in Erinnerungen an die 20er Jahre. Mitunter fiel ein Wort mehr, so man sich sicher wähnte vor Zuträgern.

Für eine Hochburg der Nazis war der Brühl zu weltoffen, für ein Zentrum des Widerstandes zu liberal.

Gepflegter Brühlhof um 1920; links die unentbehrlichen Fellkarren.

Mit dem Niedergang der Importe stieg vorerst das Interesse am heimischen Aufkommen. Die Pelztierfarmen hatten 1934 Bestand von 13371 Sumpfbiber, 10564 Silberfüchsen, 4596 Waschbären, 2631 Karakulschafen und 393 Blaufüchsen. Auch die Zahl der pelztragenden Tiere in der Landwirtschaft und den Haushalten ging nach der Krise – wie anfangs vermutet – keineswegs zurück. So wurden 1933 nur 3,3 Mill. Hausschafe gezählt, 1938 dagegen 5,68 Mill. Gegenüber den 28 Mill. von 1861 mußte der Bestand freilich noch immer als sehr bescheiden gelten. In der Kaninchenzucht war der Leipziger Raum führend; Altenburg und Merseburg-Weißenfels nahmen Spitzenpositionen ein. Die wachsende Kaninchenhaltung war vor allem das Ergebnis zunehmender Versorgungsschwierigkeiten der faschistischen Kriegswirtschaft. Selbst in der Stadt Leipzig wurde eine große Zahl von Kaninchen gehalten – 5845 bereits im Krisenjahr 1931, 32137 dagegen 1937 (1942 gar 122360).

Jährlich bekamen vor dem Kriege 18 Mill. Hauskaninchen den »roten Schlips« umgebunden. Um eine möglichst exakte Erfassung gerade von Kanin bemühte sich die von *Hans Rehbaum* (1909 bis 1975) geleitete Fellsammelstelle des Deutschen Pelztierzüchterverbandes sehr, aber in ländlichen Gebieten blieben durchgreifende Erfolge aus, so in Friesland, Holstein, Schlesien, Pommern und dem Erzgebirge. Die Wildstrecke lag 1937 bei 275479 Füchsen, 2,28 Mill. Hasen und 1,7 Mill. Kaninchen. An der Bereitschaft von Leipzigs Veredlungsbetrieben zur Umstellung mangelte es nicht, aber eine Kapazitätsauslastung war ohne Importe nicht zu erreichen. Ohne Veredlung florierte das Exportgeschäft nicht, von dem der Brühl eigentlich lebte. Ein- und Ausfuhrstatistiken verraten den Niedergang der deutschen und damit der Leipziger Rauchwarenwirtschaft.

Importe (Angaben in 1000 RM):

Jahr	Rohware	Zugerichtete Ware	Gesamteinfuhr	in %
1929	259 782	84 372	34 154	100
1933	69 731	28 779	9 510	28,6
1934	53 451	31 106	8 557	24,6
1935	38 869	18 562	5 431	16,6
1936	36 844	25 154	6 998	17,9
1937	43 968	26 673	7 641	20,5

An anderer Stelle wurde bereits auf den Import der Rohware nach Gewicht eingegangen. Die Angaben in Geld zeigen ein reelleres Bild, denn so mancher Eisenbahnwaggon enthielt eben nur billige Massenware, mit der der Brühl wenig im Sinn hatte. Katastrophaler noch als die Einfuhr entwickelte sich der Export.

Exporte (Angaben in 1000 RM):

Jahr	Rohware	Zugerichtete Ware	Gesamtexport	in %
1929	114 574	288 901	403 475	100
1933	28 196	70 158	98 354	24,4
1934	15 957	46 151	62 108	15,4
1935	12 997	42 166	55 163	13,6
1936	5 652	42 364	48 016	11,9
1937	3 016	50 930	53 945	13,4

Eines jedoch verraten Ein- und Ausfuhrstatistiken nicht: die radikale Umschichtung der Liefer- und Abnehmerländer. Den zufällig durch den Brühl bummelnden Passanten mußten die leerstehenden Räume in den Hinterhäusern entgehen und das Warenangebot noch als ganz passabel erscheinen. Der Fachmann aber, der einen Blick auf die Auslagen warf, wunderte sich, was aus dem Brühl geworden war: Zum Umschlagplatz für Rauchwaren aus dem Osten zählte er jedenfalls nicht mehr, und damit hatte er sein Gesicht verloren.

Vom Rauchwarenexport der UdSSR entfielen 1936 auf Deutschland nur dürftige 4,4 % gegenüber 52,5 % 1933. Dabei hatte sich der gerade für den Brühl so wichtige Export an sowjetischen Rohfellen im Verlaufe der 30er Jahre beträchtlich erhöht: bei Feh von 12,98 Mill. Stück auf 13,56 Mill., bei Schneehasen von 1,4 auf 1,9 Mill., bei Rotfüchsen von 184 000 auf 369 000, bei Weißfüchsen von 50 000 auf 129 000 und bei Kolinsky von 241 000 auf 254 000 Stück. Am Brühl ging diese Entwicklung vorbei.

Exporte der UdSSR an Rohware nach Deutschland (Angaben in 1000 RM):

1929	82 750	1934	5 834
1930	57 827	1935	6 121
1931	31 466	1936	3 018
1932	18 088	1937	3 162
1933	15 611		

Fazit: Wer auf sowjetische Rohware setzte, fuhr am besten nach Leningrad – oder London. England nahm 1933 nur 18,6 % der sowjetischen Ausfuhr ab, stellte sich später um und erlangte 1939 einen Anteil von 39,1 %. Selbst die USA, die 1933 dem sowjetischen Rohwarenmarkt fernstanden, stachen Deutschland aus. Auf sie entfiel 1936 ein Anteil von 31,1 %. Was blieb dann eigentlich für Deutschland? 7,2 % des Importes! Man bedenke: an der Weltausfuhr waren nur neun Länder beteiligt, davon die UdSSR mit 30 %. Ausgerechnet der bedeutendste Lieferant und historisch mit Leipzig eng verbundene spielte nur noch die Rolle eines Mitakteurs.

Die zweite Veränderung: Auf dem Brühl fehlte die Rohware aus den USA, die 1933 noch 13,7 % der deutschen Importe deckte und 1937 nur 2 % ausmachte. Angesichts des allgemeinen Niedergangs des Handels bedeutete 1 % wertmäßig zudem weniger als 1933. Wer US-amerikanische Felle erwerben wollte, mußte sich am besten – wie bei der sowjetischen Rohware – in London umsehen. Leipzig hatte nur wenig zu bieten.

Wo aber kaufte der Brühl ein? Überwiegend bei dem so oft geschmähten britischen Konkurrenten! London deckte 1937 immerhin 18 % der allerdings bescheidenen deutschen Einfuhr, gefolgt von Rumänien mit einem Anteil von 17,4 %. Auf die skandinavischen Länder entfielen 11,7 %, auf Südwest-Afrika 10,5 % (mehr noch als auf die Sowjetunion). Zu gewisser Bedeutung als Lieferanten gelangten auch lateinamerikanische Staaten, so Argentinien, das mehr lieferte als Polen, und Uruguay. Kleine Posten kamen auch aus Bulgarien, Griechenland und Spanien. Große Mengen nahm der deutsche Markt ohnehin nicht ab, das wenige aber lieferten Länder ohne traditionelle Bindungen an den Brühl.

Anders als in den 20er Jahren setzte sich auch der Kreis der Abnehmerländer zusammen. Fast ein Drittel (31 %) des Exports entfiel 1933 auf Frankreich. Dessen Kaufbereitschaft ließ zwar später nach, aber es blieb Deutschlands wichtigster Abnehmer veredelter Ware (1937 etwa 11,5 %). Den zweiten und dritten Platz nahmen England und die ČSR mit einem Anteil von 6,8 bzw. 6,6 % ein. Es folgten Ungarn, die Länder Skandinaviens, Belgien, Rumänien, die Schweiz, Italien und die USA, alle mit sehr geringem Anteil an einer kleinen Gesamtmenge.

Polen verbot schon 1932 zum Schutze der eigenen Rauchwarenveredlung den Import veredelter Ware. Rumänien erließ 1934 eine nicht ganz so krasse Einfuhrordnung: wer kaufte, konnte auch verkaufen. Fast alle einigermaßen bedeutenden Rohfellexporteure führten hohe Zölle beim Import von Fertigwaren ein: England verlangte einen Wertzoll bis zu 30 %, die USA gar bis zu 35 %. Einen nicht ganz so hohen Zoll forderten Argentinien, Chile, China, Estland, Finnland, Litauen, Norwegen, Paraguay, Schweden und die Südafrikanische Union. Australien, Italien, Jugoslawien und Ungarn legten auf die Einfuhr von Pelzen eine beachtliche Luxussteuer. Einige Rauchwarenhändler vom Brühl errichteten im Ausland Zweigbetriebe, um die Zölle zu unterlaufen, vor allem in London und New York; dem deutschen Umsatz gingen solche Geschäfte verloren. Am grenzüberschreitenden Handel mit rohen Fellen hatte Deutschland vor Ausbruch des zweiten Weltkrieges noch einen Anteil von 14,8 % gegenüber 30,6 % 1929. Da der Weltrauchwarenhandel ohnehin schlecht florierte, milderte die Statistik den Abfall etwas. Von einer zentralen Stellung des Brühl konnte jedenfalls nach 1929 nicht mehr die Rede sein.

Charakteristisch für den Welthandel war eine Dezentralisierung. Zu Leipzig und London hatten sich als überregionale Umschlagplätze mit einer bedeutenden Veredlungsindustrie u. a. Leningrad, Moskau, New York, St. Louis, Paris, Brüssel, Warschau, Prag, Wien, Budapest und Mailand gesellt. Beim krassen Rückgang der Jagd und begrenzter Steigerung der Zucht konnten die Neulinge nur zu Lasten der alten Metropolen zu Geltung gelangen.

Vom sowjetischen Markt bezog Deutschland 1936 an Rohware noch 739 dt gegenüber 3027 dt aus Uruguay (ohne Hase/Kanin). Gerade in einer Periode der Umschichtung des Welthandels traditionelle Beziehungen aufs Spiel zu setzen, mußte mit einem Bumerang-Effekt verbunden sein. An die 400 Jahre hatte der Brühl maßgeblich vom Handel mit russischen Rauchwaren gelebt. Seine Ausgangsposition war auf dem sowjetischen Markt besser als die jedes anderen Käuferlandes. Die wiederholt angebotenen Kooperationsbeziehungen bei der Verarbeitung von Persianer mit denkbarer Erweiterung auf andere Artikel einfach auszuschlagen, bedeutete Kurzsichtigkeit. Daß auch ohne Kooperationsbeziehungen mit der Sowjetunion ein Handel möglich war, stellten England wie die USA unter Beweis: Beiden mußte der Brühl – durch die politischen Verhältnisse – den größten aller Rauchwarenmärkte überlassen.

Gestaltete sich der Rohwarenhandel auch weltweit komplizierter, so bot er noch immer große Möglichkeiten, deren unzulängliche Nutzung angeblich auf den empfindlichen Devisenmangel zurückging. Eigentlich hatte der Brühl immer Devisen erwirtschaftet. Er kam noch 1929 auf einen Ausfuhrüberschuß von 59,32 Mill. RM. Wegen Auftragsmangel ging die Zahl der Beschäftigten in der deutschen Veredlungsindustrie von 7898 jedoch bis 1936 auf 3199 zurück. 73 Betriebe gaben in dieser Zeit auf.

Nach Überschüssen, sowohl Ausfuhr als auch Einfuhr betreffend, entwickelte sich die deutsche Rauchwarenwirtschaft wie folgt (Angaben in Mill. RM):

1929	+ 59,32	1934	− 12,45
1930	+ 51,21	1935	− 2,27
1931	+ 30,96	1936	− 13,98
1932	− 6,09	1937	− 16,69
1933	− 0,16		

So schwierig gestaltete sich der Welthandel nun wieder nicht, daß diese Umkehrung als etwas Unumgängliches verstanden werden müßte. Schon das ausgeschlagene Persianergeschäft mit der UdSSR hätte die Bilanz freundlicher zu gestalten vermocht. Die deutsche Zurichterei galt damals als eine der besten. Polen, Italien, Rumänien und auch Spanien blieben mangels Erfahrungen oft die gewünschte Qualität schuldig und zahlten für die Verselbständigung einen hohen Preis. Einen hohen Preis aber zahlte auch Leipzig, das sich seiner Monopolstellung zu sicher gewähnt hatte. Fehlkalkulationen dieser Art besagten am Ende wenig im Vergleich zu dem Bestreben, über die vom deutschen Faschismus gesuchte »Neuordnung Europas« sich Zugang zu den Rauchwaren anderer Länder über Gewalt verschaffen zu können.

Auf dem heimischen Markt machten sich nach Kriegsausbruch Pelzwaren rar, selbst preiswerte Massenware. Einer Verordnung vom 4. September 1939 zufolge durften die Kürschner nur die Ware zurichten lassen, die sich bereits vor dem Stichtag in ihrem Besitz befand. Eine Anordnung vom 26. Oktober 1939 präzisierte: Rotfuchs, Nutria und Katze konnten noch für private Zwecke verarbeitet werden, während Felle von Edelpelztieren aus der Zucht, Wildware und selbst Kanin fortan der Zwangsbewirtschaftung unterlagen – zugunsten des Großhandels »nicht mehr frei manipulierbar« waren, wie es hieß. Der Großhandel wiederum sah sich einem Gesetz vom 15. Januar 1940 zufolge einer förmlichen Zulassung (Genehmigungspflicht) und einer Beauflagung bis ins Detail unterworfen.

Erstes Ziel der staatlichen Reglementierung war nicht – wie zu vermuten – die Deckung des Heeresbedarfs, sondern die Realisierung von Devisen durch Export. Leipzig hielt daher an den Auktionen fest, während London sie 1940 aufgab. Zum großen Test war die Auktion der *Furtransit* am 4./5. Januar 1940 ausersehen. Man rechnete mit Einkäufern aus der Türkei, der Schweiz, aus Skandinavien und anderen neutralen Ländern. Unter den wenigen Interessenten dominierten die Dänen, gefolgt von den Norwegern. Verkauft wurden Silberfuchs zu 45 %, Nerz zu 15 %, die für den Binnenmarkt freien Nutria zu 100 %.

Das Rauchwarenaufkommen konnte nicht als ausgesprochen niedrig angesehen werden. Zu den letzten bedeutenden Aktionen des Brühl zählte Mitte November 1939 eine Einkaufsreise von *Paul Hollender, Walther Kranich* und *Richard Pohl* in die Sowjetunion. Auf der Basis des deutsch-sowjetischen Vertrages vom 28. September 1939 kauften sie u. a. 14 000 Persianer, 4000 Weißfüchse und kleine Posten Feh, Nerz, Hermelin und Marder. Anfang 1941 wurden von der UdSSR u. a. 100 000 Persianer erworben, 10 000 Feh und 150 000 Petschanik. Der größere Teil sollte Leipzig nicht erreichen; die Ware blieb durch den Überfall Hitlerdeutschlands auf die Sowjetunion in der Front stecken.

Um den Aufkauf zu forcieren, entstanden verschiedene Organisationen auf Grund staatlicher Weisungen – ohne Beteiligung der Händler vom Brühl. Zur Erfassung des heimischen Aufkommens wurde beispielsweise in der Brandenburger Straße 16 b die *Deutsche Fellverwertung G.m.b.H.* gegründet. Bereits 1940 war eine *Deutsche Rauchwaren-Gesellschaft m.b.H.* mit Sitz in Leipzig ins Leben gerufen worden. Sie verfügte über ein Stammkapital von immerhin 2,4 Mill. RM und übernahm die Räumlichkeiten der 1941 liquidierten *Rauchwaren-Lagerhaus AG.* Nach den Satzungen oblag ihr die »Marktregelung im künftigen Rauchwarenhandel Europas«, weniger der Handel, sondern vorwiegend die »Förderung des Handels«. Schließlich wäre die kurz nach Kriegsausbruch am 8. Oktober 1939 mit einem Kapital von 3 Mill. RM gegründete *Rauchwaren-Import AG,* kurz »Riag« unter Vorsitz von *Johannes Schulze,* Leipzig, zu nennen. Direkte Beziehungen zur Reichsstelle für Rauchwaren unterhielt das Unternehmen nicht. Seine Aufgabe war es zunächst, den Einkauf in neutralen Ländern zu tätigen. Die »Riag« erwarb 1940 beispielsweise 1 Million Felle für 6 Mill. RM, vorwiegend Lamm aus dem Iran. Mit Ausbreitung des Krieges wurden die Möglichkeiten für derartige Transaktionen jedoch geringer. Letztlich war die »Riag« zuständig für die Requirierung des Rauchwarenaufkommens in den besetzten Ländern.

Das Fazit dieser Jahre: Die Politik des faschistischen Deutschland war die tiefe Ursache für den Niedergang des Brühl, die den Brühl zugrundegerichtet und seine Weltgeltung zerbrochen hatte, auf deren Grundlage eine IPA geboren worden war.

Die Rauchwarenhandlung Theodor Thorer (Brühl/Ecke Ritterstraße)
nach dem Bombenangriff auf Leipzig vom 4. Dezember 1943.

So sah der Brühl 1945 aus nach seiner Vernichtung durch den Bombenangriff.

In Schutt und Asche gelegt: Das Rauchwarenviertel zwischen Richard-Wagner-Straße und Brühl
(Aufnahme von 1945).

Der Bombenangriff am 4. Dezember 1943

Nach Verlust der handelspolitischen Geltung verlor der Brühl auch seine materielle Substanz. In der Nacht vom 3. zum 4. Dezember 1943 erlebte Leipzig den schwersten anglo-amerikanischen Bombenangriff des ganzen Krieges. Das Rauchwarenviertel wurde zwar durch Bomben direkt kaum in Mitleidenschaft gezogen, aber von einem Flammenmeer eingeschlossen, dessen niemand mehr Herr zu werden vermochte. Am Abend des 4. Dezember griff das Feuer auf die Brühl-Höfe über, wo es anderthalb Wochen lang grassierte, bis zum 15. Dezember.

Zwischen Reichs- und Katharinenstraße, dem einstigen Zentrum des Rauchwarenhandels, brannte alles aus. Der Vernichtung anheim fiel auch die Nordseite des Brühls zwischen Nikolaistraße und Goethestraße; die Südseite trug die wenigsten Schäden davon. Es »überlebten« von der einstigen »Weltstraße der Pelze« nur neun Gebäude.

Von den Nachbarstraßen, die als Teil des Brühls galten, wurde die Richard-Wagner-Straße ebenfalls nahezu total vernichtet. Nicht wiederzuerkennen war auch die Reichsstraße. Relativ glimpflich kamen die Nikolai- und Ritterstraße davon.

Ihre bescheidenen Vorräte hatten die Händler in den Kellern verwahrt, die aber infolge Rohrbruchs unter Wasser gesetzt wurden. Damit waren außer den Geschäftsräumen auch die Ersatzmagazine verloren samt der so kostbar gewordenen Waren.

Nach Kriegsende gab es von dereinst 794 Rauchwarenhandlungen noch 170. Sie drängten sich in der Nachbarschaft des Brühls zusammen, vor allem in Oelsners Hof in der Nikolaistraße 20/26. Er gehörte eigentlich nie zu den typischen Brühl-Höfen, aber er erinnert noch etwas an diese.

Der Brühl ist wieder da

ATÜRLICH war es nach dem zweiten Weltkrieg auf dem Brühl nicht ganz so still, wie es scheinen mochte. Es mußten nur erst die Voraussetzungen für die Wiederbelebung der Auktionen geschaffen werden. »Die Bilanz nach 1945 sah für die Rauchwarenwirtschaft traurig genug aus: Der Brühl war nicht nur äußerlich, sondern auch ökonomisch ein Trümmerfeld«, hieß es dazu in der Fachzeitschrift »Brühl« (Nr. 2/1960). »Unüberbrückbar schien die wirtschaftliche Isolierung von der Welt zu sein. Unendlich groß waren daher die Schwierigkeiten nach Beendigung des Krieges, mit denen die Leipziger Rauchwarenwirtschaft zu kämpfen hatte, und bezüglich des Handels mußte man erst die alten Beziehungen zum Ausland wiederherstellen, bevor man an eine Weiterentwicklung denken konnte.« Es gab auch mancherlei Sorgen innenpolitischer Art. Die Nachkriegsjahre standen für die Züchter vor allem unter der Frage des Fleischaufkommens denn des Pelzaufkommens.

Im Februar 1958 wurde in Leipzig das *Außenhandelsunternehmen »Deutsche Rauchwaren-Export- und Import-GmbH«* (heute *Interpelz*) gegründet, das den Auftrag erhielt, die traditionellen Rauchwarenauktionen in Leipzig wieder aufzunehmen.

Anläßlich der Leipziger Frühjahrsmesse 1959 erfolgte mit 14 Käufern und Vertretern aus 13 Ländern ein Verkauf von rohen Nerz- und Edelfuchsfellen aus dem Aufkommen der DDR im Tenderverfahren. Daß das gesamte Angebot zum Verkauf gelangte, bewies, daß Leipzig wieder etwas zu bieten vermochte und man diesen Verkauf als Vorläufer für die erste Auktion nach dem zweiten Weltkrieg betrachten durfte.

Nach langer Pause lud Leipzig für April 1960 wieder zu einer Rauchwarenauktion ein, der 507. in der langen Geschichte des Brühls.

Manches Vertraute fehlte. Nur einige wenige Gebäude des Rauchwarenviertels hatten Krieg und Bombenterror überdauert. In Oelsners Hof war das Besichtigungslager untergebracht. Für viele ausgebombte Rauchwarenhändler war er jahrelang eine Heimstatt und würdiger als jede andere Lokalität, die Rauchwaren der ersten Nachkriegsauktion aufzunehmen. Im Ringmessehaus und später im Grassi-Museum fanden die ersten Versteigerungen statt.

Die »Weltstraße der Pelze« aber gab es nicht mehr! Das »Brühlzentrum«, ab 1968 Versteigerungssaal, und das Interpelzhaus am Brühl, neben dem Haus Nikolaistraße jahrelang Sitz des *AHB Interpelz* und der Kombinatsleitung der Rauchwarenindustrie, befanden sich erst in Projektierung. Doch so hoffnungsvoll die Vorhaben auch stimmten, eines ließen sie erkennen: Zum Basarmilieu würde der Brühl nicht zurückfinden. Veränderte Handelsgepflogenheiten ließen dafür keinen Raum; bei aller Einsicht in unabdingbare Veränderungen bedauerte das mancher Einheimische wie Besucher. Umschau

Das Besichtigungslager der Leipziger Rauchwarenauktion in einer modernen Halle der »agra«.
Letzter prüfender Blick der Fachleute: Die Pforten können sich öffnen.

halten nach alten Bekannten vom Brühl versprach nur in wenigen Fällen Erfolg. Von
den Nazis vertrieben und nicht zurückgekehrt die einen, in den Vernichtungslagern der
SS umgebracht die anderen: *Gloeck, Arnhold, Konetzny, Meyer (»Rossi«)* und viele andere waren verstorben. Vergangenheit und Gegenwart aber verknüpften noch mancherlei Fäden.

Den Hammer auf der ersten Nachkriegsauktion führte wieder *Otto Büttner,* der un-
verwüstliche Auktionator des Brühls der 20er und 30er Jahre, inzwischen 73 Jahre alt,
doch noch immer vital. Mit dem Zeitplan hatte er nie auf Kriegsfuß gelebt. Was er an einem Tag ohne Zeichen von Hast an Losen versteigerte, war wie immer verblüffend. So-
viele Besucher eine Auktion auch zählte, *Otto Büttner* kannte fast alle mit Namen. Das
war 1960 nicht einfach, denn manches neue Gesicht befand sich unter den Einkäufern,
wenn auch die Firmen, die sie vertraten, fast durchweg zu den Kunden von einst zählten,
wie *Sheïman & Salita,* New York, *Ambrit,* London, oder *Ariowitsch,* London. Es fanden
sich 55 Kunden ein, und zwar aus Großbritannien, Frankreich, Italien, den Niederlan-
den, Österreich, Schweden, der Schweiz, den USA, der BRD und Westberlin.

Als ausländische Wareneigner kamen zur Auktion: VR Polen, SR Rumänien und
Mongolische VR.

Angebote nach dem Katalog der 507. Rauchwarenauktion in Leipzig im April 1960:

100 000 Murmel,	1010 Baummarder,
48 817 Nerze,	2990 Iltisse,
28 996 Nutrias,	8000 Fehe,
18 370 Füchse,	460 Ottern,
2 300 Kolinskys,	4775 Metisse,
78 Zobel	600 Dachse.

Von Nutria abgesehen, fanden nahezu alle Artikel Käufer. Höchstpreise erzielten Silberfüchse mit 17 Dollar, Blaufüchse mit 25 Dollar. Volle Auftragsbücher sprachen für sich.

Eins stach immer wieder ins Auge: das vorzügliche Sortiment, das nur Spezialisten zu garantieren vermochten. Herr *Bank* aus den USA meinte: »Leipzig – das ist und bleibt für uns der Inbegriff der Qualität.« Er sah sich also nicht in seinen Erwartungen getäuscht. Das wollte wohl auch Herr *Pécina* aus Frankreich ausdrücken, der sagte: »Es ist gut, daß Sie wieder mit Auktionen in Leipzig beginnen. Aber warum so spät?« Aus der Sicht eines Ausländers war die Frage gewiß berechtigt, aber es bedurfte eben alles seiner Zeit.

Die Auktion von 1960 stellte eine Zäsur dar: mit ihr war »der Brühl wieder da«. Es zeigte sich, daß der Brühl nicht vergessen war, obwohl sich die Händler inzwischen auf Leningrad oder London, Frankfurt/M., Oslo oder Helsinki und Kopenhagen eingestellt hatten. Herr *Herzlinger* aus Österreich prägte den nachdenkenswerten Satz: »Der Name Brühl ist ein Kapital wert.« Nur ist es ein Kapital, das sich nicht von selbst nährt.

Ab 1962 wurde im Februar und im April jeweils eine Auktion durchgeführt, für die als neue Wareneigner die ČSSR, die VR Bulgarien sowie Jugoslawien gewonnen werden konnten. Im Jahr 1965 beteiligten sich bereits an den beiden Internationalen Leipziger Rauchwarenauktionen als ständige Wareneigner folgende Länder: UdSSR, Mongolische VR, VR Polen, ČSSR, VR Bulgarien und VR Albanien. Der Umsatz gegenüber der ersten Auktion 1960 stieg beträchtlich, und die Zahl der Käufer (zur Aprilauktion) erhöhte sich auf 150.

Ab 1971 wurden jährlich bereits drei Auktionen durchgeführt: im Februar, April und Juni, und 1975 kam eine vierte Auktion im Oktober hinzu.

1979 wurde die Besichtigung der rohen und zugerichteten Felle aus den alten Räum-

Beschickung der modernen »Fellkarren«. Der Einkäufer soll jedes »Los« genau in Augenschein nehmen können. Notizen dienen ihm als Gedächtnisstütze, denn im Auktionssaal hat er die Ware nicht vor Augen.

lichkeiten von Oelsners Hof auf das Gelände der »agra« in Markkleeberg in einen neuen Hallenkomplex mit modernen Besichtigungs- und Kühlräumen sowie ausgedehnten Lager- und Sortierhallen und einem internationalen Gepflogenheiten entsprechenden Service für die Kunden verlagert. 1980 folgte der Umzug vom jahrelang genutzten »Brühlzentrum« als Versteigerungshaus ebenfalls auf das Gelände der »agra«.

Es gab viele Kunden, die aus den traditionellen Räumlichkeiten in Oelsners Hof nicht gern in die modernen Hallen umziehen wollten, da sie eben noch am alten Brühl hingen, der für sie in Oelsners Hof fortlebte, aber geboten waren nun einmal effektivere Lagerhallen, zumal Platzmangel infolge größerer Angebote und gewachsene Ansprüche an den Kundenservice einen Umzug erforderlich machten.

Von der DDR-Ware, die zur Versteigerung kommt, dominieren Nerze aus der Nerzfarm *Plau* (Mecklenburg) und anderen bekannten Farmen der DDR. Unter Leitung des *Kombinates Aufbereitung tierischer Rohstoffe und Pelztierproduktion* ist eine systematische Erweiterung der Zucht gelungen. Die DDR-Ware wird auf der Auktion in einer international anerkannten Qualität gehandelt.

Die Internationalen Leipziger Rauchwarenauktionen werden unter Leitung des *Außenhandelsbetriebes Interpelz* gemeinsam mit dem *Kombinat Aufbereitung tierischer Rohstoffe und Pelztierproduktion* durchgeführt.

Interpelz versteigert auch im Auftrag ausländischer Wareneigner. Mit der UdSSR und der VR Polen konnten u. a. zwei wichtige Fellproduzenten als Partner für die Warenanlieferungen gewonnen werden. Verstärkt nehmen auch Firmen und Farmen aus Westeuropa und Übersee als Wareneigner die guten Dienste der Leipziger Auktionen in Anspruch.

Mit Wareneignern aus 16 Ländern kann regelmäßig gerechnet werden, so daß sich ein

Nerze aus der DDR im Besichtigungslager. Die Erstbearbeitung besorgen in der Regel die Leipziger Betriebe.

Rauchwarenauktion in Leipzig heute: Auktionator Thilo Lippold (mit dem Rücken zur Kamera und erhobener Hand). Auf einer Rauchwarenauktion geht es fast leise zu, keine lauten Zurufe, kein Gestikulieren. Die Verständigung zwischen Auktionator und Einkäufer bleibt Außenstehenden ein Geheimnis.

breites Sortiment der verschiedensten Arten und Provenienzen bereitstellen läßt. Zu jeder Auktion finden sich bis zu 250 Käufer aus mehr als 17 Ländern ein.

Über die Firma *Rauchwarenauktion und Häutehandel* des *AHB Interpelz* werden jährlich etwa 8 Millionen Felle durch den international bekannten Auktionator *Thilo Lippold* und sein Versteigerungsteam unter den Hammer gebracht.

Aus dem internationalen Handelsgeschehen ist die Leipziger Rauchwarenauktion nicht mehr wegzudenken. Die Auktionsgesellschaft, der *AHB Interpelz,* ist seit 1976 Mitglied der International Fur Trade Federation.

In der Rauchwarenwirtschaft der DDR sind insgesamt etwa 8000 Werktätige beschäftigt. Entsprechend der Bedeutung des Leipziger Raumes haben die wirtschaftsleitenden Organe ihren Sitz in der Stadt der Pelze.

Im Jahre 1963 wurde der *VEB Rauchwarenkombinat Leipzig* gegründet, bestehend aus den Betrieben *VEB Stadtpelz, VEB Edelpelz, VEB Sachsenpelz, VEB Pelzkonfektion Schkeuditz* und *Adolf Arnhold KG Naunhof.* Das jahrelang von *Joachim Kistner* geleitete Kombinat war zuständig für Zurichtung und Veredlung, Halbkonfektion und Pelzkonfektion, hatte 1450 Beschäftigte und verarbeitete jährlich etwa 5,5 Millionen Felle. Von 1966 an führte das Unternehmen die Bezeichnung »Brühlpelz« *VEB Leipziger Rauchwarenindustrie.* Die heutige Struktur geht auf im Jahre 1982 getroffene Entscheidungen zugunsten erhöhter Eigenverantwortlichkeit der Betriebe zurück. Vereint im *Kombinat Kunstleder und Pelzverarbeitung* sind der *VEB Sachsenpelz Naunhof,* der *VEB Edelpelz Schkeuditz,* der *VEB Pelzhandel am Brühl* und der *VEB Brühlpelz Leipzig* sowie weitere Betriebe der Pelzwirtschaft.

Der *VEB Sachsenpelz Naunhof* existiert als volkseigener Betrieb seit 1946 (ehem. *Lohse Rauchwarenfärberei und -zurichterei GmbH,* gegründet 1932 in Markranstädt, nach Naunhof verlegt 1933). Trotz noch vorhandener Materialknappheit brachte es der *VEB Sachsenpelz* bereits Anfang der 50er Jahre auf 326 Mitarbeiter. Das wohl bekannteste Naunhofer Erzeugnis sind Schaffellplatten für Autoschonbezüge. Außer Lamm und Persianer werden vor allem Ziegen, Zickel, Wildschwein, Reh und Hirsch verarbeitet.

Vorläufer des *VEB Edelpelz Schkeuditz* war der bereits 1946 gegründete gleichnamige volkseigene Betrieb in der Angerstraße (ehem. *Thorer*); 1952 erfolgte die Angliederung der ehem. Firmen *Müller* und *Gründling* in Schkeuditz sowie des Wahrener Werkes der Firma *Thorer.* Der *VEB Edelpelz* zählt heute 500 Mitarbeiter. Er kauft eigenständig Rohware ein, richtet zu, färbt, stellt Halbfertigwaren her und bringt auch Konfektionserzeugnisse auf den Markt. Verarbeitet werden jährlich 2,4 Millionen Felle; die Kapazität erhöht sich 1989 nach Rekonstruktion des Betriebes um 400 000 Felle. Dank verbesserter Abwasserbehandlung bringen die beachtlichen Investitionen auch einen Gewinn für die Umwelt.

Charakteristisch für den Betrieb sind vor allem drei Dinge: 1. Zurichtung und Färbung von Edelfellen erfolgen auf dem Gebiet der DDR ausschließlich im *VEB Edelpelz.* 2. Der Betrieb setzt die weltweit bekannte Tradition des Leipziger Raumes in der Kaninveredlung fort. 3. Gute Leipziger Tradition drückt sich auch in der Vielseitigkeit aus; Felle aus Zucht und freier Wildbahn stehen etwa im Verhältnis 50 : 50 (ohne Kanin).

Der *VEB Edelpelz* verarbeitete 1988 u. a. 100 000 Katzenfelle. Daß der Markt für Überraschungen allemal gut ist, zeigt sich an diesem Beispiel. Während das Gros des Aufkommens für Katzenbandagen Verwendung findet – zur Behandlung von Rheuma schworen bereits die Großmütter auf Katzenfelle –, erzielten erstklassige Sortimente

Das Angebot der Leipziger Rauchwarenauktion zeichnet sich durch Qualität und Vielfalt aus. Im Vordergrund herrliche Blaufüchse.

Ein reiches Angebot von Nerzen aus Farmen der DDR zur Leipziger Rauchwarenauktion.

wie Müller-Katzen auf der Leipziger Auktion in letzter Zeit einen höheren Preis als Nerze durchschnittlicher Qualität.

Daß von der Leipziger Zurichterei und Färberei international wieder mit Hochachtung gesprochen wird, ist nicht zuletzt berufserfahrenen Facharbeitern zu verdanken. Im *VEB Edelpelz* ist jeder dritte Mitarbeiter bereits 25 Jahre oder noch länger im Betrieb tätig. Bereits in der dritten Generation ist z. B. die Familie *Engelmann* mit der Rauchwarenwirtschaft verbunden.

Die Fortsetzung der Familientradition ist auch für die Kürschner charakteristisch. Mit 106 privaten Kürschnermeistern und zwei leistungsfähigen Produktionsgenossenschaften ist der Leipziger Raum – bei etwa 400 einschlägigen Betrieben in der DDR – führend wie eh und je. Daß der *VEB Pelzhandel am Brühl,* der das Handwerk der gesamten Republik mit veredelten Fellen und Zubehör versorgt, seinen Sitz in Leipzig hat, liegt nahe. Was das Kürschnerhandwerk zu leisten vermag, demonstriert es in Anlehnung an die alte Neuheitenausstellung alle zwei Jahre öffentlich auf einem Pelzmodellwettbewerb. Die Siegermodelle werden dann auf dem Pelzkongreß der sozialistischen Länder gezeigt, der ebenfalls, von Leipzig angeregt, alle zwei Jahre ausgerichtet wird. An den DDR-Exponaten hat der *VEB Brühlpelz* einen wesentlichen Anteil.

Zu den Vorgängern des *VEB Brühlpelz* zählt der 1951 mit 16 Beschäftigten in der Ritterstraße gegründete und von *Heinz Kühn* geleitete *VEB Stadtpelz.* Der *VEB Brühlpelz* mit Sitz in der Brandenburger Straße (seit 1956) hat 500 Beschäftigte und ist der führende Konfektionsbetrieb im Bereich der DDR. Auf dem Sektor Großkonfektion bringt der *VEB Brühlpelz* jährlich etwa 280 verschiedene Modelle heraus, bei Kopfbekleidung etwa 40. Das Sortiment reicht von Bisam, Nerz, Nutria und Murmel bis hin zu Füchsen aller Art, Kanin, Karakul, Marder usw. Neben den Leipziger Messen, auf denen der Betrieb im »Brühlzentrum« am Sachsenplatz ausstellt, ist die seit 1967 regelmäßig beschickte Pelzmesse in Frankfurt/M. Umschlagplatz. Bedeutende Kunden sind Kaufhauskonzerne, Bekleidungshäuser und große Handelsfirmen, wichtige Abnehmerländer die UdSSR, die BRD, Belgien, Dänemark, Frankreich, Italien, die Niederlande, Österreich und Schweden.

Der Drang zur Pelzbekleidung hält in der DDR an. Das gilt für jede Altersgruppe. Auch die Jugend trägt Pelze, bevorzugt kostengünstige (Kanin), Jacken vor allem und Westen, nur möglichst bunt müssen sie sein. Zur Deckung des gehobenen Bedarfs unterhält der *VEB Brühlpelz* in Berlin den »Salon Brühlpelz«. Ein solcher Salon würde der alten Pelzstadt Leipzig auch gut zu Gesicht stehen.

Im *VEB Edelpelz* ist dem Autor eine Wandmalerei aufgefallen: »Qualität aus Tradition und Fortschritt«. Fünf Worte sind das nur. Hinter ihnen verbirgt sich das »Geheimnis«, das den Wiederaufstieg der Rauchwarenwirtschaft umgibt.

Erklärung von Fachbegriffen

Astrachan; tiefschwarz (oder braun) gefärbtes lockiges Fell eines nur wenige Tage alten A.-Schafes; A.-Galjak (weich, kurzhaarig); Moiré-A. (glatt, feingemasert, mit moiréartiger Zeichnung).

Barett; flache, runde, auch viereckige Mütze ohne Schirm; s. Grebes

Besetzen; Stoffbekleidung mit einem Pelz zieren; bis gegen 1900 wichtigste Aufgabe des Kürschners.

Bleichen; 1924 in den USA entwickeltes Verfahren, um selbst rote oder schwarze Felle in hellsten einfarbigen Pastellfarben liefern zu können; von *Dr. Friedrich König* (Leipzig) Bleiche von Persianern zur Perfektion gebracht.

Blenden; Nachdunkeln der Oberhaare bei unveränderter Tönung von Unterwolle; Farbe nur leicht aufgestrichen.

Boa; langer schmaler Schal aus Pelz; in der Damenmode sehr verbreitet, vor allem Anfang des 20. Jahrhunderts.

Bordüren; Einfassung, schmückender Besatz (auch aus Pelz).

Breitschwanz; Fell der Frühgeburt des Karakulschafes; glattes Moiré oder bereits leicht gelockt; wird gern schwarz gefärbt; selten und teuer.

Kronenzobel; hier im Sinne von ausnehmend wertvollen Zobelfellen; eine mit Edelsteinen besetzte Zobelmütze war einst die Krone der russischen Zaren; K. auch für den von Jägern zu zahlenden Tribut; »an die Krone« in Zobel.

Los; auf Auktionen angebotene Partie sortierter Felle.

Makler; selbständiger Händler; vermittelte gegen Entgelt Vertragsabschlüsse; beamteter und vereidigter Sachverständiger, der gegenüber dem Rat den ordnungsgemäßen Geschäftsabschluß verantwortete.

Mink; s. Nerz

Motte; s. Pelzmotte

Muff; eigentlich Handwärmer; oft nur modisches Zubehör zur Komplettierung der Kleidung; wurde zu jeder Jahreszeit getragen; häufig an »passe-caille« – Seidentresse –, benannt nach einer Opernarie; jahrhundertelang eines der wichtigsten Kürschnereiprodukte; von Männern zuerst, von Frauen länger verwendet; größte Verbreitung des M. von 1912 bis 1914.

Mutation; eine diskontinuierliche, erbliche Veränderung.

Paletot; dunkler Herrenmantel, auf Taille gearbeitet mit zweireihigen Knöpfen.

Pelerine; ärmelloser Umhang.

Pelz; Erzeugnis der Kürschnerkunst.

Pelzmotte; 12 mm spannende Mottenart; lehmgelbe Vorderflügel mit drei dunklen Punkten; gefürchteter »Kunde« des Kürschners.

Provenienz; bezeichnet die Herkunft eines Felles.

Rauchware; bearbeitete Felle aller Art bis zur Abgabe an den Kürschner; abgeleitet vom mittelhochdeutschen »ruoch«, »rauh«; stand ursprünglich für langen, dichten Haarwuchs (Bär).

Redingote; eigentlich Reitrock mit Kragen; im 19. Jahrhundert auch Bezeichnung für Mantel und Mantelkleid.

Schaube; meist knielanger, oft (mit Pelz) gefütterter und verbrämter, vorn offener Überrock.

Schaulos; s. Showbundle

Showbundle; auf der Auktion das Schaulos.

Slip; Nachzüglerpartie auf einer Auktion.

Sortieren; Klassifizierung; Rohfelle bzw. Rohsortiment; veredelte Ware genannt Kürschnersortiment.

Stola; breiter, um die Schultern gelegter Schal; lange Zeit ein Haupterzeugnis der Kürschnereien.

String; Aufeinanderfolge gleicher Lose bei Auktionen.

Sundries; Überschrift der letzten Seite des Auktions-Kataloges; bezieht sich auf alles, was sonst nicht unterzubringen ist, weil nach Menge zu unbedeutend, nach Art zu selten, oder Rest der letzten Auktion; Sundries-Auktionen.

Whitecoat; Fell eines bis zu sechs Tage alten Seehundes; Veredlung fast der gesamten Welternte in den 20er Jahren bei *Kurt Wachtel* in Taucha.

Zimmer; nach Art, Güte und Preis sortiertes Bund Felle; ein Z. Zobel meist 20 oder 40 Stück; Anzahl der in einem Z. vereinten Felle schwankt nach Fellart, Marktplätzen und historischer Periode.

Zu einigen Pelztieren

Baummarder: Hauptnahrung Warmblüter, bevorzugt Eichhörnchen; weit verbreitet, aber gebunden an ausgedehnte Wälder. Kopf-Rumpf-Länge 0,48 bis 0,53 m, Körpermasse 0,8 bis 1,6 kg. Wirft einmal jährlich 2 bis 4 Junge. Für die Zucht wegen Verhaltensweise (scheu) und langer Tragezeit (260 bis 268 Tage) ungeeignet.

Bevorzugte Provenienzen: Skandinavische und nordrussische, kaukasische und Ural-Felle. Grundfarbe dunkelbraun, Unterwolle weiß. Fell sehr leicht.

Verarbeitung zu Krawatten, Kragen, Kolliers und Capes.

Bisam: Fell der Bisamratte. Zur Familie der Wühlmäuse gehörender Pflanzenfresser. Zwei Arten, beheimatet in Nordamerika und Neufundland. Erstere ausgesetzt 1905 in Prag. Von da aus verbreitet über Europa und Asien. Kopf-Rumpf-Länge etwa 0,36 m, Körpermasse maximal 1,6 kg, Tragezeit 28 Tage; wirft jährlich 2- bis 4mal 5 bis 7 Junge.

Die UdSSR, Finnland, Kanada und die USA sind Hegeländer; in allen anderen Staaten wird die Bisamratte als Schädling der Wasserwirtschaft bekämpft.

Das Fell ist dunkel- bis schwarzbraun, überwiegend dauerhafter Pelz.

Häufig naturelle Verarbeitung, zum Teil getrennt als Bisamrücken bzw. -wammen, ganzfellig bzw. in diversen Auslaßtechniken, gelegentlich auch seebär-, seehund-, zobel-. nerz- oder ottergefärbt. Verarbeitet zu Mänteln, Jacken, Mützen, Kragen u. a.

Burunduk (Pl.-ki): russ. für Backenhörnchen, ein Erdhörnchen, das den Wald als Lebensraum braucht; halb so groß wie das Eichhörnchen. Eingeführt auf dem Rauchwarenmarkt die Provenienz Sibirier.

Für das Fell sind vier schwarze Streifen auf gelblichem oder rötlichem Grund entlang des Rückens typisch.

Charakteristika: kurze und dichte Begrannung, dünnes Leder. Verarbeitet zu Jacken, Mänteln, Kragen, Kappen u. a.

Chinchilla: nachtaktive, in Kolonien lebende Hasenmäuse der Anden, die als Lebensraum felsige Hänge bevorzugen.

Durch intensive Bejagung fast ausgerottet; das noch vorhandene Vorkommen in freier Wildbahn ist geschützt.

Kopf-Rumpf-Länge maximal 0,38 m. Tragezeit 120 bis 128 Tage, 1 bis 4 Junge je Wurf.

Umfangreiche Zucht amerikanischer Züchtervereinigungen, z. T. auch in Europa, begründet 1923 durch *M. F. Chapman.*

Das Fell ist silber- bis blaugrau bei weißer Unterseite, Oberhaar bis 4 cm lang; seidig, weich und leicht.

Die feinhaarigen und dichten Chinchillafelle werden überwiegend zu weniger strapazierfähiger Pelzbekleidung wie Abendpelze verarbeitet.

Feh: sibirisches Eichhörnchen. Kopf-Rumpf-Länge etwa 0,20 m, Körpermasse maximal 250 g. Jährlich 2 Würfe, 3 bis 6 Junge je Wurf nach einer Tragezeit von 38 Tagen.

Das Winterfell ist hell- bis dunkelgrau, je nach Provenienz, Unterseite immer weiß. Besonders begehrt: sibirische Felle. UdSSR mit über drei Viertel des Weltaufkommens bedeutender Fehproduzent. Felle vielseitig verwendbar. Wamme und Rücken werden getrennt verarbeitet; in der Regel naturelle Verarbeitung, nur gelegentlich – bei weniger ansprechender Farbe – gefärbt (auf Nerz, Zobel u. a.).

Fuchs: gehört zur Ordnung der Raubtiere. Kopf-Rumpf-Länge bis zu 0,90 m, Körpermasse 4 bis 12 kg. Wurf nach Tragezeit von 7 bis 8 Wochen 3 bis 8 Welpen (auch mehr). Wechselt das Haarkleid. Die Füchse sind in allen Erdteilen verbreitet (ohne Antarktis). Das Fell hat je nach Ursprung und Art differenzierte Haarlänge und -struktur. Auf dem Rauchwarenmarkt gehandelt als Edelfüchse (Blaufuchs, Kreuzfuchs, Platinfuchs, Silberfuchs, Weißfuchs sowie herausragende Rotfuchsprovenienzen) und Rotfüchse (einschließlich Grisfuchs, Kitfuchs, Korsakfuchs). Fuchs wird hauptsächlich naturell, zum Teil gefärbt, zu eleganten Jacken und Mänteln, Besätzen und Boas verarbeitet.

Blaufuchs: Aufkommen fast nur noch aus der Zucht, in Europa vorrangig aus der UdSSR, Skandinavien und der VR Polen. Haardecke überwiegend langhaarig, seidig und weich. Farbe von dunklen blaubraunen Tönen bis hellgrau bzw. hellblau und fast weiß (letztere Farbvariante als Shadow-Fuchs auf dem Markt).

Kreuzfuchs: unbedeutendes Aufkommen in der UdSSR, Alaska und Kanada. Typisches Merkmal: Kreuzähnliche dunkle Markierung im Nacken des Felles (wie Silberfuchs eine nicht rein züchtende Rotfuchskreuzung).

Platinfuchs: geringes Aufkommen aus der Zucht in der UdSSR und Kanada. Mutation des Silberfuchses, typisches Kennzeichen: hell schimmerndes Fell, bedingt durch weiße, helle Grannen, die z. T. von dunklen, auch silbrigen Haaren durchsetzt sind.

Silberfuchs: eine Farbvarietät vom Rotfuchs, Aufkommen fast nur noch aus der Zucht, besonders aus der UdSSR, weniger aus der VR Polen, Skandinavien, Kanada u. a. Kennzeichnend für das Fell: dunkle Unterwolle mit schwarzweißen Grannen.

Weißfuchs: eine Farbvarietät des Polarfuchses, verbreitet im nördlichen Polargebiet, kaum Zucht.

Rotfuchs: auf dem ganzen Erdball verbreitet, mit Ausnahme der Antarktis, entsprechend große Farbenvielfalt und variantenreiche Fellbeschaffenheit.

Grisfuchs: Heimat Amerika, gedrungener im Körperbau als Rotfuchs, Rücken hell- bzw. dunkelgemustert, Wamme meist gelblich bis weiß.

Kitfuchs: Heimat Amerika, rückläufiges Aufkommen aus der freien Wildbahn, keine Zucht, kleinste amerikanische Fuchsart, Fellrücken hellrot bis gelb, Wamme weiß.

Korsakfuchs: Heimat Asien, rückläufiges Aufkommen aus freier Wildbahn, keine Zucht. Kleiner als Rotfuchs und mit kürzerer Lunte (Schwanz) als dieser, typisch die gelblich bis graue Farbe des Rückens, Wamme weißgelb.

Hamster: Nagetier; erreicht etwa 24 bis 34 cm Körperlänge. Heimat DDR (vorwiegend Magdeburger Börde), SR Rumänien, UdSSR. Jährlich 2 Würfe (auch 3) mit 4 bis 12 Jungen. Fellrücken meist gelbbraun mit dunklen Grannenspitzen, Wamme: schwarz mit weißen Flecken, sehr dichtes, kurzes Haar, Fell leicht und sehr haltbar, meist naturell verarbeitet.

Traditionelle Leipziger Verarbeitung: als Futter, auch für Kragen, Mützen, Hüte, Jakken und Mäntel als Material eingesetzt.

Hase: gehört zur Ordnung der Hasentiere, Gattung Echte Hasen, das sind Europäischer Feldhase, Schneehase, Polarhase. Das Fell des Hasen hat kaum eine Bedeutung für die kürschnerische Verarbeitung, da wenig strapazierfähig.

Hauptabnehmer von Hasenfellen sind die Hut- und Mützenhersteller, die aus den Haaren Filz herstellen.

Hermelin: (Großes Wiesel) gehört zur Familie der Marder; Fleischfresser. Kopf-Rumpf-Länge 0,22 bis 0,29 m, Körpermasse 120 bis 250 g. Wirft nach 283 Tagen Tragezeit 3 bis 7 Junge. Verbreitet in Europa und Asien bis 3000 m NN.

Das Fell ist seidenweich, das Haar dicht, das Leder elastisch. Im Winter ist das Haarkleid weiß (die Rutenspitze schwarz), im Sommer rotbraun.

Die UdSSR hat 18 Provenienzen. Ishimsker (Ishim ist ein Fluß in Westsibirien), Barabinsker, Petropawlowsker und Petschoraer sind Spitzenqualitäten.

Erstklassige Felle werden naturell verarbeitet, auch für größeres Pelzwerk wie Mäntel und Überwürfe.

Iltis: Marderart; Allesfresser. Anzutreffen in ganz Europa (ausgenommen Irland). Liebt lockere Wälder und Wassernähe. Kopf-Rumpf-Länge 0,35 bis 0,46 m. Körpermasse 500 bis 2000 g. Wirft einmal im Jahr (selten zweimal) nach 40 bis 42 Tagen Tragezeit 3 bis 7 Junge. Wechselt das Haarkleid. Im Rauchwarenhandel ist der Waldiltis begehrter als der Steppeniltis (Steppeni).

Zucht gewinnt langsam an Bedeutung.

Das Fell: Der Iltis ist »verkehrt« gefärbt, d. h. die Oberseite ist heller als die Unterseite. Charakteristisch sind die gelbe Unterwolle und die annähernd schwarzen Grannen. Beim Zurichten läßt sich heute mit Hilfe chemischer Mittel die einst gefürchtete Geruchsbelästigung beseitigen. (Bei Gefahr stößt der Iltis aus den Analdrüsen ein Sekret aus.)

Iltis wird hauptsächlich zu Besatz verarbeitet.

Karakulschaf: Steppenschaf; Hauptaufkommen aus der UdSSR, Afghanistan und Südwestafrika. Das K. ist mittelgroß. Charakteristisch ist der bis zu 10 kg schwere Fettschwanz, der Fettreserven enthält, die ein Überleben in Dürreperioden ermöglichen.

Über 80 Prozent der Welternte ist schwarz; von den sowjetischen Provenienzen noch hervorzuheben: graue, braune und Sur-Karakulfelle. Der Rauchwarenhandel unterteilt die Felle nach *Persianer* bzw. *Karakul* (Locken), Felle von Lämmern mit normaler Tragezeit, *Galjak* (glatt), Felle mit sehr dünnem Leder, die aus sehr zeitigen Früh- bzw. Totgeburten stammen und *Breitschwanz* (Moiré), Felle von Lämmern aus Früh- oder Totgeburten. Das Karakulfell zeichnet sich durch Schönheit und Dauerhaftigkeit aus. Die schwarzen Karakulfelle werden grundsätzlich einer Schwarzfärbung unterzogen, u. a. um den Glanz des Felles zu erreichen. Umfangreiche Verarbeitungspalette in der Pelzkonfektion und im Kürschnerhandwerk. *Metis:* Felle aus Kreuzungen mit anderen Schafarten; gröber, nicht so seidig.

Maulwurf: Kopf-Rumpf-Länge bis 0,17 m. Körpermasse maximal 130 g; Tragezeit 40 Tage, je Wurf 4 bis 5 Junge.

Das Fell ist samtigfein, oberseits »maulwurfgrau« gezeichnet, unterseits durch unscharfe Längsstreifen; Oberhaar sehr kurz (8 mm). Verbreitung: Europa bis Asien.

In der Rauchwarenwirtschaft heute von geringer Bedeutung. Die Welternte 1930 betrug noch 20 Mill. Stück. Bevorzugte Provenienzen: Holland, Schottland.

Maulwurffelle wurden u. a. zu Mänteln (Bedarf 400 Felle) und Jacken sowie Besatz verarbeitet. Angesichts des bescheidenen Aufkommens, der geringen Haltbarkeit und der hohen Arbeitsintensität jedoch heute kaum noch verarbeitet.

Nerz: zur Untergattung Nerze der Familie der Marder gehören der Europäische (Wild-) Nerz, der Amerikanische (Wild-)Nerz sowie der Zuchtnerz, der aus dem amerikanischen (Wild-)Nerz hervorgegangen ist.

Kopf-Rumpf-Länge 0,35 bis 0,40 m. Die Welternte schwankt zwischen 20 und 25 Mill. Stück. Hauptproduktionsländer: UdSSR, Finnland, Dänemark, USA, Norwegen, Schweden, DDR.

Mindestens 50 Prozent des Aufkommens Standardnerzfelle (braun, angestrebt möglichst schwarzbraun). Seit 1943 (1. Wurf in Kanada) Mutationszucht; einige typische Mutationen: in den Farben Pastell, Saphir, Pearl, Palomino, Silberblau, Topas u. a. Vielfältige Verarbeitungsmöglichkeiten durch angenehme Trageeigenschaften wie Leichtigkeit und Geschmeidigkeit des Felles sowie die modische Attraktivität der Mutations- und Standardnerzfelle.

Nutria: Im Sprachgebrauch der Kürschner und Rauchwarenhändler Synonym für das Sumpfbiberfell, ein in Südamerika beheimatetes Nagetier. Die dort in freier Wildbahn noch lebenden Tiere sind im wesentlichen geschützt.

Kopf-Rumpf-Länge 0,45 bis 0,63 m, Körpermasse 7 bis 9 kg. Die heute weitverbreitete Farmhaltung entwickelte sich um 1930 in einigen Ländern Europas und auch Amerikas. Für die Zucht ist die lange Tragezeit (129 bis 132 Tage) relativ ungünstig, aber die Metzen bringen ziemlich verläßlich mit jedem Wurf 5 bis 6 Junge und manchmal auch bis zur doppelten Anzahl zur Welt. Das Fell ist dunkelbraun, grau- oder rötlichbraun, die Unterwolle fein und dicht; die Grannenhaare sind sehr lang (bis 8 cm).

Durch Einsatz moderner Veredlungsverfahren und effektvoller Auslaßtechniken werden vorzügliche optische Wirkungen des Materials erreicht.

Aus Nutria werden vornehmlich Mäntel, Jacken, Innenfutter und Besätze gefertigt.

Opossum: amerikanisches Opossum, Beuteltier aus der Familie der Beutelratten; australisches Opossum, Beuteltier aus der Familie der Kletterbeutler; amerikanisches Opossum, einziges nicht in Australien vorkommendes Beuteltier. Allesfresser. Es ist kaninchengroß und lebt gern auf Bäumen.

Kopf-Rumpf-Länge 0,37 bis 0,50 m, Körpermasse maximal 5,5 kg. Nach nur 13 Tagen Tragezeit werden mitunter 25 Junge geworfen. Das Fell: Unterwolle dicht und grau bis weiß; Oberhaar schwarz und etwa 4 cm lang. Das Haar bricht leicht, und das Leder ist dünn. Australisches O. hat im Vergleich zum amerikanischen O. eine schwächere Unterwolle und härteres Haar. Verarbeitung vornehmlich für Besatz und Krawatten.

Petschanik: russ. für Fahlziesel (vergl. Susliki). Heimisch in Wüsten und Halbwüsten. Hauptvorkommen in Kasachstan (UdSSR). Verbreitet auch in Afghanistan, im Iran und in China.

Das Fell ist gräulich bis gelb, auch rotgelb; kurzes Haar; Grannen auffallend weich. Wertvollstes aller Zieselfelle. Wird naturell oder gefärbt zu Mänteln und Jacken verarbeitet.

Susliki: russ. für fünf Ziesel-Arten (nicht für Petschanik); außerhalb der UdSSR nur für Perl-Ziesel gebräuchlich. Erdhörnchen. Bewohnen in Kolonien die Alpen, Klein- und Mittelasien, die Mongolische VR und Nordchina. Kopf-Rumpf-Länge 0,18 bis 0,24 m, Körpermasse etwa 250 g. Tragezeit 3 bis 4 Wochen, 3 bis 8 Junge.

Das Fell ist sandfarben, lichtgrau oder bräunlichgrau; Unterseite gelblichweiß; im Leder dünn.

Verarbeitung zu Futter.

Zobel: Gehört zur Gattung Marder. Hauptvorkommen in der Taiga Sibiriens. Kopf-Rumpf-Länge 0,35 bis 0,45 m, Körpermasse 700 bis 1 600 g. Nach Tragezeit von 9 Monaten werden 2 bis 3 Junge geworfen.

Aufkommen jährlich über 100 000 Stück, davon 90 % aus der Zucht in der UdSSR. Das Fell ist seidigfein und glänzend, im Idealfall pechschwarz mit bläulichem Strich. Der Zobel gilt als wertvollstes Fell.

Die Verwendungsmöglichkeiten sind groß, werden aber begrenzt durch Fellaufkommen und -preise. Ein Zobelmantel ist eine kostspielige Angelegenheit, die Verarbeitung erfolgt hauptsächlich zu Abendcapes und Boas.

Kurzbiographien

Ariowitsch, Max (1880 bis 1968); Rauchwarenhändler; die »Graue Eminenz« des Brühls, Haus Nr. 52; emigrierte 1935 wegen der Rassenverfolgungen nach den USA; Präsident der *Anglo-American Fur Merchants Corp.*, New York.

Arnhold, Ernst Adolf (1887 bis 1949); Veredler; 1916 Gründung eines Betriebes in Naunhof; ab 1921 liiert mit *Rauchwaren-Walter* in Markranstädt; von ihm gingen viele Farbschöpfungen aus; weltbekannt wurden seine Sealfarben.

Astor, Johann Jacob (1763 bis 1848); Lieferant des Brühls; errichtete nach 1783 an den Großen Seen ein auf den Londoner Markt orientiertes Aufkaufsnetz; die rücksichtslose Ausbeutung der Jäger brachte ihm ein Vermögen von 20 Mill. Dollar ein; (sein Erbe, J. J. A. II., ging am 15. 4. 1912 mit der »Titanic« unter).

Barth, Otto (1890 bis 1955); Kürschner; 1905 Anschluß an die SPD; 1918 Teilnahme an der Revolution; seit 1924 selbständig; Obermeister seit 1952; verdient um den Kürschnertag 1954.

Bartsch, Ambrosius, »Fürst« genannt, (gestorben 1593); Kürschner; einer der Hauptakteure des »Leipziger Tumults« (19. 5. 1593); am 1. Juni 1593 hingerichtet; die Innung geleitete ihn trotz Verbots demonstrativ zu Grabe.

Biedermann, David (gestorben 1929); Rauchwarenhändler (Nikolaistraße 12–14); galt – bei Einschluß seines Londoner Besitzes – als 80facher Millionär; wegen Steuerbetrug 1928 verhaftet; kam unter mysteriösen Umständen wieder auf freien Fuß und setzte sich nach Nizza ab.

Brass, Emil (1856 bis 1938); Historiker des Rauchwarenhandels; schrieb »Aus der Welt der Pelze« (1911); Mitbegründer der Neuen Pelzwaren-Zeitung (1904); führender Vertreter der Unternehmerverbände und entschiedener Gegner der Gewerkschaften; von *Hitler* aus rassischen Gründen ausgeschaltet.

Büttner, Otto (1883 bis 1968); seit 1923 Leipziger Auktionator; 1931 bis 1936 in Leningrad; 1960 Auktionator der ersten Leipziger Auktion nach dem zweiten Weltkrieg; schwang den Hammer auf insgesamt 190 Auktionen.

Cramer v. Claußbruch, Heinrich (1515 bis 1599); Kaufmann; stellte 1573 als erster direkte Beziehungen zum Moskauer Rauchwarenmarkt her.

Demoll, Reinhold (1882 bis 1960); Zoologe; eigentlicher Begründer der deutschen Silberfuchszucht; 1925 Vorsitzender der *Deutschen Pelztierzüchter-Vereinigung*, 1928 Präsident der *Union Europäischer Pelztier-Züchter-Verbände;* schrieb u. a. »Die Silberfuchszucht« (1932).

Dodel, Friedrich W. (1861 bis 1933); Rauchwarenveredler; (seit 1886 Mitinhaber von *G. Gaudig & Blum*, Brühl 34–40); führender Vertreter des *Reichsverbandes der Deutschen Rauchwarenfirmen.*

Dönnicke, Otto (1879 bis 1950); Lehrer an der Kürschnerschule.

Eitingon, Chaim (1860 bis 1934); Rauchwarenhändler; zog 1882 aus Moskau zu; *Chaim-*

Eitingon-AG (seit 1925) Geschäft Brühl 37/39; etwa 25 Mill. RM Jahresumsatz; stiftete ein Krankenhaus (heute Städtische Frauenklinik »Eitingon«).

Erler; Kürschner- und Rauchwarenhändler-Familie.

– *Johann Friedrich* (geboren 1820); gründete 1847 Rauchwarenhandlung *»Erlers Hof«* Nikolaistraße 28/32; erster Vorsitzender des *Vereins Deutscher Kürschner* (1880).

– *Paul* (1853 bis 1937); Sohn v. J. Fr.; Mitbegründer der ersten deutschen Silberfuchsfarm; vermittelte von 1927 bis 1931 den Export von Zuchttieren in die UdSSR.

Fränkel, Jury (1899 bis 1971); Rauchwarenhändler und Publizist; geb. im heutigen Leningrad als Nachkomme einer seit 1848 am Brühl ansässigen Familie, nach 1918 Vertreter von *Ariowitsch* in Schweden, von 1928 bis 1932 Vertreter von Sojuspushnina (UdSSR) in Leipzig; emigrierte wegen der einsetzenden Judenverfolgungen nach Schweden; veröffentlichte u. a. das »Rauchwarenhandbuch« und die Autobiographie »Einbahnstraße« (1971).

Fürst; vergl. *Bartsch*

Gloeck, Richard (1862 bis 1946); origineller Brühler Rauchwarenhändler; führte als erster Chinchilla ein; liquidierte 1930 seine 1889 gegründete Firma *»Gloecks Hof«*, Brühl 52; fortan Taxator und Autor der Fachpresse.

Harmelin: Rauchwarenhändlerfamilie am Brühl von 1830 bis 1939

– *Jacob* (1770 bis 1825); Händler aus Brody; seit 1818 Makler in Leipzig.

– *Marcus* (1796 bis 1873); Meßmakler seit 1830; eigentlicher Begründer des Hauses *H.* Brühl 47.

– *Max* (1895 bis 1951); seit 1925 Leiter der Firma; emigrierte, da rassisch verfolgt.

Heber, Arthur (1870 bis 1941); Verleger; gab neben Fachzeitungen »Die Pelztierzucht« und das »Deutsche-« bzw. »Welt-Adreßbuch der Pelz- und Rauchwarenwirtschaft« heraus. (Sohn *Rudolf* gest. 1956).

Hermsdorf, Leopold (1878 bis 1953); Vater *Arthur* gründete 1891 eine Zurichterei; Vorsitzender der Kommissionäre, Sitz Brühl 76; Direktor der *Kriegsfell AG;* Direktor der *Vereinigten Veredlungsunternehmen;* blieb dem Brühl verbunden und starb in Leipzig.

Herttel, Johann Georg (um 1700 bis 1769); Kürschner; von 1734 an Innungsschreiber; verfaßte eine mehrbändige Kürschner-Chronik.

Hirschfeld, Albert (1891 bis 1965); der einzige bekannte Jude vom Brühl, der das KZ überlebte und an den Brühl zurückkehrte.

Hollender, Paul (1883 bis 1950); Repräsentant der deutschen Pelzwirtschaft; Schwiegersohn von *Paul Thorer;* förderte den Handel mit der UdSSR; Präsident der IPA (1930) und des *Internationalen Verbandes der Pelzindustrie;* Vorsitzender des *Reichsverbandes der Deutschen Rauchwarenfirmen;* Ehrendoktor der Handelshochschule; 1941 aus seinen Ämtern verdrängt.

Hötte, Max (gestorben 1860); Rauchwarenhändler (aus Münster zugezogen); spekulierte während der Kontinentalsperre mit großem Erfolg; beherrschte zeitweilig völlig den Brühl; führte als erster auf direktem Wege Felle aus Amerika ein, vor allem über *Astor;* hinterließ 20 Mill. Taler; unter seinen Nachkommen verlor die Firma rasch an Bedeutung und ging Ende des vorigen Jahrhunderts ein.

Junge, Elias (gestorben 1638); Kürschner; Elias-Junge-Stiftung für sozial schwachgestellte Thomaner.

Jungmann, Christian David (gestorben 1813); Obermeister der Kürschner seit 1790; er-
weiterte 1791 den Innungsschatz um ein kostbares Kruzifix und galt daher als ver-
schwendungssüchtig; amtierte aber in den späteren Kriegs- und Krisenjahren sehr
umsichtig.

Klien, Erich (1880 bis 1940); seit 1917 Ministerialdirektor für Handel und Gewerbe im
sächsischen Innungsministerium; Förderer des Brühls und verdient um die IPA
(1930); als politisch unzuverlässig am 1. 4. 1934 aus dem Staatsdienst entlassen.

Kniesche, Curt (1875 bis 1937) und *Willi* (1878 bis 1959); Veredler mit enger Bindung an
Handel und Chemikalien-Industrie (Wahren/Taucha); 1917 Förderung der Kaninzu-
richterei; mit *F. König* 1927 *Leipziger Rauchwarenfärberei AG* gegründet; 1937 mit
Franz Märkle (letzterer 1940 bis 1945 in Haft) *Vereinigte Veredlungswerke;* 1965 bis
1972 Betrieb mit staatlicher Beteiligung.

Konetzny, Bernhard (1865 bis 1950); Veredler; spezialisiert auf chinesische Artikel; zu
Weltruf gelangt durch Bleichverfahren bei Hermelin.

König, Friedrich (1871 bis 1933); promovierter Chemiker; befaßte sich als einer der ersten wissenschaftlich mit der Fellfärberei; Hauptaktionär der Leipziger *Rauchwarenfärberei AG,* Angerstraße 20–22; Vorsitzender des Aufsichtsrates des Verlages »Der
Rauchwarenmarkt«; Mitglied des Präsidiums der IPA; 1936/37 Emigration seiner
Söhne *Georg* und *Werner.*

Krausse, Walter (1876 bis 1958); Rauchwarenhändler (Fa. *Erler*); seit 1919 im Aufsichts-
rat der *Rauchwarenlagerhaus AG;* seit 1925 Geschäftsführer des *Reichsverbandes
Deutsche Edelpelztierzucht;* zog sich 1941 auf die Farm in Hirschegg-Riezlern zurück;
schrieb »Fünfzig Jahre Kaufmann in der Reichsmessestadt Leipzig« (1941).

Larisch, Paul (1870 bis 1934); Kürschner und Publizist; von 1891 bis 1914 in Paris tätig;
Goldmedaillen auf drei Weltausstellungen; gab mit *Josef Schmid* »Das Kürschner-
Handwerk« in deutscher Sprache in Paris heraus; schrieb »Die Kürschner und ihre
Zeichen«.

Leipoldt, Fritz E. (1883 bis 1939); Rauchwarenhändler *(Gaudig & Blum)*; vor 1914 Vertreter in Moskau; Fellexperte von Ruf.

Maerz, Walter (1883 bis 1967); Kürschner; seit 1927 Obermeister; Mitbegründer der
Deutschen Kürschnerschule (1928).

Manes, Philipp (um 1870 bis 1941 KZ); seit 1908 Vertreter für Rauchwaren; schrieb »Die
deutsche Pelzindustrie und ihre Verbände« (1941); Drucklegung aus rassischen Gründen untersagt.

Mertens, Robert (1868 bis 1949); geb. in Petersburg; 1887 bis 1943 Inhaber der Fa. *F. L.
Mertens;* spezialisiert auf Persianer; kaufte regelmäßig in Nishni Nowgorod und London ein, auch für andere Händler vom Brühl.

Oppenheimer, John Berend (1807 bis 1872) und *Leopold B. O.* (Bruder); Rauchwarenhändler; *Oppenheimer & Co.* 1834 gegr.; überdauerte das Jahrhundert nicht; L. initi-
ierte 1855 den Bau der Synagoge.

Pappagelias, Christos (1886 bis 1978); Pelznäher aus der griechischen Pelzstadt Kastoria; lernte ab 1904 in Leipzig; gründete hier 1913 einen der Pelzkonfektionsbetriebe und spezialisierte sich auf Skunkskragen.

Pfeiffer, Hermann (1838 bis 1912); Obermeister der Kürschner; Vorsitzender des Vereins Deutscher Kürschner (ab 1882) und Stadtrat von Leipzig (ab 1900).

Plaut: Bankhaus der Brüder *Gustav* (1824 bis 1908), *Jacob* (1817 bis 1901) und *Moritz* (1822 bis 1910) in der Thomasgasse 4; Finanzinstitut des Brühls.

Preller, Heinrich (1888 bis 1962); Zoologe; seit 1923 Professor in Tharandt; Leiter der »Forschungsstelle für Pelztierkunde« der *Reichszentrale für Pelztier- und Rauchwarenforschung* (ab 1926); Autor von etwa 300 Publikationen, darunter viele über die Pelztierkunde.

Rosenthal, Maria Antoniette (1877 bis 1952); jahrelang die einzige Rauchwarenhändlerin auf dem Brühl *(Robert Meyer & Co.)*; kaufte selbst in London ein; starb hochgeschätzt an der Stätte ihres Wirkens.

Schneider, Ulrich (um 1750 bis 1815); Rauchwarenhändler; gelernter Kürschner, aber nicht im Meisterverzeichnis angeführt; nach *Francke*, dem Innungsschreiber, der bedeutendste Rauchwarenhändler des Brühls; ruiniert infolge der Kontinentalsperre.

Schöps, Paul (1895 bis 1986); Verleger und Publizist; Geschäftsführer der *Deutschen Versuchszüchterei edler Pelztiere* und der *Reichszentrale für Pelztier- und Rauchwarenforschung;* übernahm von letzterer den Verlag, 1938 auch den Wiener *Hermelin-Verlag;* verlegte u. a. die Zeitschriften »Hermelin« und »Das Pelzgewerbe«.

Schulhof, Ferdinand (1861 bis 1934); führender Rauchwarenhändler (*M. Königswerther*, Eckhaus Richard-Wagner-Straße 10); phänomenaler Warenkenner.

Sieglitz, Adolf (1839 bis 1932); Chemiker; Sieglitz-Alaska-Farbe für Füchse wurde zum Begriff in aller Welt; Betrieb (ab 1879) zunächst Barfußmühle, dann Nonnenstraße 7 und Angerstraße 30.

Thorer: eine der ältesten und populärsten Firmen des Brühls; »Thorer-Haus« (Brühl 70/ Ritterstraße 31–33); *Thorer & Co* Zurichterei und Färberei, Angerstraße 40–42.

– *Arndt* (1896 bis 1937); Mitbegründer der Silberfuchsfarm in Hirschegg-Riezlern und der *Reichszentrale für Pelztier- und Rauchwarenforschung.*

– *Paul* (1858 bis 1920); spezialisierte sich auf den russischen Markt; besuchte regelmäßig die Messen in Nishni Nowgorod; reiste bis Buchara und Taschkent.

– *Theodor* (1828 bis 1894); gründete 1862, aus Görlitz kommend, eine Rauchwarengroßhandlung; sechs seiner sieben Söhne blieben in der Branche.

Ullmann, Joseph (1826 bis 1906); deutsch-amerikanischer Rauchwarenhändler; Filiale in Leipzig seit 1873; richtete 1874 bis 1878 erfolglos die ersten Leipziger Auktionen aus.

Wachtel, Kurt (1890 bis 1972); Rauchwarenveredler; gründete in Taucha eine Zurichterei; emigrierte wegen Rassenverfolgung nach England, wo er die *Columbia Fur Dressers Ltd.* gründete.

Weinert, Carl (1885 bis 1953); Rauchwarenhändler (Bromberg); repräsentierte 1937 den Brühl auf der Weltausstellung in Paris; nach dem Rücktritt *Hollenders* 1941 Leiter der *Fachgruppe Rauchwaren und Pelze* und Vorsitzender des *Reichsverbandes der Deutschen Rauchwarenfirmen;* unterhielt mit seinem Schwiegervater, *Alfred Selter,* die Fa. *Selter & Weinert.*

Weiss, Francis (1893 bis 1982); Kürschner und Literat; verlegte 1921 die von seinem Vater übernommene Kürschnerei von Budapest nach Leipzig; emigrierte wegen Rassenverfolgung nach England; schrieb u. a. »From Adam to Madame«, »Fur Men Holydays« und »Waltzing Volcano«.

Wenke, Oskar (1860 bis 1933); Obermeister der Kürschner 1913 bis 1925, Vorsitzender des Vereins deutscher Kürschner 1919 bis 1925; verdient um die Neuheiten-Ausstellung.

Winckelmann, Louis (gestorben 1937); Verleger, gab u. a. das »Taschenbuch« heraus, ein beliebtes Nachschlagewerk des Rauchwarenhandels; es erschien ursprünglich jährlich zweimal.

Chronologische Übersicht

1335	Mit *Andreas »pellifex«* stellen Leipzigs Kürschner erstmals einen Ratsherrn
1419	Pelzhaus erstmals erwähnt
1423	Gründung der Kürschnerinnung
1459	Innungsartikel der Kürschner
1497	Messeprivileg *Kaiser Maximilian I.*
1518	Großbrand vernichtet den Brühl
1542	Ratsordnung, das »Feilbieten von Pelzen auf der Messe« betreffend
1554	Lübecker Hansetagung: Leipzig sei im Rauchwarenhandel gewichtiger schon als Nowgorod
1556	Pelzboden im Rathaus eingerichtet
1572	Neubau des Pelzhauses Naschmarkt/Salzgäßchen
1573	Leipziger Einkäufer erstmals in Moskau; sie handeln im Auftrag des Kaufmanns *Cramer v. Claußbruch*
1638	Stiftung des Meisters *Elias Junge* zugunsten der Thomaner
1668	Meßjudenordnung. Ergänzt 1682 bzw. 1687
1671	London veranstaltet die erste Rauchwarenauktion der Welt; Ausrichter ist die *Hudson's Bay Company*
1770	Erstmals russische Rauchwarenhändler auf der Leipziger Messe
1818	Verabschiedung der Maklerordnung
1861	Einführung der Gewerbefreiheit in Sachsen
1874	Erste Rauchwarenauktion in Leipzig; ausgerichtet von *Ullmann*
1880	Gründung des Vereins Deutscher Kürschner, Sitz Leipzig
1881	Erste Neuheitenausstellung
1900	Weltausstellung in Paris; erstmals werden Mäntel und Kleider aus Nerz, Zobel, Chinchilla mit der Fellseite nach außen gezeigt
1915	Nach 37 Jahren wieder Leipziger Rauchwarenauktion
1917	40 Rauchwarenhändler vom Brühl gründen die *Rauchwarenlagerhaus GmbH.*
1920	Gründung der *Deutschen Versuchszüchterei edler Pelztiere*
1921	Erste Deutsche Pelzmodenschau
1921	Erste »Russenauktion«
1926	Gründung der *Reichszentrale für Pelztier- und Rauchwarenforschung*
1926	Schaffung einer *Arbeitsgemeinschaft der Deutschen Rauch- und Pelzwarenbranche* (Sitz Leipzig)
1928	Eröffnung der Deutschen Kürschnerschule zu Leipzig
1930	IPA: Internationale Pelzfach-Ausstellung in Leipzig
1930	Gründung des *Internationalen Verbandes der Pelzindustrie,* Präsident: *P. Hollender,* Leipzig
1931	Erste Leningrader Auktion

1935 Letzte »Russenauktion« in Leipzig

1939 Städtisches Pelzfachmuseum in der Sebastian-Bach-Str. 9 eingeweiht

1943 Brühl brennt nach anglo-amerikanischem Bombenangriff (4. 12.) fast restlos nieder

1960 Erste Rauchwarenauktion nach dem zweiten Weltkrieg in Leipzig

1990 600. Leipziger Rauchwarenauktion

Quellen- und Literaturverzeichnis

Ungedruckte Quellen

Staatsarchiv Leipzig
Bestand: Hermelin Verlag Leipzig. Sign. 208, 213, 305, 334, 335, 337, 413, 423, 456, 457, 489, 490, 501, 506, 522, 530, 572
Leipziger Rauchwaren-Firmen. Sign. 24, 25, 26, 29, 220, 221, 231, 323
Leipziger Messe- und Ausstellungs-AG. Sign. 0246
Leipziger Messeamt. Sign. 5938, 5939, 6353, F0057

Stadtarchiv Leipzig
Bestand: Kürschner-Innung. Sign. Kü. B 1, B 2, B 4, B 68, B 85, C 6, D 1, D 18
Akten der Internationalen Pelzfach-Ausstellung Sign. Kap. 75 A, Nr. 102, Bd. 1–5

Museum für Geschichte der Stadt Leipzig
Bestand: Historische Ausstellung des Kürschner-Handwerks 1954. Sign. Kat.50, 1954 b

Adreßbücher, Statistiken, Urkundenbücher

Leipziger Adress-Buch Jg. 1928 und 1929.
Bd. 1: Straßen-Verzeichnis
Bd. 2: Branchen-Verzeichnis
Statistisches Jahrbuch des Deutschen Reiches. versch. Jgg.
Statistisches Jahrbuch der Stadt Leipzig. Leipzig 1911 ff.
Urkundenbuch der Stadt Leipzig, hrsg. v. *K. Fr. v. Posern-Klett* und *J. Foerstemann.* 3 Bde., Leipzig 1868/94

Fachzeitungen und -zeitschriften

Brühl. Leipzig. Jg. 1960 ff.
Deutsche Färberzeitung. Leipzig. Jg. 1913–1944
Hermelin. Wien/Leipzig. Jg. 1930–1972
Kleintier und Pelztier. Leipzig. Jg. 1933 ff.
Kürschner-Zeitung. Leipzig. Jg. 1884 ff. (Titel mehrmals verändert »Allgemeine ...«, »Deutsche ...«)
Deutsche Kürschner-Zeitschrift. Leipzig. Jg. 1924 ff.
Pelz International. Dreieich. Jg. 1978 ff. (früher: Rund um den Pelz)
Rund um den Pelz. Dreieich. Jg. 1949 ff. (s. Pelz International)
Das Pelzgewerbe. Leipzig. u. a. Jg. 1955–1974
Pelzhandel. Leipzig. Jg. 1925 ff. (Jg. 1 u. 2: Internationaler P.)
Die Pelzkonfektion. Leipzig. Jg. 1925 ff.
Die Pelzmotte. Murrhardt. Jg. 1960 ff.
Pelz-Revue Europas. Leipzig. Jg. 1930, Nr. 1–10
Die Pelztierzucht. Leipzig. Jg. 1925 ff. (später: Die deutsche Pelztierzucht)

Landwirtschaftliche Pelztierzucht. Hannover. Jg. 1930–1934
Der deutsche Pelztierzüchter. München. Jg. 1926 ff.
Neue Pelzwaren- und Kürschner-Zeitung. Berlin. Jg. 1904 ff.
Die Pelzwirtschaft. Berlin (West)/Frankfurt/M. Jg. 1949 ff.
Der Rauchwarenmarkt. Berlin. Jg. 1913 ff.
Zeitschrift für Pelztier- und Rauchwarenkunde. Leipzig. Jg. 1931/32

Monographien und Aufsätze

800 Jahre Leipziger Messe. Festschrift des Leipziger Messeamtes zur
  Jubiläumsmesse 1965. – Leipzig 1965
Adler, J.: Der Brühl im Weltverkehr und Stadtverkehr. – Leipzig 1930
ders.: Die deutsche Pelzwirtschaft. – In: Wirtschafts-Jahrbuch für Industrie und Handel des Deut-
  schen Reiches. Jg. 1929/30. – Leipzig (1930) – S. 224 ff.
ders.: Leipzig und der Rauchwaren-Weltmarkt vor dem Kriege und jetzt. – In: Mitteldeutsche
  Handelsrundschau. – (1927) H. 10. – S. 185 ff.
Albrecht, G.: Der Pelzmarkt Leipzig. – Diss. Jena 1931
Archiv für Industrie und Handel. – Berlin 1926
Aus Geschichte und Leben der Juden in Leipzig. Festschrift zum 75jährigen Bestehen der Leipzi-
  ger Gemeinde-Synagoge. – Leipzig 1930
Aus Leipzigs Handels- und Verkehrsgeschichte. – Leipzig 1928
Benndorf, P.: Der Alte israelitische Friedhof in Leipzig. – In: Schriften des Vereins für die Ge-
  schichte Leipzigs, Bd. 10. – Leipzig 1911. – S. 127 ff.
Biedermann, K.: Geschichte der Leipziger Kramer-Innung 1477–1880. – Leipzig 1881
Bohne, W.: Leipzig. Entwicklungstendenzen der Pelzwirtschaft. – Diss. Leipzig 1930
Brant, S.: Das Narrenschiff. – Berlin 1958 (Reprint)
Brass, E.: Aus dem Reiche der Pelze. – Berlin 1925
ders.: Die wirtschaftliche Bedeutung des Pelzhandels. – Berlin 1914
Brentjes, B.: Die älteste bekannte Pelzbekleidung. – In: Das Pelzgewerbe. – (1966) H. 2. – S. 71
ders.: Pelz- und Felltrachten des Altertums. – In: Das Pelzgewerbe – (1968) H. 2. – S. 31 ff.
Buddeus, K.: Leipzigs Rauchwarenhandel und -industrie. – Diss. Leipzig 1891
Buse, G.: Das Ganze der Handlung oder vollständiges Handbuch der vorzüglichsten Handlungs-
  kenntnisse, Teil I. Bd. 4. Erfurt 1801
Cabaeus, P.: Das Ganze der Kürschnerei. – Wien, Leipzig 1911
Clad, H.; Lange, W.: Der Rauchwarenhandel und seine Beziehungen zu Leipzig. – Leipzig 1923
Cleinow, G.: Der große Jahrmarkt von Nishnij-Nowgorod. – Berlin 1925
Czok, K.: Das alte Leipzig. – Leipzig 1985
Czok, K.; Thieme, H.: Leipzig – Geschichte der Stadt in Wort und Bild. – Berlin 1978
Dathe, H.; Schöps, P.: Pelztieratlas. – Jena 1986
Demoll, H.: Die erste deutsche Silberfuchsfarm und ihre Vorgeschichte – In: Kleintier und Pelztier.
  – (1934) H. 4
ders.: Die Silberfuchszucht. – Berlin 1932
Denkschrift zur ersten deutschen Pelzmodenschau Leipzig 1921. – Leipzig 1921
Der Generalbebauungsplan der Stadt Leipzig. – Leipzig 1929
Der Rauchwarenhandel und seine Industrie. Rauchwaren-Ostermesse 1932. – Leipzig 1932
Die Firma Jos. Ullmann 1854–1904. – Leipzig 1904
Draeger, D.: Zur Geschichte der Edelpelztierzucht in Deutschland. – Diss. Leipzig 1959
300 Jahre Familie Thorer – 50 Jahre Theodor Thorer. – Leipzig 1912
325 Jahre Familie Thorer – 75 Jahre Theodor Thorer. – Leipzig 1937
350 Jahre Thorer. – Frankfurt/M. 1962

Eck, W.: Zur Geschichte der Juden in Leipzig. – In: Leipzig. Eine Monatsschrift. – (1927) H. 2–4

Ehler, K.-H.: Die Entwicklung des Leipziger Rauchwarenhandels. – Habil. Schrift
    Greifswald 1938

Eine lehrreiche Geschichte aus der Rauchwarenbranche. – Leipzig 1926

Ein Pelz war immer dabei; hrsg. von R. Franke. – Murrhardt 1969

Erler. Ein Jahrhundert der Pelzwirtschaft. Gedenkschrift Erler (1847–1947). – Leipzig 1947

Erster Welt-Pelz-Kongreß 22.–29. Juni 1930. – Leipzig 1930

Falke, J.: Geschichte des deutschen Handels. – Leipzig 1859

Feistle, O.: Rauchwarenmarkt und Rauchwarenhandel. – Stuttgart 1931

Festschrift für den Kürschnertag des Handwerks Leipzig 9.–14. Mai 1954. – Berlin, Leipzig 1954

Fischer, G.: Zwei Jahrhunderte Leipziger Handelsgeschichte (1470–1650). – Leipzig 1929

Förster, M.: Die Berufskrankheiten im Rauchwarengewerbe. – In: Mitteilungen der Reichs-Zen-
    trale für Pelztier- und Rauchwaren-Forschung Leipzig. – (1930) H. 4

Fränkel, J.: Einbahnstraße. – Berlin (West) 1981

ders.: Rauchwaren-Handbuch. – Murrhardt 1976

Franz, J. G. F.: Pragmatische Handelsgeschichte der Stadt Leipzig. – Leipzig 1772

Freudenthal, M.: Die jüdischen Besucher der Leipziger Messe in den Jahren 1675–1764. – Frank-
    furt/M. 1928

ders.: Juden als Messegäste in Leipzig. – In: Aus Geschichte und Leben der Juden in Leipzig. Fest-
    schrift zum 75jährigen Bestehen der Leipziger Gemeinde-Synagoge. – Leipzig 1930

Friedländer & Co.: Der Kürschner im Anfang des vorigen Jahrhunderts. – Berlin 1922

Fritzsche, R.: Chemie und Technik der Rauchwarenveredlung. Berufskrankheiten. – Leipzig 1940

Führer durch den Brühl. – Leipzig 1932

Funke, K. Ph.: Naturgeschichte und Technologie. – Dessau 1798

Gaudig & Blum. – Berlin 1929

Gaudig & Blum. – In: Archiv für Industrie und Handel. – Berlin 1926

Greger, S.: Die Kürschnerkunst. – Leipzig 1892

Große, K.: Geschichte der Stadt Leipzig. – Leipzig 1898 (Reprint)

Grzimek, B.: Des Zaren noble Zobel. – In: Rund um den Pelz. – (1963) H. 12. – S. 48 ff.

Handelsmakler-Ordnung für Leipzig vom 28. März 1870. – Leipzig 1870

Harmelin, W.: Brody, die alte Pelzstadt in Galizien. – In: Das Pelzgewerbe. – (1966). – S. 179 ff.

ders.: Hundert Jahre Marcus Harmelin 1830-1930. – Leipzig 1930

ders.: Juden in der Leipziger Rauchwarenwirtschaft. – In: Tradition. – München (1966) H. 6

Hasse, E.: Geschichte der Leipziger Messen. – Leipzig 1963 (Reprint)

Heiderich, J. H.: Das Leipziger Kürschnergewerbe. – Heidelberg 1897

Heiland, J.: Leipzig als Groß-Stadt. – Leipzig 1921

Herrmann, G.: Die Pelzveredlung in und um Leipzig. – In: Leipziger Beobachter. – (1939) H. 22

Herttel, J. G.: Dass Hauptbuch von E. Ehrsamen Handwerk der Kürschner. – Leipzig 1737

Hieke, J.: Der Einfluß von Mode und Verbrauchsgewohnheiten auf den Absatz von Rauchwaren,
    Pelzwaren und Pelzbekleidung. Diss. Innsbruck 1961

Hildebrandum, W.: Kunstbüchlein vor die Kürschner. – Leipzig 1737

Hollender, P.: Die deutsche Rauchwarenwirtschaft im Kriege. – In: Wirtschaftsblatt der Industrie-
    und Handelskammer zu Berlin. – (1940) H. 33/34

Hudson's Bay Company. A Brief History of Hudson's Bay House. – London 1934

IPA 1930. Amtlicher Katalog. – Leipzig 1930.

Jahresbericht der Gewerbekammer zu Leipzig. – Leipzig 1883–1918

Jahresbericht der Handels- und Gewerbekammer zu Leipzig. – Leipzig 1863 ff.

Jäkel, F.: Der Brühl von 1900 bis zum 2. Weltkrieg. – In: Rund um den Pelz. – (1965) H. 11, 12;
    (1966) H. 3, 6,8,11

Kapp, A.: Der erste Israelit in der Leipziger Kramerinnung. – In: Zeitschrift für die Geschichte
    der Juden in Deutschland. – (1931) H. 2, 3. – S. 131 ff.

ders.: Judenbegräbnisse und Leichenabführung in Leipzig. – In: Zeitschrift für die Geschichte der Juden in Deutschland. – (1930) H. 4. – S. 329 ff.

ders.: Leipziger Meßjuden kämpfen um die Gleichberechtigung. – In: Zeitschrift für die Geschichte der Juden in Deutschland. – (1935) H. 1. – S. 50 ff.

Kiessig, P.: Der Leipziger Pelzhandel. – In: Leipziger Kalender. – (1911). – S. 43 ff.

Kisch, E. E.: Pelzschau. Brühl in Leipzig. – In: Die Weltbühne. – (1930). – S. 654 ff.

Kistner, J.: IPA 1930 – Leipziger Pelzkongreß 1980. – In: Brühl. – (1980) H. 3

Kneschke, E.: Leipzig seit 100 Jahren. – Leipzig 1867

Kniesche, R.: Kürschner und Veredler. – In: Das Pelzgewerbe. – (1956) H. 5

Költzsch, F.: Kursachsen und die Juden in der Zeit Brühls. – Diss. Leipzig 1928

Krausse, W.: Fünfzig Jahre Kaufmann in der Reichsmessestadt Leipzig. – Leipzig 1941

Kroker, E.: Handelsgeschichte der Stadt Leipzig. – Leipzig 1925

ders.: Heinrich Cramer von Claußbruch. – In: Quellen zur Geschichte Leipzigs; hrsg. von G. Wustmann, Bd. 2. – Leipzig 1895

Krunitz, J. G.: Ökonomisch-Technische Encyklopädie oder Allgemeines System der Land-, Haus- und Staatswirtschaft. Teil 57. – Berlin 1752; 121. Teil. – Berlin 1812

Kunze, A.: Schnorbel auf der Ipa. – Leipzig 1930

Künzel, W.: Vom Rohfell zur Rauchware. – Leipzig 1930

Kupfer, M.: Das Fremdenwesen Leipzigs vom Mittelalter bis ins 17. Jahrhundert. – Weida 1928

Lange, H; Regge, A.: Geschichte der Zurichter, Kürschner und Mützenmacher Deutschlands. – Berlin 1930

Lange, W.: Das erste Halbjahrtausend der Kürschner-Innung zu Leipzig 1423–1923. – Leipzig 1925

Larisch, P.: Die Kürschner und ihre Zeichen. – Berlin 1928

Larisch, P.; Schmid, J.: Das Kürschner-Handwerk. – Paris 1902

Lehmann, A.: Ein halbes Jahrhundert Pelzmode. – In: Festschrift für den Kürschnertag des Handwerkes. – Berlin, Leipzig 1954

Leipzig in acht Jahrhunderten. – Leipzig 1965

Leipziger Bautradition. – Leipzig 1955

Leipziger Pelzwaren. – In: Reclams Universum 29. – 1913

Leipziger Wirtschaftshandbuch. – Leipzig 1927

Leonhardi, F. G.: Geschichte und Beschreibung der Kreis- und Handelsstadt Leipzig nebst der umliegenden Gegend. – Leipzig 1799

Lewin, A.: Leben und Wirken der jüdischen Rauchwarenhändler Marcus Harmelin, Leopold Lindheimer, Max Ariowitsch und Emil Brass. – Frankfurt/M. 1963 (Ms.)

Lindekam, O.: Leipzigs Rauchwarenhandel einst und jetzt. – In: Sonderheft der Deutschen Kürschner-Zeitung. – 1927

ders.: Allerlei Sprüche und Verse von Kürschnern und Pelzen. – Ebenda.

Littmann, K.: Von Pelz und Pelzgewinnung. – Berlin 1929

Lomer, H.: Der Rauchwarenhandel. – Leipzig 1864

Lübstorff, F.: Das Kürschner-Handwerk. – In: Das Pelzgewerbe. – (1956) H. 6

ders.: Das Preisbild für Pelzbekleidung um die Jahrhundertwende. – In: Hermelin: – (1950) H. 3, 4

ders.: Das Wanderbuch der Handwerksgesellen. – In: Das Pelzgewerbe. – (1959) H. 3

ders.: Der Pelzhandel mit Rußland zur Hansezeit. – In: Das Pelzgewerbe. – (1958) H. 3

ders.: Die deutsche Kürschnerschaft und ihre Neuheiten-Ausstellungen. – In: Das Pelzgewerbe. – (1954) H. 1

ders.: Die Frau im Kürschnerberuf. – In: Das Pelzgewerbe. – (1950) H. 5, 6

ders.: Messen und Rauchwarenwirtschaft. – In: Das Pelzgewerbe. – (1953) H. 7, 8

ders.: Zur Entwicklung der Lehrzeit im Kürschnerhandwerk. – In: Hermelin. – (1949) H. 3, 4

Malbin, M.: Der internationale Rauchwarenhandel vor und nach dem Weltkriege unter besonderer Berücksichtigung Leipzigs. – Diss. Leipzig 1927

Manes, Ph.: Die deutsche Pelzindustrie und ihre Verbände. – Berlin 1941 (Ms.)

Markgraf, R.: Zur Geschichte der Juden auf den Messen in Leipzig 1664–1839. – Bischofswerda 1894

Moltke, S.: Die Leipziger Kramerinnung im 15. und 16. Jahrhundert. – Leipzig 1901

ders.: Geschichte der Leipziger Maklerschaft. – Leipzig 1939

ders.: Leipzigs Handelskorporationen. – Leipzig 1907

ders.: Urkunden zur Entstehungsgeschichte der ersten Leipziger Großhandelsvertretung. – Leipzig 1904

Morgenschweiß, A.: Das Lehrlingsbuch der Leipziger Kürschner-Innung 1750–1820. – In: Familiengeschichtliche Blätter. – (1935) S. 154 ff.

ders.: Leipziger Kürschnermeister 1524–1860. – Ebenda . – (1942) H. 1–7

Müller, E.: Die Häusernamen von Alt-Leipzig. – Leipzig 1931

Nasse, M.: Amerikas Pelzindustrie. – Berlin 1925

Nestler, K.: Die Rauchwarenveredlung. – Leipzig 1925

ders.: Rauchwaren- und Pelzhandel. – Leipzig 1924

Netta, G.: Verfall der Warenmessen. – Zürich 1920

Nieberle, K.: Internationaler Handel mit Häuten und Fellen. – Leipzig 1928

Nienholdt, E.: Pelzwerk-Kleiderordnung. – In: Das Pelzgewerbe. – (1965). – S. 70 ff.

Oehring: Führer durch die Ausstellung der UdSSR auf der Ipa Leipzig 1930. – Leipzig 1930

Pabst, F.: Der Rauchwarenhandel. – Berlin 1902

Paulsen, A.: Leipzigs Rauchwarenhandel vor und nach dem Kriege. – In: Mitteldeutsche Handelsrundschau. – (1924) H. 12; (1925) H. 2

Platz, A.: Magnis Bemmchen, humoristischer Begleiter durch die Ipa Leipzig 1930. – Leipzig 1930

Pott, D.: Leipzig. Ein Handbuch alles unumgänglich Wissensnöthigen für die Leipziger Messen bereisenden Handelsleute, Käufer und Verkäufer. – Leipzig 1802

Prell, H.: Die Pelztiere und ihre Zucht. – Berlin 1930

ders.: Wissenschaft und Pelztierzucht in Amerika und Deutschland. – In: Deutsche Kürschner-Zeitschrift. – (1927) H. 26. – S. 725 ff.

Prochno, J.: Beiträge zur Wirtschaftsstatistik Leipzigs 1470–1570. – In: Schriften des Vereins für die Geschichte Leipzigs, Bd. 16. – (1933). – S. 19 ff.

Rauchwarenkunde. – Leipzig 1931

Rauchwarenmarktführer zur IPA. – Leipzig 1930

Redlich, F.: Die Pelztierzucht – ein prosperierender Erwerbszweig. – In: Magazin der Wirtschaft. – (1930) H. 48

Rehlen: Geschichte der Handwerke und Gewerbe. – Leipzig 1859

Reichs-Zentrale für Pelztier- und Rauchwarenforschung, Bericht der Verwaltung. – 1928 ff.

Reinhold, J.: Polen/Litauen auf den Leipziger Messen des 18. Jahrhunderts. – Weimar 1971

Riechers: Über die Beziehungen des Leipziger Brühl zur Sowjetunion. – In: Der Brühl. – (1962) H. 6

Roeger, H.: Deutsche Kürschnerbücher. – Leipzig 1927

Rosenbaum, E.: Die frühen genossenschaftlichen Arbeitsordnungen und Bindungen der Leipziger Kürschnerinnung. – In: Das Pelzgewerbe. – (1959) H. 1. – S. 22 ff.

ders.: Die Leipziger Kürschner im 16. und 17. Jahrhundert. – In: Das Pelzgewerbe. – (1954) H. 1. – S. 17 ff.

ders.: Pelzstraßen nach Leipzig. – In: Das Pelzgewerbe. – (1959) H. 6. – S. 244 ff.

Rowald, E.: Die deutsche Rauchwarenveredlung. – Diss. Jena 1932

Rückert, H.: Amtliches Firmen- und Bezugsquellenverzeichnis. – Leipzig 1930

ders.: Leipziger Rauchwarenwirtschaft. – Leipzig 1930

Sachse, F.: Die Fellproduktion auf dem Weltmarkt. – Habil.-Schrift, Leipzig 1938

Schier, B.: Wege und Formen des ältesten Pelzhandels in Europa. – Frankfurt/M. 1951

ders.: Zur Geschichte des Wortes »Rauchware«. – Leipzig, Berlin 1950

Schmidt, F.: Das Buch von den Pelztieren. – München 1970

ders.: Der Silberfuchs und seine Zucht. – München 1938

ders.: Die erste Moskauer Zoofarm . . . – In: Der deutsche Pelztierzüchter. – (1931). – S. 651 f.

Schmidt; Heinrich, Ch.: Die Kürschnerkunst. – Weimar 1863

Schöps, P.: Der deutsch-russische Rauchwarenhandel vor dem Weltkrieg. – Leipzig 1933

ders.: Die Rauchwaren-Auktionen. – In: Das Pelzgewerbe. – (1961). – S. 159 ff.

ders.: Die Rauchwaren-Veredlungsindustrie. – In: Das Pelzgewerbe. (1962). – S. 149 ff.

ders.: Die Reichs-Zentrale für Pelztier- und Rauchwarenforschung. – In: Minerva-Zeitschrift. – (1930). – S. 81 ff.

ders.: Die Weltproduktion an Kaninfellen. – In: Zeitschrift für Pelztier- und Rauchwarenkunde, Bd. 3. – Leipzig 1931

ders.: Handbuch der Rauchwarenwirtschaft. – Leipzig 1930

ders.: Zur heutigen Gestaltung der Fellproduktion. – Leipzig 1931

ders.: Zur Pelztier- und Rauchwarenforschung. – Berlin (West), Frankfurt/M., Leipzig, Wien 1963

Schöps, P.; Tänzer, E.: Entstehung und Grundlagen der Pelztierzucht in Deutschland. – Leipzig 1927

Schulze, F.: Alt-Leipzig. – Leipzig 1927

ders.: Aus Leipzigs Kulturgeschichte. – Leipzig 1956

Silberkweit, L.: Rußlands Rauchwarenhandel nach dem Kriege. – Diss. Leipzig 1923

Stautz, L.: Der Welthandel mit Rauchwaren. – Worms 1930

Stephan, R.: Zur Geschichte des Rauchwarenhandels in Altertum und Mittelalter . . . – Diss. Köln, Bochum 1940

Technologisches Pelzfach-Wörterbuch, 5 Bde. – Leipzig, Berlin 1949

Theodor Thorer und Paul Thorer. – In: Lebensbilder sächsischer Wirtschaftsführer; hrsg. v. E. Dittrich. – Leipzig 1941

Thorer & Co. Leipzig. – Berlin 1929

Tornius, V.: Die Metamorphose des Pelzes. – In: Denkschrift zur Ersten Deutschen Pelzmodenschau Leipzig 1921. – Leipzig 1921

Tuma, A.: Pelzlexikon, 5 Bde. – Wien 1949/51

Ullendorff, H.: Canada als Pelzzentrum. – Berlin 1928

Unger, M.: Der Leipziger Brühl. – In: Der Brühl. – Leipzig (1967) H. 1, 2

ders.: Die »Endlösung« in Leipzig. – In: Zeitschrift für Geschichtswissenschaft. – Berlin (1963) H. 5

ders.: Die Sowjetunion auf der Leipziger Messe. – In: Sächsische Heimatblätter. – Dresden (1963) H. 6

ders.: Juden in Leipzig. – In: Archivmitteilungen. – Berlin (1988) H. 5

Verhandlungen der Stadtverordneten zu Leipzig. – Leipzig 1926/31

Veröffentlichungen der Handelskammer Leipzig H. 1–24. – Leipzig 1921/39

Vogel, J. J.: Leipzigisches Geschicht-Buch oder Annales d. i. Jahr- und Tagebücher der Weltberühmten königl. und kurfürstl. Kauf- und Handelsstadt Leipzig von 1661–1714. – Leipzig 1714

Volk, W.: Leipzig. Historische Straßen und Plätze heute. – Berlin 1977

Vom Jahrmarkt zur Weltmesse. – Leipzig 1958

Wend; Riechers: Der Brühl gestern – heute – morgen. – In: Brühl. Leipzig (1960) H. 1. – S. 4 ff.; H. 2. – S. 3

Wenzel, U. D.: Edelpelztiere. – Berlin 1984

Werner, H.: Das Färben der Rauchwaren. – Leipzig 1914

ders.: Die Kürschnerkunst. – Leipzig 1914

Wieland, G. D.: Organisation des Rauchwarenmarktes. – Diss. Erlangen, Nürnberg 1971

Wustmann, G.: Die alten Leipziger Innungen. – In: Leipziger Tageblatt. – (1903). – S. 8511 ff.; 8564 ff.; 8574, 8633, 8700

ders.: Gasthöfe, Wirte und Fremde. – In: Aus Leipzigs Vergangenheit, 3. Reihe. – Leipzig 1909

ders.: Quellen zur Geschichte Leipzigs. – Leipzig 1889/95